企业财务、法律、行业尽职调查的66个关注点

靳兆欣　编著

中国财经出版传媒集团
中国财政经济出版社

图书在版编目（CIP）数据

企业财务、法律、行业尽职调查的66个关注点 / 靳兆欣编著. -- 北京：中国财政经济出版社，2023.7（2024.8重印）

ISBN 978-7-5223-2186-8

Ⅰ. ①企… Ⅱ. ①靳… Ⅲ. ①企业管理—调查研究 Ⅳ. ① F272

中国国家版本馆 CIP 数据核字（2023）第 074203 号

责任编辑：陈志伟　　责任印制：史大鹏
封面设计：卜建辰　　责任校对：张　凡

企业财务、法律、行业尽职调查的 66 个关注点
QIYE CAIWU, FALÜ, HANGYE JINZHI DIAOCHA DE 66 GE GUANZHUDIAN

中国财政经济出版社 出版

URL：http：//www. cfeph. cn
E-mail：cfeph@ cfeph. cn

社址：北京市海淀区阜成路甲 28 号　邮政编码：100142
营销中心电话：010-88191522
天猫网店：中国财政经济出版社旗舰店
网址：https：//zgczjjcbs. tmall. com
北京中兴印刷有限公司印刷　各地新华书店经销
成品尺寸：170mm × 240mm　16 开　19 印张　315 000 字
2023 年 7 月第 1 版　2024 年 8 月北京第 2 次印刷
定价：88.00 元
ISBN 978-7-5223-2186-8
（图书出现印装问题，本社负责调换，电话：010-88190548）
本社图书质量投诉电话：010-88190744
打击盗版举报热线：010-88191661　QQ：2242791300

前言
Preface

尽职调查即“审慎调查”，主要在收购、投资等资本活动时进行，收购者、投资者对目标公司的资产和负债情况、经营和财务状况、法律关系及目标企业所面临的计划和潜在风险进行的一系列调研。另外，企业上市发行时，也需要事先进行尽职调查，以初步了解是否具备上市的条件。可以说，尽职调查在现代商业社会的应用十分广泛。

尽职调查具有以下特点：

一是专业要求高。尽职调查实务操作过程中，环节多元、流程复杂、涉及的专业知识多，需要从业者具有极强的专业素质。必须通过系统性学习，融会贯通形成完整的知识体系，才能完成好尽职调查的工作。

二是重要性凸显。尽职调查是企业收购兼并程序中最重要的环节之一，通过尽职调查可明确收购运作中存在的风险和法律问题，弥补买卖双方的信息不对称，从而便于双方就相关风险和义务进行谈判，在一定程度上决定着收购、兼并、投资等成功与否，继而决定着企业的存续与发展。

三是范围涉及广。从事尽职调查的工作人员，不仅需要专门学习尽职调查相关知识，还需要熟悉财务、法律、公司管理等各个领域的专业知识，涉及的知识面广；在一项尽职调查过程中，工作人员需要了解公司经营状况、股权结构、规章制度、法律关系、潜在风险等，对目标公司的了解内容细致、广泛。

四是实践性强。尽职调查是一项实操性很强的工作，在实务工作中，面临的情况五花八门，需要注意的细节数不胜数，遇到的问题纷繁复杂，从业者往往需要有丰富的理论和实践经验积累，深入了解各种情况及相应的解决措施，才能灵活地应对尽职调查中出现的各种问题。

当前市场上，很多尽职调查新手不知如何入门，缺少系统性的学习和培训材料，从业者在实践操作过程中也常常遇到各种问题，难以找到应对方法。而尽职调查相关书籍寥寥可数，且存在综合性和实务指导作用不强等问题。市场对包含法律、财务、行业等多领域的综合性尽职调查书籍有相关需求，用以指导实践。

本书主要从行业、财务、法律三个角度入手，详细介绍了尽调人员在进行尽职调查时需要重点关注的66个重点问题。本书着眼于实务操作，直接从尽调人员在正常工作中需要进行的步骤和思考的角度入手，为尽调人员的工作提供了指导，同时提供丰富的优秀案例，便于读者理解使用，增加了本书的实用性和趣味性。

本书66个关注点主要包含行业、财务以及法律三个维度。

首先，行业层面主要包含了第一章到第五章的内容，对企业的基本情况、主营业务和服务、现有的技术和研发、企业的生产设施以及企业面对的主要市场几个方面进行介绍，分析尽职调查时如何了解企业基本情况、确定入手角度及最终需要着重调查的信息，对企业现有市场、竞争力、战略执行以及所面临的主要经营风险进行分析评述，最终得出企业业务层面的尽职调查结论。

其次，财务层面主要包括第六章至第十六章的内容，对企业现行财务制度及执行情况、财务指标分析和财务风险、资产、负债、收入费用成本、非经常性损益、股利分配、合并财务报表、关联交易、审计意见、企业的融资借贷等方面如何进行多维度、多层次、全方位的调查分析进行了详细介绍。

最后，法律层面主要为第十七章的内容，从企业的知识产权、环境保护、保险情况、税务、劳动人事、诉讼仲裁和行政处罚等层面进行了介绍，指明了尽调人员在进行法律方面实操时需要重点关注的内容和角度，提供了相应的指导。

本书立足于不同情境下的尽职调查需要，对尽职调查的基本流程、基本工具与方法、常见问题做了细致的梳理和讲解，列举了大量真实的尽职调查案例，将理论与实践相融合，具有较强的实务操作指导意义和商业价值。本书的特点包括以下几个方面：

第一，内容权威，全面翔实。本书从尽职调查基本知识、财务尽职调查、法律尽职调查、业务尽职调查、常见类型尽职调查、尽职调查工作结果及优秀案例几个层面逐步深入，注重理论与实践的深度融合，本书有大量案例用于支撑理论分析，确保全书的全面性、整体性、系统性，可以作为尽职调查从业者的案头必备手册。

第二，通俗易懂，图文并茂。本书分类清晰、段落分明。利用各种通俗易懂的图表将抽象的尽职调查具体化，使读者更加简洁明了地了解尽职调查这项专业的工作内容，重点讲解调查实务中的操作，真正指导工作实践。通俗易懂的讲解，加上实际操作图表，给读者一个清晰直观的印象，也非常便于不了解尽职调查工作的人士学习。

第三，案例丰富，可操作性强。对于各种类型的调查进行讲解，结合实际操作流程与适当案例，对于操作中容易遇到、容易忽视的问题进行贴心解答与提示，帮助读者尽快入手。

本书体系完整，重点突出，囊括了现代商业社会中所需的多种操作。通过阅读、查询本书，将会带给不同需求的读者不同的收获。

高校金融专业师生：了解尽职调查的实务操作和基本知识。

尽职调查从业人员：协助从业者了解尽职调查相关流程和基本操作，解决实操中常见问题。

企业经营管理者：了解尽职调查相关知识、环节和重点，便于管理。

企业培训和咨询人员：系统性地了解尽职调查相关知识。

本书通过对财务尽调过程中需要重点关注的66个核心关注点进行梳理总结，每个关注点详细介绍了调查的重点和注意事项，部分关注点包含了具体尽职调查的案例，对不同情境下的尽职调查进行梳理总结，可作为企业尽职调查从业人员在实践工作中的指导工具书。本书适合高校金融专业师生、企业经营管理者、企业培训和咨询人员阅读和使用。

在本书的编写过程中，得到了多位企业财务人员、国家税务机关工作人员的热情支持，在此一并表示感谢。由于水平有限，书中疏漏在所难免，恳请广大读者不吝指正，期待读者一起参与，笔者将与大家共同努力，争取将尽职调查的理论与实践推向更高的境界。

作者

2023 年 5 月 30 日

目录
Contents

第1章

公司的基本情况尽职调查

尽职调查亦称“审慎调查”，是指在收购过程中收购者对目标公司的资产和负债情况、经营和财务情况、法律关系以及目标企业所面临的机会与潜在的风险进行的一系列调查。尽职调查是企业收购兼并程序中最重要的环节之一，也是收购运作过程中重要的风险防范工具。调查过程中通常利用管理、财务、税务方面的专业经验与专家资源，形成独立观点，用以评价并购优劣，为管理层提供决策支持。调查不仅限于审查历史的财务状况，更着重于协助并购方合理地预期未来，也发生于风险投资和企业公开上市前期工作中。

尽职调查的目的是使买方尽可能地发现有关他们要购买的股份或资产的全部情况。从买方的角度来说，尽职调查也就是风险管理。对买方及其融资者来说，并购本身存在着各种各样的风险，诸如，目标公司过去财务账册的准确性；并购以后目标公司的主要员工、供应商和顾客是否会继续留下来；是否存在任何可能导致目标公司运营或财务运作分崩离析的任何义务。因此，买方有必要通过实施尽职调查来补救买卖双方在信息获知上的不平衡。一旦通过尽职调查明确了存在哪些风险和法律问题，买卖双方便可以就相关风险和义务应由哪方承担进行谈判，同时买方可以决定在何种条件下继续进行收购活动。

关注点1 公司的基本信息

为更好地评估目标公司的未来价值和风险状况，在尽职调查前，目标公司需根据调查清单提供相应的材料，以供调查小组审核和分析，主要涉及行业、业务、财务、法律、监管、人事等方面。在调查过程中，要弄清楚公司成立背景及情况，公司历史沿革，公司成立以来股权结构的变化及增资和资产重组情况，公司成立以来主要发展阶段及每一阶段变化发展的原因，公司成立以来业务发展、生产能力、盈利能力、销售数量、产品结构的主要变化情况，具体包括如下九点。

1.公司基本情况

（1）公司设立时的验资报告、最新章程以及最新的营业执照（副本）；

（2）公司最新的股权结构图（如有代持，需标明）及组织结构图（含公司的职能部门）；

（3）公司最初设立以及历次变更登记等全部工商档案资料（加盖工商查询章）；

（4）公司历次注册资本变更以及股权转让行为（公司成立以来的历次股权转让协议，关于股权转让的股东会决议、股权转让价款支付凭证，公司增加/减少注册资本的股东决议、公司增资/减资验资报告，非货币性出资财产评估报告）；

（5）分公司、子公司、关联公司、合资企业或其他对外投资的清单、相关协议和文件。

2.主营业务和重大合同

（1）公司主要产品或服务情况、目前从事业务的简要介绍；

（2）公司主营业务的所有客户名单及合同、合作协议；

（3）公司商业模式（包括采购模式、销售或服务方式、盈利模式）的书面说明；

（4）公司或其子公司、实际控制的公司作为一方当事人所签署的限制公司或其子公司在任何国家或地区开展业务的协议或合作的复印件；

（5）近3年来，违约客户名单，即拖欠款项超过3个月的客户或逾期金额超过10万元的客户；

（6）与公司所提供的服务有关的，单笔超过人民币5万元或总计超过人民币10万元的保证或责任索赔；

（7）公司关联方（包括历史关联方）及其与公司关联关系的书面说明；

（8）对公司未来发展起重大影响的因素分析，如现有优惠政策的取消、未来可能出台的支持或限制政策等；

（9）公司所在行业市场竞争状况（包括市场规模及发展趋势）及主要竞争

对手（包括竞争对手的名称、主营业务、营业收入、净利润、总资产收益率、市场占有率等）的书面说明。

3.公司技术与研发

（1）核心技术名称、所有权人、来源方式、其他说明；

（2）公司所拥有的、许可的或被认可的所有登记的或未记的知识产权清单，包括专利、商标，数据库等；

（3）公司以往的研究与开发成果（技术鉴定情况，获国际、国家、省、市及有关部门和机构的奖励情况），行业内技术权威对企业的技术情况的评价；

（4）技术依托技术合作单位及合作方式，研发小组组成，技术更新周期，其他说明；

（5）公司在技术开发方面的资金投入明细，每年购置开发设备，开发人员工资，试验检测费用，以及与开发有关的其他费用。

4.公司资产状况

（1）公司所拥有的房产和地产相关证书或合同；

（2）域名、商标、专利、著作权、专有技术，非专利技术等无形资产；

（3）固定资产清单及其产权文件的复印件和设置的抵押、质押或其他担保文件；

（4）如公司的重大资产系租赁他方的或被他方租赁，需提供相关重大资产租赁、出租的合同协议或相关无形资产许可使用合同等。

5.公司财务、税务状况

（1）公司近3个会计年度财务报表［包括资产负债表（合并及单体）、现金流量表、损益表等］、科目余额表、序时账；

（2）公司近3个会计年度审计报告、公司非经常性损益专项审核报告、内部控制专项鉴证报告、原始财务报表与申报财务报表差异情况说明；

（3）公司及其子公司于最近交税年度及现有未结束年度之报税表（税务规定、纳税鉴定和完税凭证或税务单）；

（4）公司收入构成（包括收入来源明细、产品或服务价格成本等）和产品销售、成本、利润明细的书面说明；

（5）享受的税收优惠说明和资质（附相关文件复印件）；

（6）公司近3年主要税种纳税申报表及纳税缴款财务凭证、所得税汇算清缴文件；

（7）公司是否存在未缴纳或延期缴纳税款的情形，近3年是否因税务问题受过主管机关处罚的书面说明；

（8）企业作为贷方或借方的所有借贷合同及其履行情况的信息资料；

（9）公司所签发的所有担保和补偿文件。

6. 企业劳动、人事情况

（1）目前公司及其子公司董事会成员、监事、高级管理人员或者执行董事的名单、简历、身份证明及登记文件；

（2）目前公司及其子公司、实际控制公司的董事、高级管理人员、业务经理的薪酬支付协议、责任保险保单；

（3）公司各部门在册员工清单（包括姓名、年龄、薪金、工龄、学历、雇佣起始时间和在公司持续工作时间、劳动合同签约情况等）；

（4）当前或拟签订的与经理以及雇员的劳动合同［包括保密协议、竞业禁止协议、股权期权安排、对公司股本的优先权和（或）认购权（无论是否已实际签发）］、职务发明转让的复印件；

（5）员工期权计划或其他激励计划与政策；

（6）公司对中基层的薪酬制度和绩效考核制度。

7. 环保、工商、质量、计量、安全生产情况

（1）公司的环保工作情况简介（主要的污染源、治理设施情况、是否取得环评批复、近3年是否受过处罚、是否存在环境污染等问题）；

（2）公司对近3年工商、质量、计量方面的书面说明（是否受过处罚、产品质量是否合格、计量是否准确等）；

（3）重大安全生产事故的书面说明。

8. 争议（诉讼、仲裁等情况）

（1）公司或其股东、高管是否存在尚未了结的或可预见的重大诉讼、仲裁及行政处罚案件，如存在，提供有关资料；如不存在，请书面说明。

（2）公司对任何协议的任何违反的详细情况，该违反将导致债务提前到期或协议的解除从而对公司的业务产生重大影响。

（3）所有正在进行的或潜在的，由有关部门，包括但不限于由税务、工商行政管理、环保、公安、医生、劳动人事、纪检等部门针对公司的执法或行政调查的清单。

（4）公司以及公司控股子公司近两年一期是否受过行政主管部门处罚的说明。

9.其他

（1）公司未来（3—5年）战略规划和发展计划；

（2）近3年的盈利预测（包括收入、成本及费用、利润）及业绩支撑因素；

（3）公司本次融资规划及募集资金投向。

关注点2　公司股东背景和高管人员调查

在对目标公司进行尽职调查时，要详细了解董事、监事及高级管理人员的简历；公司股利发放情况和公司的股利分配政策；公司实施高级管理人员和职工持股计划；公司员工状况，包括年龄结构、受教育程度结构、岗位分布结构和技术职称分布结构等信息。

1.股东背景资格

股东的背景和资格，往往会涉及公司股权的合法性及稳定性问题，因此尽职调查应该尽可能了解清楚，通常主要通过审阅以下材料了解与把握：

（1）公司章程；

（2）验资报告；

（3）股东名册；

（4）关于股东背景的情况说明（说明个人股东是否为中共党员，是否为公务员、国有企业领导干部及负责人，是否为国有企业职工，是否为证券公司从业人员，是否为一人公司股东、机构股东，是否为外商投资企业、金融企业、信托公司、融资性租赁公司等，视情况而定）；

（5）自然人股东居民身份证、护照或其他合法证件，自然人股东的个人征信报告；

（6）中方法人股东的《企业法人营业执照》《社团法人登记证》（如存在）；

（7）外国法人股东的审阅注册证书及对注册证书的公证认证文件（如适用）；

（8）关于股权是否存在的股权质押情况的说明，如存在股权质押的，审阅以下资料：

①关于股权质押情况的简要说明（主要说明股权质押的发生原因、各方为股权质押签署的协议或文件及其履行状况）；

②股权质押所担保的主债权文件；

③股权质押协议；

④记载股权质押的股东名册；

⑤股权质押的工商登记文件（如有）；

⑥其他与股权质押有关的任何文件；

（9）关于公司是否存在集资入股情况的说明，如有此类情况，审阅以下资料：

①关于集资入股情况的简要说明；

②有关集资入股所取得的政府批准文件；

③参与集资人的人员名册；

④集资金额明细；

⑤关于集资用途的书面说明；

⑥其他与集资有关的任何文件；

对于集资入股的问题，还要从其合法性方面审查有限责任公司股东数是否突破50人，股份有限公司股东数是否突破200人，是否存在非法吸收公众存款甚至是集资诈骗的问题：

①有关代持股/信托情况的简要说明（主要说明代持股/信托的发生原因、各方为代持股/信托签署的协议或文件及其履行情况）；

②代持股协议/信托协议和其他履行证明文件；

③可转换债券募集说明书；

④关于可转换债券持有人情况的说明。

2. 高管人员调查

公司的高管人员对于公司的发展有着至关重要的影响，对于公司的经营方向、业务选择等方面也有着不容小觑的作用。由于其具有较大操作权限和应用空间，因此，尽职调查时对高管人员应该从以下几个方面多加调查：

（1）任职情况及任职资格。

通过查阅有关“三会”文件、公司章程等方法，了解高管人员任职情况，核查相关高管人员的任职是否符合法律、法规规定的任职资格，聘任是否符合公司章程规定的任免程序和内部人事聘用制度；调查高管人员相互之间是否存在亲属关系。对于高管人员任职资格需经监管部门核准或备案的，应获得相关批准或备案文件。

（2）经历及行为操守。

通过与高管人员分别谈话、查阅有关高管人员个人履历资料，查询高管人员曾担任高管人员的其他上市公司的财务及监管记录，咨询主管机构，与中介机构和公司员工谈话等方法，调查了解高管人员的教育经历、专业资历以及是否存在违法、违规行为或不诚信行为，是否存在受到处罚和对曾任职的破产企业负个人责任的情况。

（3）取得公司与高管人员所签订的协议或承诺文件，关注高管人员作出的重要承诺，以及有关协议或承诺的履行情况。

（4）薪酬和兼职情况。

①调查公司为高管人员制定的薪酬方案、股权激励方案。

②调查高管人员在公司内部或外部的兼职情况，分析高管人员兼职情况是否会对其工作效率、质量产生影响。关注高管人员最近一年从公司及其关联企业领取收入的情况，以及所享受的其他待遇、退休金计划等。

（5）报告期内高管人员变动情况。

了解报告期内高管人员的变动情况，内容包括但不限于变动经过，变动原因，是否符合公司章程规定的任免程序和内部人事聘用制度、程序，控股股东或实际控制人推荐高管人选是否通过合法程序，是否存在控股股东或实际控制人干预公司董事会和股东大会已经作出的人事任免决定的情况等。

（6）高管人员持股及其他对外投资情况。

①取得高管人员的声明文件，调查高管人员及其近亲属以任何方式直接或间接持有公司股份情况，近3年所持股份的增减变动以及所持股份的质押或冻结情况。

②调查高管人员的其他对外投资情况，包括持股对象、持股数量、持股比例以及有关承诺和协议；核查高管人员及其直系亲属是否存在自营或为他人经营与公司同类业务的情况，是否存在与公司利益发生冲突的对外投资，是否存在重大债务负担。

关注点3　公司的主体资格

公司主体资格，是指公司独立经营、对外承担民事责任的资格和能力。独立经营，是指企业具备独立面向市场、自主组织生产和经营、自主销售产品和服务以获取收入及利润、自我生存及自我发展的能力。独立承担民事责任，是指以企业法人自己所拥有的财产承担其在民事活动中的债务，以及法定代表人或企业的其他人员在法定代表人委托下所进行的民事活动中给他人造成损害的赔偿责任。“独立”的含义，是指任何法人的债务只能由自己承担，国家、投资者和法人组织内部的成员不对法人的债务负责，因而，企业法人必须拥有必要的财产作为保证。

对公司主体资格的主要审核内容包括公司的（正副本）营业执照、组织机构代码证、税务登记证（目前已三证合一）、银行开户许可证、贷款卡、财政登记卡（正副本）、企业征信报告、对外贸易经营许可证（如有）、海关登记、外汇登记证及其他批准证书或许可证（如有）；与环境和质量、安全等有关的证件或许可、认证文件；现行有效的高新技术企业认定证书、高新技术产品认定证书、国家重点新产品证书（如有）；与企业生产经营有关的其他授权文件或证明文件；公司已经取得的所有政府许可文件、证书和行业相关资质文件等；生产经营资质等企业自主经营及承担责任所必备的基本条件、资质及相关证书，最新的公司章程等。

通过对公司的主体资格相关资料的审核与了解，可以初步了解被调查公司的基本架构与轮廓，对于公司当前是否合法存续并有效存续形成初步的判断与印象，为进一步开展尽职调查奠定基础。

关于公司主体资格情况的尽调报告内容主要涉及以下三个方面。

1.公司为依法设立的有限责任公司

例如，公司系由南京×××、自然人×××、××作为发起人于2020年×月××日发起设立的，现持有南京市市场监督管理局于××××年×月××日核发的注册号为【32010040391××××】的“企业法人营业执照”；注册资本和实收资本均为××××万元；法定代表人为×××；住所为江苏省南京市秦淮区××路××号；经营范围为：××××。

根据公司目前持有的“企业法人营业执照”、公司章程和工商登记资料记载，公司目前的基本信息如表1–1所示。

表1–1 公司基本信息

公司名称	××市××有限公司
注册号	320121003××××
公司住所	南京市六合区××路××号
法定代表人	×××

续表

注册资本	×××万元
实收资本	×××万元
公司类型	有限责任公司
经营范围	××××（依法须经批准的项目，经相关部门批准后方可开展经营活动）
成立日期	××××年××月××日
营业期限	××××年××月××日至××××年××月××日
登记机关	南京市××区市场监督管理局

2.公司合法存续

（1）根据公司的说明、本所律师核查及控股股东的承诺，公司及其前身××公司自设立以来，在经营过程中不存在违法违规行为，不存在受到工商行政处罚的情形。

（2）根据公司及其前身××公司的工商登记资料及企业年度报告公示文件，并经本所律师核查，公司及其前身××公司已通过了自设立以来的历次工商年检（按照工商年检的要求及时提交了年度报告）。

（3）根据公司说明并经本所律师核查，截至本法律意见书出具之日，公司作为一方当事人的合同、协议不存在可能导致公司主体资格终止的内容；公司不存在营业期限届满、经营资质到期终止或无法获得、股东大会决议解散、因合并或者分立而解散、不能清偿到期债务被宣告破产、违反法律法规被依法责令吊销营业执照或者关闭等需要终止的情形。

笔者认为，公司系依法设立并合法存续的有限责任公司，截至本法律意见书出具之日，不存在法律、法规、规范性文件及公司章程规定的需要终止的情形，具备本次××××的主体资格。

其他关于公司主体资格的详细情况。

3.公司持有的登记证书及相关经营资质

×××现持有南京市质量技术监督局颁发的《中华人民共和国组织机构代码证》，代码为5980××××-7，有效期自××××年××月××日至××××年××月××日。

××××现持有××××年××月××日江苏省南京市国家税务局，证号为苏地税字32012159803××××号。

×××现持有“开户许可证”，编号为3010-0396××××，开户银行为中国银行南京市秦淮支行，账号为5226093××××。

×××现持有2012年8月30日中国人民银行征信中心颁发的“机构信用代码证”，代码为G10320150369××××S，有效期至××××年××月××日。

×××现持有的贷款卡，流水号为：320101001305××××。根据公司生产经营的产品及服务内容，公司已经相应取得了主管部门核发的下列行业资质证书：

×××经营许可证，许可经营范围：××××，经营期限自×××年××月××日至××××年××月××日。

经本所律师核查，××公司具备其生产经营产品和服务所需要的相关资质证书，系合法合规经营，并且在后续的营业执照期限内具备相应的条件能获得持续的经营资质许可。

综上所述，通过与被尽调对象的初步对接，根据其提供的关于公司主体资格的基础资料，可以大致了解公司当前的情况。

关注点4 公司的设立和存续

1.公司的设立

公司是否依法设立，直接关系到公司的产生及存在是否合法。很多公司在设立时聘请专门负责注册的公司，将公司设立这么重要的事情全权交给他们代为办理，包括代为填写相关资料及信息、代为起草（常常是直接购买或下载）公司章程（模板）、代为出资及代为验资（出资后再抽走，按出资金额及周期支付一定比例的报酬）等。每一家公司及其股东都有着不同的设立公司的目的、业务发展规划、股东之间关于权利义务的分配，尤其是一些重要的章节和条款（如股东会、董事会的召开、名额的分配与产生，关于重要问题的表决方式以及涉及许多个性化且重要的事项）本应当在公司章程中得到充分体现的内容，却因为一份千篇一律的公司章程模板而根本未有涉及。如果股东之间存在相同或近似的经营理念、经营目标，在很多问题存在相同或近似的看法及处理意见，并且互相之间能够很好地包容、兼容的话，公司的发展可能相安无事。但这是对公司应然状态的一种较高的要求，不是每个企业的股东都能达至这种默契与妥协，一旦若干年后涉及一些问题而在公司章程中未有明确的规定及处理办法、各方又无法达成一致意见时，就会成为股东纠纷甚至导致公司僵局的根源。特别是在涉及一些重大利益（如融资、担保、并购重组以及挂牌新三板、IPO）时才发现公司在设立时存在先天缺陷甚至存在严重的法律障碍，结果被迫补救，费时费力还费财。一些严重的问题甚至可能无法补救而直接导致无法成功上市，功亏一篑。所以，公司章程是尽调律师重点关注的内容之一。

几乎所有尽职调查的第一步都是要求公司提供全套的工商登记信息，查阅、复制或扫描这些文件和资料。而对参与尽职调查的律师来说，规范操作的要求是应在企业相关人员的陪同下，携带企业开具的介绍信亲自前往企业登记注册所在地的市场监督管理局对其工商登记信息及资料进行查阅、复制，并要求市场监督管理局对全部资料加盖骑缝章后取回。一方面可以保证登记资料的真实性和整个查阅过程程序的合法合规；另一方面可以防止企业为了达到目的而造假、更换页面等而造成信息不真实。

关于企业工商登记信息的查阅、审核，重点应关注以下内容：

（1）调查目的。

关注设立程序、工商注册登记的合法性、真实性，相关信息、重要法律文件的完整性，以发现其中存在的问题。

（2）公司设立需重点关注的内容。

公司设立是否合法，重点应考察以下方面：

①公司设立时全体股东的出资是否及时到位，出资方式是否合法，是否存在出资不实、虚假出资、抽逃资金等情况。

根据《中华人民共和国公司法》（以下简称《公司法》）及其司法解释的规定，公司出资不实，其他股东有权要求其出资到位，否则可以要求该股东承担违约责任，公司章程对此有相应规定的，按规定处理；另外，股东出资不实的，其他股东应对该股东出资不实承担连带责任。由此可见，一旦涉及出资不实就会给股权结构及股东利益带来不稳定性及不确定性。如果股东存在抽逃资金的情况，则根据法律规定，应及时将抽逃的资金归还公司，并承担由此给公司造成的损失并按照银行同期贷款利率支付相应的利息。

②货币出资是否经过验资并有由会计师事务所出具的验资报告。根据法律规定，股东一旦出资并完成了转移手续，该部分股东资产就此成了公司资产，以便公司独立对外承担相应的法律责任，股东个人无权再对其进行支配；而

验资则是股东出资的必经步骤，可以证明股东已按照公司章程履行了自己的义务，以便取得股东资格的证明，也是股东对其他股东应承担的义务。

根据新《公司法》对注册登记制度的改革，注册资本由“实缴制”改为“认缴制”，新注册的公司已不再需要提交验资报告，但涉及一些特殊的行业如需要获取行业特定经营资质的企业，还需根据该行业的部门规章及管理规定进行验资，以证明出资到位且符合行业经营资质要求的实到注册资本额，才有权在取得行业经营资质后被允许从事该方面的经营。

③作为出资的非货币性资产是否经过了评估作价，审阅评估报告，非货币性资产是否已过户到公司名下，是否由公司实际占有并使用。

对于非货币性资产出资，首先需要评估作价，出具资产评估报告（对于拟挂牌新三板的企业来说，必须有具有证券资格的资产评估机构出具的资产评估报告才有效）；其次需要过户至公司名下，这样才算股东完成了出资义务。根据《公司法》第27条规定“对作为出资的非货币性资产应当评估作价核实财产，不得高估或者低估作价。法律、行政法规对评估作价有规定的，从其规定”。第28条规定“……以非货币性资产出资的，应当依法办理其财产权的转移手续”。

另根据《公司法》司法解释若干问题的规定（三）第9条规定“出资人以非货币性资产出资未依法评估作价，公司、其他股东或者公司债权人请求认定出资人未履行出资义务的，人民法院应当委托具有合法资格的评估机构对该财产评估作价。评估确定的价额显著低于公司章程所定价额的，人民法院应当认定出资人未依法全面履行出资义务”。第10条“出资人以房屋、土地使用权或者需要办理权属登记的知识产权等财产出资，已经交付公司使用但未办理权属变更手续，公司、其他股东或者公司债权人主张认定出资人未履行出资义务的，人民法院应当责令当事人在指定的合理期间内办理权属变更手续；在前述期间内办理了权属变更手续的，人民法院应当认定其已经履行了出资义务；出资人主张自其实际交付财产给公司使用时享有相应股东权利的，人民法院应予支持。

出资人以前款规定的财产出资，已经办理权属变更手续但未交付给公司使用，公司或者其他股东主张其向公司交付、并在实际交付之前不享有相应股东权利的，人民法院应予支持。”

④企业的国资部分是否经过专门的评估机构评估并出具了评估报告。

企业中存在国资的，则需要审核国资来源是发起人投资还是通过股份转让而来的，包括国资股权转让给其他自然人、法人的，都需要对该部分股权的出资进行审核。如果是非货币性资产出资的需要专门的评估机构出具评估报告，货币出资的应该具备相应的验资报告，一方面保证不存在国有资产被低估或流失等情况，另一方面也是保证企业股权变动的合法合规性。

⑤外资企业及国有企业的设立应取得相关政府部门的审批，并审阅相关的批准文件。

对于外资企业审批权限，应根据《外商投资产业指导目录》有关规定，鼓励类、允许类1亿美元，限制类5 000万美元以下（转制企业以评估后的净资产值计算）外商投资股份公司的设立及其变更（包括限额以下外商投资上市公司其他有关变更），由省级商务主管部门负责审批，但涉及外商投资有专项规定的行业、特定产业政策、宏观调控行业以及外国投资者对上市公司进行战略投资的，仍按现行规定办理或按有关规定报商务部审核。所以，首先要审查其设立是否经过了有关部门的审核，以确定其是否有效设立外商投资企业。其次，外商投资企业从有限责任公司变更为股份有限公司主要是依据《关于设立外商投资股份有限公司若干问题的暂行规定》（以下简称《暂行规定》），其中第7条规定了外商投资股份公司外资持股必须高于25%，注册资本不得低于人民币3 000万元。而《公司法》（2013年修订）规定，外商投资的有限责任公司和股份有限公司适用《公司法》，但作为上位法及新法，其并未强制要求外商投资股份有限公司注册资本的最低限额为人民币3 000万元。而且《公司法》（2013年修订）规定能对注册资本最低限额另行规定的，只能由法律、行政法规以及国务院决定。《商务部关于改进外资审核管理工作的通知》（商资函〔2014〕314号）规定，除法律、行政法规以及国务院决定对特定行业注册资本最低限额另有规定外，取消公司最低注册资本的限制。

因此，除法律、行政法规以及国务院决定对特定行业注册资本最低限额另有规定外，外商投资企业改制为股份有限公司，其注册资本无须一定要达到人民币3 000万元。若外资的股份比例低于25%的，市场监督管理局在发放营业执照时会在上面注明低于25%。

⑥是否存在股东、董监高、关联方占款的情况（其他应收款）。

很多企业老板把自己设立的公司当成自己的“钱袋子”，对他们来说，不同的企业就是自己不同的“钱袋子”，想用钱时可以随时取现、调拨，但他们的这种行为违反了公司资产独立原则，即股东的货币、资产一旦以出资的形式投入了公司，就成为公司的资产，股东不再对其享有所有权，股东只能依据《公司法》和公司章程"依法享有资产收益、参与重大决策和选择管理者等权利"。所以作为尽职调查的一项重要内容，就是要了解公司股东（特别是控股股东）、董监高及其关联企业是否占用公司的资金、财产。如果有，则应及时归还，严重的话，责令股东对一些占款时间长、金额大的按照银行同期贷款利率支付一定金额的利息。

⑦是否存在股东以与公司主营业务无关的无形资产出资的情形、无形资产作为出资是否经过了评估、是否存在评估价格高估的情形。

作为企业资产的一部分，无形资产对构成企业的核心竞争力起着越来越重要的作用，特别是对于一些新兴产业如软件、高端装备制造、生物医药等高新技术企业，无形资产有时比有形资产更重要。但一些企业为了增大注册资本，或者为了取得某种行业资质，通过误用评估价格的方法夸大无形资产的价格，或者购入根本没什么实际使用价值的专利等来虚增注册资本，这就需要律师在尽职调查时对无形资产进行仔细的审核。

首先，应了解该无形资产的来源是否合法，是股东出资还是企业购买，是否有相应的评估报告；其次，应仔细了解用于对公司出资的无形资产与公司实际从事的主营业务有无密切关系，若该无形资产对公司经营而言几乎没有价值或价值很小，或用该无形资产出资后，公司从来没有使用过该无形资产或投入公司后未产生相关效益，该情况可认定为股东并未真正履行出资义务或未足额出资。建议的解决方案是应该由有资质的评估机构对该无形资产重新评估以确定其实际价值，不足部分应由以该无形资产出资的股东以货币形式替代或补足出资不足部分；如果股东无力以同等金额的货币替代出资，则只能通过法定的程序履行减资手续，以回归其真实的价值。

（3）关于公司设立与有效存续需要审查的文件、资料。

法律尽职调查的第一步就是对公司的设立情况及相关法律文件进行全面的梳理与审核，审查的材料应包括但不限于以下部分：

①公司（包括其分支机构）名称预核准通知书；

②公司设立时的公司章程；

③公司设立时的验资报告（有无代验资问题）；

④公司（包括其分支机构、子公司）设立时的批复、批准文件（如有）；

⑤公司（包括其分支机构）设立时的企业法人营业执照（正、副本）；

⑥股东以非货币性资产出资的，对非货币性资产的评估报告（如有）；

⑦以非货币性资产（实物、知识产权、土地使用权等）出资的，该等非货币性资产过户到公司名下的证明文件（如有）；

⑧以国有性质的实物资产出资（如有），对作为出资的实物所进行的国有资产评估报告以及国有资产管理部门出具的对国有资产评估结果的确认或备案文件（如有）；

⑨公司设立时的出资合同或股东协议、发起人协议（如有）；

⑩公司设立时的股东名册（如有）；

⑪公司设立时法定代表人签发的股东出资证明书（如有）；

⑫公司（包括其分支机构）设立时的其他登记文件，包括但不限于：

A.组织机构代码证（正、副本）；

B.税务登记证（正、副本）；

C.统计登记证（如有）；

D.企业国有产权登记证（如有）；

E.外汇登记证（如有）；

F.财政登记证（如有）。

⑬公司设立时的董事会和监事会构成文件；

⑭其他有关公司发展历史的背景文件，包括但不限于公司的前身组建，公司历史上的重大事件的简要说明等（如有）；

⑮公司与其母公司、子公司、关联公司或其前身实体的关系网络图及其清单（如有）；

⑯公司法定代表人、董事、监事的任职资格声明、任职文件及其身份证明；

⑰公司（包括其分支机构）设立至今的所有工商登记档案资料；

⑱当地工商网站上披露的公司（包括其分支机构）基本登记信息资料；

⑲访谈调查笔录和其他有关文件。

由于公司设立时主要通过向各地市场监督管理局提交文件的方式设立，所以该部分的内容及资料保管在市场监督管理局，所以了解公司设立情况应通过向企业所在地市场监督管理局查询、复制其工商档案全部信息的方式实现。

2.公司的存续

公司的存续，反映的是一个公司成长及发展的进程。自公司成立以后，由于存在各种情况的变化，包括主观的及客观的情况变化，需要对公司的有关要素进行相应的变更，如为了扩大市场、引进人才等需要增资扩股，需要引进新的股东，整合外部的战略资源为公司所用；公司办公地址的迁移与变更，公司经营范围、名称的变更等，也需要及时变更工商登记的相关信息，以向社会进行公示。为了验证公司的历史演变是否合法合规以及是否符合公司章程的要求，就需要对相关资料进行审核，对公司存续的尽职调查如下：

（1）调查目的。

①历次增减资、股东变动的合法、合规性；

②股东用以出资的来源是否合法，权属是否清晰，特别关注是否来源于国有资产；

③股本总额、股东结构及实际控制人是否发生重大变动。

（2）调查的主线。

①目前的股权结构是怎样形成的；

②目前的主营业务及资产是如何形成的。

（3）调查的主要内容。

①公司设立以来的变更情况，如地址、名称、股东、经营范围；

②公司成立以来股权结构的变化及增资扩股情况；

③公司成立以来主要发展阶段，及每一阶段变化发展的原因。

（4）审核公司的存续及其相关资料。

①“三会”文件：公司在变更过程中是否按照公司章程召开过股东会会议，会议召开是否按照章程规定提前通知全体股东，股东到会人数是否符合要求，表决程序是否合规，通过的决议是否过半数或超过2/3，是否存在法定无效的情形；

②政府批准文件、评估报告、审计报告、验资报告、股权转让协议等；

③重大股权变化；

④重大资产变化：

A.调查目的：判断重组行为是否导致尽调对象主营业务和经营性资产发生实质变更；

B.调查内容：“三会”文件、重组协议文件、政府批准文件、审计报告、评估报告、中介机构专业意见、债权人同意债务转移的相关文件、重组相关的对价支付凭证和资产过户文件。

⑤公司变更完成后是否履行了相应的工商变更登记程序及相关文件。

（5）调查方法。

①查阅工商登记信息中关于变更的内容，重点关注历次股权变更时的验资报告和资产评估报告；

②访谈相关人员。

（6）存续期间合法合规的总体要求。

根据《首次公开发行股票并上市管理办法》的规定，对存续期间合法合规的总体要求为：

①股东历次出资到位，不存在虚假出资、委托持股、信托持股、职工持股及工会持股的情形；

②股权清晰，主要股权没有重大权属纠纷；

③最近三年实际控制人没有发生变化；

④最近三年主营业务没有发生重大变化。

关注点5　公司的股权及转让情况

公司股权的变动影响着公司所有权和控制权的所属，在进行尽调时，将公司的股权转让情况调查清楚，防止舞弊和造假的情况出现，尤其是各重大股权转让、增资减资情况的调查清楚，是做好财务尽调的必需。

1.关注历次增减资、股东变动的合法、合规性；股本总额、股东结构和实际控制人是否发生重大变动。

2.公司增资扩股过程中是否存在违法行为，有无因未考虑其他股东优先权而被撤销的情形；增资控股的股本若非现金是否经过资产评估，相关财产是否已过户到公司名下。

3.历次股权转让的背景或原因，受让方资金来源（是否存在股东受让股权的资金直接或间接来自该公司的情形），转让的法律程序是否完备，是否存在纠纷或潜在纠纷。

4.新进入股东（尤其是自然人股东）的身份及背景，投资的合理性，新股东与该公司及其实际控制人、公司高管、相关中介机构的关系。

5.转让价格或定价依据是否合法，是否属于关联交易或存在利益输送的情形。

6.股权转让相关损益安排，股权转让款是否已实际支付，股权转让完成后公司股权架构及实际控制权的变化。

7.股权转让涉及国资或集体企业资产的，应注意是否应履行国资或集体企业资产转让的程序，不规范的要取得省级国资委、省政府的确认。

8.股权转让还应关注历次股权转让过程中纳税义务的履行情况，是否存在潜在税务风险。

9.某些情况下还应说明该股权转让对公司财务结构、公司战略以及未来发展方向等方面的影响。

10.在股权转让后是否相应修改了公司章程和股东名册中有关股东及其出资额的记载，是否履行了相应的工商登记信息变更手续；若未及时履行上述法定义务，可能面临公司股东和目标公司之间的潜在纠纷。

关注点6 公司的组织机构和经营管理

1.公司董事会组成情况（董事长、董事的姓名、任期以及董事的兼职情况）。

2.公司内部组织结构图及其说明。

3.公司高层人员名单及情况简介（包括人事关系、行业经验等）、公司总经理的职责范围、总经理和副总经理及其他高级管理人员名单以及选举决议/委派书。

4.公司所有分支机构的名单，与公司之间关系的情况说明。

5.公司附属企业名单（如适用）。

6.公司与下属企业间关系说明（包括内部划拨价格、盈亏冲销、共用设备、公司内部的租赁与安排等）（如适用）。

7.除合资或合作合同和公司章程以外，公司股东之间签订的与公司或公司的经营有关的意向书、备忘录、合同或协议。

8.公司获得的政府部门颁发的，与公司的运营、产品、生产、出口和服务有关的全部执照、许可、批文和登记备案文件，包括但不限于：

（1）与产品的生产有关的生产许可证、备案证明；

（2）所有关于外汇账户和外汇交易的政府批准和许可；

（3）所有关于进出口业务的政府批准和许可；

（4）公司拥有的其他资质证明文件。

9.与公司业务相关的证书及奖项（如适用）。

（1）高科技企业、高新技术企业或政府认定、资助或扶持项目的其他证书/批复；

（2）其他与公司业务相关的证书及奖项。

关注点7 关联交易情况

关联交易（Connected Transaction）就是企业关联方之间的交易，包括业务及资金的交易、往来。什么是关联方呢？根据规定，在企业财务和经营决策中，如果一方控制、共同控制另一方或对另一方施加重大影响，以及两方或两方以上同受一方控制、共同控制或重大影响的，构成关联方。这里的控制，是指有权决定一个企业的财务和经营政策，并能据以从该企业的经营活动中获取利益。所谓重大影响，是指对一个企业的财务和经营政策有参与决策的权力、但并不决定这些政策。参与决策的途径主要包括：所持有的股份在股东会中产生实质性的影响；在董事会或类似的权力机构中派有多数代表，参与政策的制定过程，互相交换管理人员等。凡以上关联方之间发生转移资源或义务的事项，不论是否收取价款，均被视为关联交易。

关联交易是公司运作中经常出现的而又易于发生不公平结果的交易。关联交易在市场经济条件下广泛存在，关联交易本身具有两面性，从积极的角度看可以节约大量商业谈判等方面的交易成本，具有高效、优质、持续、稳定等优点；而从消极的角度看，由于关联交易方可以运用行政力量撮合交易的进行，从而有可能使交易的价格、方式等在非竞争的条件下出现不公正情况或财务扭曲，易导致债权人利益受损，又往往沦为利润转移、业绩粉饰、侵害中小股东权益、影响公司独立性的工具，这也直接导致无论是对上市公司还是非上市公众公司的关联交易的总体要求是规范而非绝对禁止。

根据《企业会计准则第36号——关联方披露》中，关联方交易是指关联方之间转移资源或义务的行为，而不论是否收取价款。

1. 应披露的关联交易

根据证监会颁布的《公开发行证券的公司信息披露内容与格式准则第1号——招股说明书》中，发行人应披露的关联交易主要包括：

（1）购销商品；

（2）买卖有形或无形资产；

（3）兼并或合并法人；

（4）出让与受让股权；

（5）提供或接受劳务；

（6）代理；

（7）租赁；

（8）各种采取合同或非合同形式进行的委托经营等；

（9）提供资金或资源；

（10）协议或非协议许可；

（11）担保；

（12）合作研究与开发或技术项目的转移；

（13）向关联方人士支付报酬；

（14）合作投资设立企业；

（15）合作开发项目；

（16）其他对发行人有影响的重大交易。

2. 关联交易事项

根据中国证券业协会颁布的《股份转让公司信息披露实施细则》中，关联交易是指公司及其控股子公司与关联人之间发生的转移资源或义务的事项包括但不限于下列事项：

（1）购买或销售商品；

（2）购买或销售除商品以外的其他资产；

（3）提供或接受劳务；

（4）代理；

（5）租赁；

（6）提供资金（包括以现金或实物形式）；

（7）担保；

（8）管理方面的合同；

（9）研究与开发项目的转移；

（10）许可协议；

（11）赠与；

（12）债务重组；

（13）非货币性资产交换；

（14）关联双方共同投资。

3.调查程序

（1）对（法人）控股股东（或主要股东）情况调查。

①要求控股股东填报控股股东基本情况调查表，取得控股股东的营业执照、工商登记表及其他相关文件，取得经当地税务部门和财务部门书面确认为上报的其三年一期的财务报告（或审计报告），对调查表内容进行核实验证。

②与控股股东的管理层进行会谈（会谈记录），重点关注控股股东是否存在人员、历史包袱过重，财务状况不良，盈利能力不足及发展前景黯淡等问题，取得控股股东拟采取措施和发展规划的说明，确认其独立生存能力。

③调查控股股东组织机构设置及对外投资情况，了解其控股子公司和参股公司（公司除外），以及通过托管、输出管理、意向收购或投资的企业的基本情况。

（2）若控股股东存在实际控制人（政府除外），调查其基本情况。

（3）调查其他股东的基本情况。

（4）了解公司的合营企业、联营企业情况。

（5）了解关联个人情况。

（6）关联关系。

①根据以上调查情况，取得公司董事会关于关联方关系的书面说明，明确各关联方与公司的实质关联关系，包括但不限于与关联方存在的股权关系、人事关系、管理关系及商业利益关系；

②通过上述调查，并与公司管理人员会谈（会谈记录），共同确认上述关联方对公司进行控制或重大影响的方式、途径及程度；

③根据以上调查情况，编制关联交易关联方及关联关系表。

（7）关联交易调查。

①要求公司填报关联交易调查表，并取得关联交易协议、定价依据决议等相关文件和资料；

②抽查公司各类合同，并与审计师沟通（口头交流，笔记）检查是否存在未报或遗漏的关联交易；

③审查关联交易的必要性、合理性：审核关联交易发生的背景资料（包括可行性研究报告、独立财务报告等）、品种、内容，了解协议内容及履行情况，判断该等关联交易的必要性、合理性，是否存在替代方案；

④审查关联交易的公允性：审查关联交易协议的条款，审查其定价的依据、标准，参照同类产品或服务的市场价格，审查其内容是否公允合理，有无侵害公司利益的条款；

⑤检查关联交易是否履行了法定批准程序：检查上述关联交易是否按公司章程、规章制度履行相应规定的决策程序、审批程序，重点关注需股东大会批准关联交易的决议内容，及向关联方累计年度购买量占其同类业务采购量5%以上或对关联方年度销售收入占其同类业务销售收入5%以上的关联交易，是否存在董事会或管理层越权现象，关联股东在作出股东大会决议时是否回避；

⑥对发生的重大关联交易（指公司与其关联方达成的关联交易总额高于人民币一定金额或高于最近经审计净资产值的5%的关联交易）。

（8）调查公司为控股股东及其他关联股东提供担保的情况：审查公司章程中关于对外担保的条款和规定，审查公司对外担保是否通过股东会决议，关联方是否回避；获取所有担保合同，检查为控股股东及其他关联股东提供担保的有关协议，审查其是否存在不合理、不合规的条款。

（9）获取公司与关联方为避免或减少关联交易所签订的协议、承诺和采取措施的说明，检查该等协议、承诺和措施的可行性和实际履行情况。

（10）查阅公司就与各关联方签订的且仍然有效的重大协议或合同期满后的处理方式所作出的说明，与公司负责人会谈（会谈记录），讨论其可行性及可能给公司造成的影响。

（11）取得公司书面承诺（全体董事签字），确认公司对关联交易进行了充分的披露，不存在重大的遗漏或重大隐瞒。

4.调查文件

（1）法人控股股东基本情况调查表；

（2）关联人情况调查表；

（3）关联交易与同业竞争管理办法；

（4）关联交易协议；

（5）关联交易决策程序（董事会、股东会会议资料）；

（6）定价依据；

（7）关联方的相关资料（自然人身份证复印件；法人营业执照、章程及股权结构）。

第2章

公司主营产品或服务尽职调查

业务尽职调查以了解目标公司的运营为主要目的，是对目标公司的经营情况进行评估的过程，业务尽调的方式因行业而有所差异，需要了解该行业并且具备相关背景的专家和专业人员组成。业务尽职调查本质是对目标公司的主营业务进行全面和完整的审查，主要任务是确定公司的商业计划是否现实或可实现，并在此基础上，探讨和检查目标业务的运营职能和结构流程，以便投资机构能够在整个投资生命周期中，释放价值，抓住机会，实现最小化风险、最大化收益。

关注点8 公司主营业务介绍

公司的业务，是公司最核心的东西，是企业赖以生存和发展的基础，所以也是尽职调查的核心内容。

公司上市有很多具体的要求，但其核心问题是通过尽职调查确认企业未来是否具有持续经营能力及可持续的成长性，所有关注的内容都是围绕这个主题展开的。

1.持续经营能力及可持续的成长性

（1）通过查阅公司业务制度、实地考察公司经营过程涉及的业务环节、对主要供应商和客户访谈等方法，结合公司行业特点，了解公司关键业务流程。包括但不限于：

①供应链及其管理，公司对供应商的依赖程度及存在的经营风险；

②主要产品的生产流程或服务流程、生产工艺、质量控制、安全生产等；

③营销体系，包括销售方式、是否有排他性销售协议等壁垒、市场推广计划、客户管理，公司对客户的依赖程度及存在的风险；

④公司研发能力及研发投入情况，产品的研发和质量控制体系；核心产品或服务的研发流程、周期以及更新换代计划；

⑤根据产业链分工情况，调查公司是否将营运环节交给利益相关者，如有，阐明其合作关系或商业联盟关系以及风险利益分配机制及分配方案；

⑥重要资本投资项目（如规模化生产、重要设备投资等）的投资流程，包括投资决策机制、可行性和投资回报分析等；

⑦其他体现所处行业或业态特征的业务环节。

（2）公司对目前从事的主要业务的具体说明。

①公司所经营的业务种类、公司成立以来业务类型、种类、发展情况、生产能力、盈利能力、销售收入、产品结构的主要变化情况；

②各业务在公司盈利中所占比例；

③公司的业务流程；

④公司所从事的主要业务的主管部门或行业协会（包括地方主管部门和国家主管部门）；

⑤公司是否存在超出核准经营范围经营的情况；如有，需详细说明。

（3）载明公司经营业务所需的所有资质（包括但不限于资格、登记、备案、许可、特许经营、同意或其他形式的批准）的清单及对应的文件（包括证书和年检记录情况、年费缴纳情况），该等资质是否存在被吊销、撤销或不被延长情形的书面说明。

（4）公司所拥有的特许经营权清单及其相对应的特许经营协议。

（5）与公司目前所从事的业务、所进行的项目、项目审批的权限和具体运作等方面相关的特殊政策、行业规定文件。

（6）公司持有的全部证照，包括公司最新的营业执照正副本、税务登记证、银行开户许可证；经营及业务资质证书，如特定行业准入证书；荣誉证书；省级或国家级高新技术企业认定证书、高新技术产品认定证书、国家重点新产品证书等；政府批准文件、许可批文等。这些都是企业正常生产经营所必需的法律文件，也是行业门槛和企业跟其他同类企业、其他企业相比的竞争优势，构成了企业生产及经营资质的特定内容和许可，也是企业未来成长性的保证。

（7）与进出口经营权有关批文、进出口业务有关文件包括但不限于进出口业务合同、代理商名称及其签订的合同（如有）。

（8）详细说明公司采用的主要商业模式、销售模式、盈利模式。

（9）关于公司的销售情况的有关文件，包括：

①公司关于按照产品分类的销售模式的说明；

②按产品分类的物流模式的说明及其证明文件；

③按产品分类的资金流模式的说明及其证明文件；

④按产品分类的订单模式的说明及其证明文件；

⑤按产品分类的发票模式的说明及其证明文件。

（10）公司关于主要材料的说明。

①原料名称、类别；

②按材料和类别所需供应商名单（前十名），分别占采购额的百分比，公司对该等材料供应商是否具有依赖性的说明；

③按照原材料分类，供应量居前十位供应商的合同及其履行情况的说明；

④公司的原材料是否需进口环节纳税情况的说明；如有，需抽查进口合同、报关纳税文件的样本。

（11）关于生产流程的有关文件。

①公司的主要生产设备供应商清单，前十位供应商的合同及是否正常履行的说明；

②公司关于对主要设备供应商是否具有依赖性的说明；

③公司生产过程中使用的水、电、热、气合同及履行情况说明。

（12）如公司对主要客户、供应商存在依赖性或该等客户、供应商存在高度集中情况的，公司需提供对以下事项的说明文件：

①存在依赖或高度集中情况的产品类别；

②相关营业额、现金流、利润额及所占公司同类数据的比例；

③公司在同等条件下寻找类似客户、供应商的可能性。

（13）公司出具的关于未来运营模式变化说明及其相关证明文件。

（14）审计报告。

（15）访谈调查笔录和其他有关文件。

2. 业务和产品

（1）公司所从事的主要业务及业务描述，各业务在整个业务收入中的重要性及占比。

（2）该业务的发展前景。

（3）公司主要产品（服务）的毛利率，与同类公司数据比较，在成本方面的竞争优势或劣势。

（4）主要业务近年来增长情况，包括销量、收入、市场份额、销售价格走势，各类产品在公司销售收入及利润中的比重及未来发展趋势。

（5）公司产品系列，产品零部件构成细分及明细。

（6）公司产品结构，分类介绍公司所生产主要产品情况和近年来销售情况；产品需求状况。

（7）上述产品的产品质量、技术含量、功能和用途、应用的主要技术、技术性能指标、产品的竞争力等情况，针对的特定消费群体。

（8）公司质量管理的组织设置、质量控制制度及实施情况。

（9）上述产品所获得的主要奖励和荣誉称号。

（10）公司对提高产品质量、提升产品档次、增强产品竞争力等方面将采取的措施。

（11）公司新产品开发情况。

3.技术、研究与开发

（1）公司现在所使用技术和生产工艺的先进程度、成熟程度、特点、性能和优势；公司生产工艺、技术在行业中的领先程度，公司主要产品的设计生产能力和历年产量。

（2）公司研究机构的情况，包括成立的时间，研究开发实力、已经取得的研究开发成果，主要研究设备、研究开发手段、研究开发程序、研究开发组织管理结构等情况。

（3）公司技术开发人员的结构、工程师和主要技术开发人员的简历。

（4）与公司合作的主要研究开发机构名单及合作开发情况；合作单位主要情况介绍。

（5）公司自主拥有的主要专利技术、自主知识产权、专利情况，包括名称用途、应用情况、获奖情况及年费缴纳情况。

（6）公司每年投入的研究开发费用及占公司营业收入比例。

（7）公司正在研究开发的新技术及新产品有哪些，新产品的开发周期，未来计划研究开发的新技术和新产品。

（8）公司采取的是何种技术标准，如国家标准、行业标准还是企业标准，公司的企业标准与国家标准之间的对照与区别，公司是否参与制定了国家标准与行业标准或者对之产生过的影响等。

关注点9 公司的商业模式

商业模式即Business Model，是指公司如何使用其拥有的关键资源、核心要素，通过有效的业务流程形成一个完整的运行系统，并通过这一运行系统向客户提供产品或服务，满足客户需求并向客户提供价值，从而获得收入、利润和现金流。

早在20世纪50年代就有人提出了“商业模式”的概念，但直到20世纪90年代才开始被广泛使用和传播。在分析商业模式过程中，主要关注企业在市场中与用户、供应商、其他合作方的关系，尤其是彼此间的物流、信息流和资金流。有一个好的商业模式，成功就有了一半的保证。简单地讲，商业模式就是一个企业或公司是以什么样的方式来盈利和赚钱的，构成赚钱的这些服务和产品的整个体系称之为商业模式。换而言之，商业模式是企业赖以生存的业务活动的方法、体系，并决定了企业在价值链中的位置。

商业模式用以阐明某个特定实体的商业逻辑，它描述了公司所能为客户提供的价值以及公司的内部结构、合作伙伴网络和关系资本（Relationship Capital）等用以实现（创造、推销和交付）这一价值并产生可持续盈利收入的要素。

关注企业的商业模式，就是关注企业持续经营能力一个重要方面。

第3章

企业的技术和研发尽职调查

关注企业的技术和研发，目的是准确了解企业所研发的产品和服务是否有市场、是否符合市场及采购方的要求、是否先进及符合市场的需要、是否构成企业的核心竞争力而不可替代，或者企业在技术方面有自己专有技术及独特的优势，后续是否还存在较大的发展空间等。更深层次的目的是要了解企业是否确立了一个成熟的为市场所接受的商业模式，并因此而产生一定数额的销售额以及稳定的现金流，公司确定的盈利模式是怎样的，是否具有可持续的成长性。

关注点10 核心技术

1.核心技术的含义与特征

企业的核心技术是那些可以打开多种不同类型产品潜在市场大门的技术，毕竟企业最终交付给客户的是具体产品或服务，而非单纯的技术模块，所以核心技术支撑的产品领域也直接决定了核心技术的最终价值。一个企业的核心技术是企业较长时期积累的一组先进复杂的、具有较大用户价值的技术和能力的集合体，而不是单个分散的技术或服务。

企业的核心专长必须是企业为用户提供根本性好处的技能，否则为一般应用技术。核心技术往往对产品的核心部件有直接的帮助，主要体现在全新产品的出现、性能的提升、成本的下降等方面。

企业的核心技术是企业的其他具体产品的技术平台，是公司产品平台的基础。产品平台往往是众多核心技术的集合体，通过产品平台实现了核心技术的最终价值，有效实现产品间的共享，同时还有效实现了技术的保密。产品平台是终端产品快速、低成本、低风险地推向市场的基础，通过产品平台可以有效降低产品开发成本、缩短产品开发周期、提升产品质量。

企业的核心技术有以下特征：

第一，企业的核心技术优势具有不可复制性，是企业基于对产业、市场和用户的深刻洞察，以及环境长期孕育形成的、有独特的市场价值，能够解决重大的市场问题。

第二，企业的核心技术开发投入大、周期长、风险高。

第三，企业的核心技术开发和形成需要一个稳定的队伍、一种激励机制、一种超前的理念和科学的流程。它是一个科研体系、技术体系，包括工艺、设备、配件、原材料、实验室技术、基础理论、中试、工艺样机生产等一系列评审和市场调研等。

第四，企业的核心技术具有隐性特征。

2.尽职调查的内容

（1）了解公司的行业技术标准，采取的是何种技术标准，如国家标准、行业标准还是企业标准；公司的企业标准与国家标准之间的对照与区别；公司是否参与制定了国家标准与行业标准或者对之产生过什么样的影响。

（2）调查公司核心技术的选择，公司现在所使用技术和生产工艺的先进程度、成熟程度、特点、性能和优势。

（3）调查公司较国内外同行业其他企业在技术方面的领先程度，关注其核心技术是否为其他新技术所取代。

（4）了解公司主要产品的设计生产能力和历年产量。

（5）听取公司关于核心技术发展情况的说明，分析公司主要产品的核心技术优势，包括但不限于主要产品的技术含量、可替代性、核心技术来源及保护等；考察其技术水平、技术成熟程度、同行业技术发展水平及技术进步情况。

（6）调查公司自主技术占核心技术的比重及核心技术所有权的情况。

（7）整理公司技术授权，对于重要的授权要检查相关授权合同以及相关合同的执行凭据；同时考虑风险，即若未来技术所有人取消了授权，对公司会产生多大的影响。

关注点11　专利/专有技术

1.专利与专有技术的相关概念

专有技术是一种技术，但又不是一般的技术，它与一般的技术的区别主要表现在4个方面：

（1）实用性。专有技术必须是一种成熟技术。能够在生产实践过程中操作，它才有存在价值；不能操作的技术不能称为专有技术。

（2）新颖性。专有技术所要求的新颖性不是专利技术本身的新颖性，即并非必须具备独一无二的特性，而是任何人都无法随意得到或复制的特性。专有技术的新颖性主要体现为它的技术先进性，即在同类技术中的领先程度。

（3）获利性。专有技术必须有价值，能够给企业带来超额利润或竞争优势。专有技术的获利性主要体现在专有技术对企业的贡献率上。

（4）保密性。大部分资源都具有稀缺性，专有技术作为一种知识资源要保持它的稀缺性就必须采取一定的保密手段。

综上，以上4种特性中最主要的是获利性和新颖性。获利性主要表现在专有技术价值创造中的贡献率，其不仅高于有形资产，而且高于一般技术等无形资产；新颖性主要表现在专有技术和同类技术相比处于领先水平。

专有技术有以下4种功能：

（1）价值功能。专有技术的价值功能主要体现在2个方面：一是专有技术作为一种特殊的商品可以在技术市场上交易，使专有技术拥有者的劳动得到补偿和实现；二是专有技术作为一种生产要素与其他生产要素相互作用，从而提升产品的市场价值，使专有技术拥有者获得超额利润。

（2）服务功能。专有技术作为一种知识资源，可以存在于图纸、资料、磁盘、磁带等载体之中，也可以存在于人的大脑等载体之中，存在于图纸、资料、磁盘、磁带及其他产品载体之中的专有技术可以通过技术市场、商品市场实现价值；存在于人的大脑之中的专有技术，则需要咨询服务使其服务功能得以转换。

（3）共享功能。专有技术作为一种知识资源不仅可以复制，也可以共享。即使一个没有参与过专有技术开发的人，只要掌握了专有技术的使用方法，也照样可以使用，没有必要再去重复专有技术的开发过程。所以，专有技术在商品交易和服务转换中，所有者出售的只是复制品，而不丧失所有权。

（4）再造性。新的知识的产生总是建立在已有的知识基础之上，如果能够在他人已有的知识基础之上进行学习和创新，会省去大量重复性学习和探索的时间和劳动。而人们会在知识共享中，不同的主体拥有知识还会产生碰撞，产生新的知识的火花，带来新知识的产生。所以，专有技术也不是一个封闭的体系，而是一个可以再造的开放系统。

2.尽职调查所需材料

（1）企业知识产权登记清单，包括本企业所有、与共有人共同所有及本企业只具有使用权的专利、外观设计、实用新型、商标、商号、商誉、软件等著作权、商业秘密、专有技术、与企业/商品相关的网络域名等。

（2）与企业专有技术相关的权利证书、缴费凭证、变更手续通知书、登记簿副本、他项权协议及登记备案文件、使用许可或转让协议、合同等法律文件，双方是否存在纠纷或争议等，正在申请的知识产权清单，使用许可合同、共同技术开发合同、委托合同、权利转让合同等。

（3）掌握核心技术的重要人物，作为企业出资部分的知识产权。

（4）企业内部关于职务发明的规章制度，企业关于商业秘密保护的规章制度。

（5）与知识产权相关的股东会（大会）决议、董事会决议、重要的会议记录。

（6）企业知识产权管理部门人员名单、知识产权管理规章制度。

（7）过去或现在发生的知识产权或专利技术诉讼、仲裁情况说明、判决书以及行政机关的处罚通知书。

（8）聘请的律师事务所、知识产权代理机构等知识产权顾问单位的名单及相关的委托合同。

3.尽职调查的内容

（1）调查公司报表中存在的“无形资产——专利”等知识产权是否与公司经营直接相关。

（2）调查公司拥有的专利、非专利技术、技术许可协议、技术合作协议、软件著作权、商标、其他许可证件等，获取公司专利技术、非专利技术等权利证书、在有关管理部门的登记文件以及相关协议，调查知识产权的权利人是否为本公司，时间上是否还在保护期内。

（3）调查公司知识产权专利技术的取得方式，是受让取得、股东投入还是自主开发。

（4）对于股东投入的专利技术，看是否是股东在职期间投入，在职期间的投入可能会被认定为职务发明；股东原始投入的专利技术看是否有评估报告、出资是否存在瑕疵。

（5）对于自主研发转入无形资产的，研究支出和开发支出时点的划分是否有依据，是否建立和运行与研发相关的内控制度，资本化的开发支出归集是否合理。

（6）了解公司其他专有技术的来源，是属于自主开发、股东投资、购买或只拥有使用权。调查公司对于上述技术拥有的权限，并且关注公司是否存在与上述技术相关的重大纠纷，核心技术是否超过法律保护期限。

（7）分析公司现有的主要产品的专利技术，考察其技术水平、技术成熟程度、同行业技术发展水平及技术进步情况。

（8）对公司未来经营存在重大影响的关键技术，应当予以特别关注和专项调查。

（9）了解公司是否建立了相应的机制保障与主要产品生产相关的非专利技术不被泄露，对于非专利技术，确认公司是否与员工签订保密协议等文件。

关注点12 以往研究和开发成果

1. 以往研究和开发成果的表现

为更好地评估目标公司的未来价值和风险状况，在尽职调查中需要了解目标公司以往的研究与开发成果，具体可表现为：目标公司技术鉴定情况；获得国际、国家、省、市及有关部门和机构奖励情况；行业内技术权威对企业的技术情况的评价；公司所拥有的、许可的或被认可的所有登记的或未登记的知识产权清单，包括专利、商标、数据库等；技术依托技术合作单位及合作方式，研发小组组成、技术更新周期、其他说明等。

2. 尽职调查内容

（1）取得公司主要研发成果、在研项目、研发目标等资料并进行整理，调查公司自主知识产权的数量与质量、技术储备等情况。

（2）调查主要研发成果近年来的转化情况、转化率。

（3）取得公司研究机构的情况，包括成立的时间、研究开发实力、已经取得的研究开发成果、主要研究设备、研究开发手段、研究开发程序、研究开发组织管理结构等情况。

（4）调查公司历年研发费用数额、研发费用占公司主营业务收入的比重。

（5）调查公司的研发和技术生成是何种模式，是公司有一个总的研发计划，还是外包给其他公司、其他研究机构。

①若公司有总体的研发计划模式，那么需要调查研发计划由谁确定，研发执行有何跟进措施，公司研发方面的预算和投入如何界定，研发资金的来源，研发的KPI和阶段目标如何确定，研发到什么程度公司内部即可认定形成技术、进行申请专利或进行下一步。也可以获取公司的研发政策做进一步研判。

②若是员工自由创新、自主研发或者外包研发，需确定一般技术所有人是如何认定、如何划分，技术的收益的分成方式如何；外包的研发团队主要负责哪一部分研发，是否是核心部分，如果是核心部分，需进一步考虑是否认定该技术优势属于公司，是否与外包团队签订排他协议，禁止外包团队为竞争对手研发该类研发内容。

③若和其他大公司和科研院校合作研发，要查看公司与公司、公司与科研院校之间是否有协议，并查看协议的内容，通过协议对对方形成约束力，查看协议中是否规定研发成果形成公司的技术竞争力。

（6）查看以往研发成果的研发协议或合同，获取合法性。

（7）调查公司是否承接其他研发工作，一些研发实力较强的公司还会承接外部的研发工作，调查该部分是否已经计入主营业务收入，并查看相关合同，了解技术所有权和收益分配外，衡量相关的研发资金由哪方负责，是否会占用过多的公司研发资源，以及所研发内容对于公司技术优势的利弊。

（8）对公司的研发成果进行市场化分析，对公司未来的研发能力进行分析。

（9）调查目前公司有哪些项目在进行研发，每个项目目前预算是多少、配置人员是多少、进行到何种阶段、预计何时能研发完成，申请专利的计划等。

（10）了解公司申请专利的情况，衡量公司研发效率，目前每年平均能有多少知识产权申请，每年取得专利的数量，可以向公司获取相关内容，抽查相关申请文件，并预计未来几年公司能取得的知识产权的数量。

关注点13 研发投入费用和人员的管理

1.研发投入费用与人员

研发投入费用包含了直接费用和间接费用，直接费用是指在项目实施过程中发生的与之直接相关的费用。主要包括：

（1）设备费：是指在项目实施过程中购置或试制专用仪器设备、对现有仪器设备进行升级改造，以及租赁外单位仪器设备而发生的费用。计算类仪器设备和软件工具可在设备费科目列支。应当严格控制设备购置，鼓励开放共享、自主研制、租赁专用仪器设备以及对现有仪器设备进行升级改造，避免重复购置。

（2）业务费：是指在项目实施过程中消耗的各种材料、辅助材料等低值易耗品的采购、运输、装卸、整理等费用，发生的测试化验加工、燃料动力、出版/文献/信息传播/知识产权事务、会议/差旅/国际合作交流等费用，以及其他相关支出。

（3）劳务费：是指在项目实施过程中支付给参与项目的研究生、博士后、访问学者和项目聘用的研究人员、科研辅助人员等的劳务性费用，以及支付给临时聘请的咨询专家的费用等。

①项目聘用人员劳务费开支标准，参照当地科学研究和技术服务业从业人员平均工资水平，根据其在项目研究中承担的工作任务确定，其由单位缴纳的社会保险补助、住房公积金等纳入劳务费科目。

②支付给临时聘请的咨询专家的费用，不得支付给参与本项目及所属课题研究和管理的相关人员，其管理按照国家有关规定执行。

间接费用是指承担单位在组织实施项目过程中发生的无法在直接费用中列支的相关费用。主要包括：承担单位为项目研究提供的房屋占用，日常水、电、气、暖等消耗，有关管理费用的补助支出，以及激励科研人员的绩效支出等。

研发投入费用不仅影响企业的财务数据，更可以从其数据占比中看到企业真实的研发能力。例如，高新企业申报中销售收入越多，研发费用也就越高，意味着公司在研发上的投入越大，产品的含金量更高。

中国境内发生的研发费用占比多说明了企业主要在境内自主研发，创造属于自己的核心竞争力，同时也能在高新企业申报中脱颖而出，并让我国科技实力得到更快发展。研究开发费用总额占销售收入总额的比例，以及中国境内发生的研究开发费用总额占全部研究开发费用总额的比例要与申报企业计算的结果核对一致。

2.尽职调查的内容

（1）取得公司研发体制、研发机构设置、激励制度、研发人员资历等资料，调查公司的研发模式和研发系统的设置和运行情况，分析是否存在良好的技术创新机制，是否能够满足公司未来发展的需要。

（2）了解近几年来用于研究开发的支出、研发费用占主营业务收入的比重等数据。

（3）了解技术和研发团队构成（公司研发团队的构成也是研发实力重要的一部分）。

（4）调查公司研发团队是否是自有技术团队，该研发团队人员的数量、内部分工情况、技术骨干的背景及履历，目前给予技术团队有何激励措施、是否有股权激励，向公司获取研发团队名册，以及主要技术骨干的履历表。

（5）调查公司研发团队是否是外包和外部研发合作，有外包研发的，建议获取外包研发团队的名录，并且获取有关合作研发的内容并制成表格，了解与外包团队之间的合作模式，检查是否有公司关联方，以及外包团队背景，广泛调查外包团队能力，重要的外部研发和合作都需要获取外包合同和执行情况凭据。

（6）调查研发部门职责，了解研发人员简历，了解人员的学历构成、部门构成、年龄构成等。

（7）了解公司研究人员的薪酬情况，包括公司核心技术人员的薪酬水平、公司主要竞争者（国内、外公司）同类技术人员的薪酬水平。

（8）了解公司研究人员的流动性。人员方面的一个关键问题就是流动性，至少要调查公司核心人员是否稳定。人员流动性问题可以体现在员工构成的历年变化，需要向公司获取历年新增员工人数和离职员工人数。针对员工流动性高，公司有何应对措施；员工工资水平如何，员工有哪些福利，员工业绩指标体系与激励机制如何；缺少的员工如何补充，有何补充渠道；若人员流动性高是不可避免的，如何减少对公司的影响等。

（9）对公司人力总监进行访谈，主要人员是否签署竞业禁止、保密协议，查看公司相关规定和政策文件。

（10）调查公司的安全生产与劳动争议，尤其是制造业公司，需重点关注安全生产。调查人员在去工厂现场参观的同时，应一并查看员工的工作环境和安全生产措施，如有无安全帽等。此外还有些隐形的措施，包括保险，需要找公司人力部门询问，查阅相关记录或文件规定。法务尽调如果查到公司有较多的劳动争议案件，需要向公司了解案件的原因。

（11）了解公司未来人员人数有何规划，是否有裁员和增员的计划。

关注点14　潜在风险说明

1.企业研发的潜在风险

企业开展研发活动至少应当关注下列风险：

第一，研究项目未经科学论证或论证不充分，可能导致创新不足或资源浪费；

第二，研发人员配备不合理或研发过程管理不善，可能导致研发成本过高、舞弊或研发失败；

第三，研究成果转化应用不足、保护措施不力，可能导致企业利益受损。

按照企业研发活动管理流程，企业研发风险可分为立项风险、研究实施风险、结题验收风险、开发与保护风险。

（1）立项风险。

研发立项环节常见的风险主要包括：项目在研究论证时与企业需求结合不够全面充分；对项目市场需求前景判断过于乐观，可能最终形成资源浪费；申请和立项审批执行不完善，存在瑕疵；立项决策对技术先进性分析不当可能导致创新不足等。

（2）研究实施风险。

研发项目立项后进入研究实施阶段，即进入具体研发过程，这是整个研发中最为重要的环节。本环节可能存在的风险包括：研发人员组织调配不尽合理可能造成研发最终失败；研发过程管理不善可能使得项目研发效率低下，甚至在不同项目之间的资源调配出现问题；研发过程中经费支持不足或不及时造成研发暂时中断；研发过程中未能及时发现错误，从而产生后续纠错成本费用。

（3）结题验收风险。

研发结题验收环节中的主要风险包括：组织进行验收的人员不够专业，在专业技术水平方面有所欠缺；验收人员与研发项目之间存在独立性方面的瑕疵；验收经费筹措不足，相关检验设施不充分，不能有效开展验收试验。以上都可能导致不能有效降低研发失败和后续应用失败的风险。

（4）开发与保护风险。

形成研发成果后，企业要形成科研、生产、市场一体化的自主创新机制，本环节常见的风险事项包括：新技术在形成产品或工程应用中未充分证明已成熟便仓促使用；研发成果的开发利用过于激进乐观，未获得市场认可即进行较大批量生产，造成企业不必要的成本费用浪费。

成果保护方面的主要风险如下：忽略进一步确认研发成果是否申请专利或作为专用技术，未及时申请办理相关专利或著作权；未建立有效的研究成果保护制度；未严格按照制度规定借阅和使用研发过程中的各类资料，最终导致技术秘密或商业机密外泄。

2.尽职调查的内容

（1）调查公司新产品研究开发周期（从产品开发到进入市场的周期），主要研发项目的进展情况，并对研发项目之后的发展计划作出描述说明。

（2）调查公司新产品的市场前景和市场需求，是否有较大盈利空间。

（3）调查公司研发费用是否符合规定，研发投入费用占比是否科学合理，未来还需多少研发资金的投入。

（4）了解公司与其他单位合作研发的产品或项目，取得合作协议等相关资料，分析合作研发的成果分配、保密措施等问题。

（5）调查公司关于研发过程管理和研发激励的相关规定，是否科学有效。

第4章

企业的生产设施尽职调查

企业的生产行为是指企业为了实现利润最大化目标，按照投入产出相抵收益最大的原则，对发生在生产过程中的生产要素投入和产品产出进行决策的行为。企业的生产是企业生存发展的重要组成部分，尤其是对于制造业企业来说。

对企业生产的尽职调查多采用现场调查的方式。现场调查的方式包括但不限于公司生产经营现场的观摩、现场资料的查阅、主要经营人员的访谈等。必要时可辅之以照相或摄像。具体要求如下：对生产现场进行观摩，了解产品工艺和流程，留意生产线的饱和度、机械设备的维护情况等；留意工作人员的工作面貌和情绪；在查库存时留意是否有滞销产品和积压原料；查看公司是否有安全隐患或环保等问题；考察公司内部控制制度，生产工作现场是否井然有序，部门配置是否健全、合理，是否有公示的各项制度等。

企业的生产可以从以下几个方面入手进行调查：

（1）公司产品质量认证证明及证书（如有）；

（2）生产许可证或其他类似许可或登记证明（如有）；

（3）公司生产经营所遵循的强制性或自愿性的产品质量标准或其他生产性标准（包括国际、国内和行业标准等）；

（4）公司最近三年是否受过技术监督部门的行政处罚（如有）；

（5）公司生产的流程图，说明产品的生产和制造的整个程序（从原材料的采购到出厂）；

（6）公司主要生产设施的清单及其主要功能；

（7）公司产品需遵守国家或行业的定价政策。

关注点15 生产规模及最大生产能力

1. 生产规模及最大生产能力的概念

企业根据自身的生产经营条件和外部市场供求状况，确定一个合适的生产规模经营，是企业管理工作的基本生产规模内容之一。不同的生产规模产生不同的收益。每一种生产规模都存在着一个相应的规模收益问题。生产规模在变化，规模收益也在变化。

生产规模和最大生产能力这两部分对于制造业公司会重要一些，软件行业和平台行业大部分是前期自行研发设计，后续销售无须再另行生产或加工。

生产规模是指作为生产单位所拥有或占有的固定投入的数量，包括土地、劳动力、机械与设备的数量等。固定投入的数量越多，生产规模就越大，反之则越小。

生产规模分为工业企业规模、项目生产规模两种。

（1）工业企业规模。

工业企业规模是指工业劳动力、劳动资料和劳动对象及工业产品在一个工业企业内的集中程度。通常划分为大型、中型、小型三种不同规模。衡量和区分工业企业规模大小的指标通常有职工人数、固定资产价值、生产设备数量和生产面积以及综合生产能力等。

（2）项目生产规模。

项目生产规模是指拟建项目的新增生产能力。工业生产性建设项目生产规模的大小，主要取决于产品的市场需求，项目产品市场占有率，生产产品的原材料与能源供应、协作配套条件、规模经济等。通过对建设项目产品产量目标与生产费用的变化关系的分析确定拟建项目的最小规模和最大规模界限及其设备的负荷率，从而规划出拟建项目的经济规模优选区域，再根据项目本身的性质、特点，并结合考虑其他有关因素，如原材料和能源供应，运输及协作配套条件等，最终确定项目的既合理又经济的生产规模。

最大生产能力是指企业全部设备的最大可能产量。

在企业生产方向和产品品种构成无变化的情况下，最大生产能力一般应反映一定时期的生产能力；在生产方向已决定改变或品种构成发生重大的、方向性的改变的情况下，其最大生产能力应按照本时间段内的生产方向、产品品种构成重新进行核算。

2. 尽职调查的内容

（1）取得公司主要产品的设计生产能力和历年产量有关资料，并进行比较，与生产部门人员沟通，分析公司各生产环节是否存在瓶颈制约。

（2）调查公司现有生产基地的数量、布局、规模等基本情况，汇总各生产基地的分工、地点、产能、人数、近三年及最新一期产量，方便清晰直观地呈现公司目前的生产布局和生产基地的情况；对于各生产基地，详细尽调时可以获取相关土地权证、房产权证、环评批文等判断。

（3）调查公司自有仓库和外在仓库情况、仓储空间情况。

（4）邀请外部第三方专家判断公司现有生产规模、产能是否满足市场需求，是否科学合理。

（5）衡量下公司现有销量，以及预测未来销量，与公司现有产能进行对比，衡量公司现有产能是否满足。

（6）了解产能扩充的难度，若新增产能需要多少投入、多少时间，以及是否需要另外更换厂房设施。

关注点16 主要设施

1. 主要设施的含义

生产设施是指在工业企业中直接参加生产过程或直接为生产服务的机器设备，主要包括机械、动力及传导设备等。

2. 尽职调查的内容

（1）生产总监填写“企业主要生产设备、设施一览表”（见表4-1）。

表 4-1　企业主要生产设备、设施一览表

序号	名称	规格型号	数量	完好状态	使用场所	生产厂商及国别	生产日期	购置日期

（2）到现场进行实地调查，清点设备数量，查看新旧情况。

（3）调查生产设施所有权归属情况，是否有相应的合同，产权是否明晰。

（4）查看是否有闲置的生产线和设备。

（5）调查生产设备是否有过重大安全生产事故，若有，要求生产相关负责人给出书面说明。

关注点17 生产过程

1.生产过程的含义及划分

生产过程是指从投料开始，经过一系列的加工，直至成品生产出来的全部过程。在生产过程中，主要是劳动者运用劳动工具，直接或间接地作用于劳动对象，使之按人们预定目的变成工业产品。工业企业作为一个系统，它的基本活动是供、产、销；系统的主要功能是生产合格的工业产品，创造产品的使用价值和增加价值，并作为商品出售满足社会需求。生产管理的对象是生产过程，生产过程是围绕完成产品生产的一系列有组织的生产活动的运行过程，所以生产管理就是对生产过程进行计划、组织、指挥、协调、控制和考核等一系列管理活动的总称。

企业的生产根据各部分在生产过程中的作用不同，可划分为以下三部分：

（1）基本生产过程。基本生产过程是指构成产品实体的劳动对象直接进行工艺加工的过程。如机械企业中的铸造、锻造、机械加工和装配等过程；纺织企业中的纺纱、织布和印染等过程。基本生产过程是企业的主要生产活动。

（2）辅助生产过程。辅助生产过程是指为保证基本生产过程的正常进行而从事的各种辅助性生产活动的过程。如为基本生产提供动力、工具和维修工作等。

（3）生产服务过程。生产服务过程是指为保证生产活动顺利进行而提供的各种服务性工作。如供应工作、运输工作、技术检验工作等。

上述三部分彼此结合在一起，构成企业的整个生产过程。其中，基本生产过程是主导部分，其余各部分都是围绕着基本生产过程进行的。

2.尽职调查的内容

（1）要求生产总监绘制生产过程流程图，并根据具体情况考虑是否进行穿行测试，查看车间之间流转的手续、单据，如何管理，流转时间等。

（2）取得公司生产流程资料，结合生产核心技术或关键生产环节，分析评价公司生产工艺、技术在行业中的领先程度。

（3）结合客户交付周期，判断公司属于哪种生产模式，是资源订单式生产，还是订单生产式生产，或是库存生产式生产；如果是后两种，公司是否有备货，备货一般维持在什么水平。

（4）对于备货水平，结合采购合同台账、近三年报表中存货余额水平、近三年存货库存明细、存货周转率进行判断，如果存货周转率过低，调查公司是否维持着与业务不相称的高备货水平。

（5）调查公司是否有生产计划的制度，根据制度规定由谁来确定生产计划。

（6）调查公司采购产品入库有哪些流程和审批手续、有哪些凭据；原材料和半成品会经过哪些车间，每个车间负责何种工作；整个生产周期多久，即从原材料入库，到产成品入成品仓，需要多少时间；哪些车间和工序需要较为特殊的生产条件，如高温、环保、耗电等；生产计划的执行有什么措施等。

（7）去工厂实地参观，现场观察车间的生产环境，是否为无菌车间，货物的摆放是否清晰整齐，现场有多少人工，员工的安全生产情况等。

（8）需关注公司是否存在代工问题，哪些环节是代工的，代工厂是否有公司的关联方，与代工厂之间是如何定价的，发货代工厂与代工完成入库最终运到哪里，有何相关手续。代工的更为具体的情况可向生产总监获取资料，拿到代工厂的名录，调查相关代工厂的背景。同时，要获取代工的相关合同，调查公司与代工厂之间是怎么运作的，代工付费是多少等。

（9）调查采购入库的检测和审批程序，产成后入成品仓，或从成品仓发给客户前，是否有检测流程。

（10）向公司询问良品率的问题，调查公司是否有防范不良品发给客户的措施。

（11）调查生产过程中的废料问题，公司生产中会产生多少废料，废料是否有序管理、如何处理、采用何种处理流程。

（12）调查客户退货率，对于客户退货，公司有何种处理规定。

第5章

企业的主要市场尽职调查

关注点18 行业发展介绍

行业发展介绍是调查了解行业发展的整体状况，分析行业发展中的突出问题，了解制约行业发展的关键因素，研判行业发展的趋势。

1.行业背景资料

（1）行业发展的情况。

（2）国家对该行业的有关产业政策、管理措施，及未来可能发生的政策变化。

（3）该行业的市场竞争程度，并介绍同行业主要竞争对手的情况，包括年生产能力、年实际产量、年销售数量、销售收入、市场份额、在国内市场地位。

（4）国外该行业的发展情况。

（5）国家现行相关政策对该行业的影响。

（6）全国市场情况介绍，包括年需求量、年供给量、地域需求分布、地域供给分布、生产企业数量，是否受同类进口产品的竞争。

2.行业类别

根据公司主营业务确定其所属行业。

3.行业宏观政策

收集行业主管部门制定的发展规划、行业管理方面的法律法规及规范性文件，了解行业监管体制和政策趋势。

4.行业经营模式

（1）调查公司所处行业的技术水平及技术特点，分析行业的周期性、区域性或季节性特征。

（2）了解公司所属行业特有的经营模式，调查行业企业采用的主要商业模式、销售模式、盈利模式。

5.行业产品链

（1）分析该行业在产品价值链的作用，通过对该行业与其上下游行业的关联度、上下游行业的发展前景、产品用途的广度、产品替代趋势等进行分析论证，分析上下游行业变动及变动趋势对公司所处行业的有利和不利影响。

（2）根据财务资料，分析公司出口业务情况，如果出口比例较大，调查相关产品进口国的有关进口政策、贸易摩擦对产品进口的影响，以及进口国同类产品的竞争格局等情况，分析出口市场变动对公司的影响。

6.行业整体状况的调查

了解公司所属行业的市场环境、市场容量、市场细分、市场化程度、进入壁垒、供求状况、竞争状况、行业利润水平和未来变动情况，判断行业的发展前景及行业发展的有利和不利因素，了解行业内主要企业及其市场份额情况，调查竞争对手情况，分析公司在行业中所处的竞争地位及变动情况。

（1）行业发展整体状况包括行业的市场容量、市场结构、主要的竞争对手、行业发展的生命周期以及未来发展趋势等整体情况的概略性信息，对于把握整个行业的概貌有一个基础性的指引作用。

（2）调查了解行业的整体状况可以查阅有关专业的调查公司、咨询公司、研究院发布的行业调查报告，获得有关行业发展的二手信息；也可以通过在查阅行业协会的网站、报刊、内部资料等手段获得一些信息；还可以通过查阅行业内竞争对手的信息，获得对行业发展整体情况的认知。在这些二手信息的基础上，再通过实地走访、调查，深入了解行业整体概况。对于某些新兴行业，行业发展报告之类的集成信息很少，就更需要调查者深入了解、分析行业内的具体企业的信息，以增强对行业整体状况的把握。

7.行业发展的突出问题调查

（1）行业健康发展中面临的突出问题。

行业发展的突出问题调查是行业调查分析的重要内容。调查者要调查了解行业需求发展变化的新特点，市场结构的新变化、新要求，行业生命周期的新变化，以及主要竞争对手的新动向，从而把握行业健康发展中面临的突出问题，为更全面地了解目标公司所处行业，以及目标公司在行业中的地位提供更多、更全面的信息支持。

（2）行业未来发展的大势调查。

行业概况调查还应该调查分析行业未来发展的大趋势。一般来说，各研究机构、咨询公司、科研院所相关领域的专家都会对行业发展的趋势作出分析判断，为全面地了解研判行业发展提供支持。

8.行业内竞争的激烈程度

最核心的方面是行业内的竞争激烈程度。一般来说，行业的竞争越激烈，目标公司所在行业的吸引力越低，行业发展前景越暗淡。很多天使投资公司、风险投资公司喜欢投资一些新兴行业，很大部分是因为新兴行业缺乏强有力的竞争对手，行业吸引力大，容易给初创公司更多的机会。

9.入侵威胁

入侵威胁也是影响行业吸引力的重要方面，也就是说，目标公司所在的行业如果很容易受到新进入者或潜在进入者的入侵威胁，那即使当前行业内竞争不激烈，未来很快也将面临激烈的竞争。行业的吸引力同样较低，入侵的威胁与入侵的壁垒紧密相关，如果入侵者入侵的时间较长、成本较高，入侵者所需要的行业积累较多，目标公司的量产能力及成本优势明显，品牌、政策都有先行优势，那就表示入侵者入侵的壁垒较高，入侵者威胁较小，目标公司所在行业的吸引力较强。

关注点19 核心竞争力

核心竞争力是指能够给企业带来比较竞争优势的资源，以及资源的配置和整合方式。企业的核心竞争力随着企业资源的变化和配置整合效率的提高，也会发生变化。有了核心竞争力的力量，企业才有可能在激烈的市场竞争中脱颖而出，在一定时期内提升产品和服务的价值。核心竞争力是竞争力的核心和关键因素，由资源和能力组成。因此，越来越重视对公司资源和能力的分析。识别一个企业的核心竞争力，可以从企业的资源和能力入手，找出企业的竞争力，进而确定哪些竞争力可以构成核心竞争力。具体操作可分为三步。

1.资源和能力分析

建立企业核心竞争力分析指标体系，衡量内外部资源、支撑能力和技术能力指标的表现。

2.竞争力分析

对比本企业与同行业其他企业的绩效，找出与其他企业相比的优势资源和能力，明确本企业的竞争力组合。

3.核心竞争力分析

竞争力的组合因素是否符合核心竞争力的特征，即是否与企业的目标和长远规划相一致，是否符合企业的发展和竞争战略？是否有价值，能降低成本，在最终产品上为客户利益作出突出贡献，能提高企业管理效率？是否有助于企业差异化经营且独一无二？是否难以模仿学习其他企业？是否很难被竞争对手替代？能否衍生出一系列满足市场需求的产品和服务，提供进入市场的潜力，有利于扩大业务范围？

4.研究和开发能力分析

（1）请详细介绍公司研究所的情况，包括成立的时间，研究开发实力、已经取得的研究开发成果，主要研究设备、研究开发手段、研究开发程序、研究开发组织管理结构等情况。

（2）公司技术开发人员的结构，工程师和主要技术开发人员的简历。

（3）与公司合作的主要研究开发机构名单及合作开发情况，合作单位主要情况介绍。

（4）公司自主拥有的主要专利技术、自主知识产权、专利情况，包括名称、用途、应用情况，获奖情况。

（5）公司每年投入的研究开发费用及占公司营业收入比例。

（6）公司目前正在研究开发的新技术及新产品有哪些。

（7）公司新产品的开发周期。

（8）未来计划研究开发的新技术和新产品。

5.业务和产品分析

（1）公司所从事的主要业务及业务描述，各业务在整个业务收入中的重要性。

（2）主要业务所处行业的该行业背景资料。

（3）该业务的发展前景。

（4）主要业务增长情况，包括销量、收入、市场份额、销售价格走势，各类产品在公司销售收入及利润中各自的比重。

（5）公司产品系列，产品零部件构成细分及明细。

（6）公司产品结构，分类介绍公司所生产主要产品情况和销售情况，产品需求状况。

（7）上述产品的产品质量、技术含量、功能和用途、应用的主要技术、技术性能指标、产品的竞争力等情况，针对的特定消费群体。

（8）公司是否有专利产品，若有，公司有哪些保护措施。

（9）公司产品使用何种商标进行销售，上述商标是否为公司注册独家使用。

（10）上述产品所获得的主要奖励和荣誉称号。

（11）公司在提高产品质量、提升产品档次、增强产品竞争力等方面将采取哪些措施。

（12）公司新产品开发情况。

6.知识产权分析

（1）尽调重点。

公司的知识产权包括专利、商标、版权、商业秘密、特许经营权，以及公司现在所使用的技术和生产工艺的先进程度、成熟程度、特点、性能和优势、是否高新技术企业等，对于轻资产运营的高新技术企业来说，这些都构成了企业的核心竞争力，也决定着企业的可持续发展及未来发展潜力，是尽职调查需要重点核查的内容之一。

对于知识产权的核查，应重点关注以下几个方面：

①权利的确定。

特别是对诸如专利权、商标权等权属关系的审查，其中不但包括权利证书上的登记状况、权属关系（有无共有人、担保、授予第三人许可使用权等）的确认，还需要调查权力的期限，可能发生无效、被取消的风险，有无第三人侵权，权利被保护的范围，企业如果还有多项准备申请的发明，是否属于职务发明。商标则需审查是否已注册，是否属于驰名商标等。

另外还应注意审查知识产权的有效性。如对于专利问题，应审查企业是否按时缴纳年费以维持其专利的有效性，必要时可通过查询专利登记簿来确定尽职调查时的法律状态，审查其是否被无效，或因其他原因失去专有权。对于注册商标，则要特别注意审查商标有效期及其是否在期限届满前申请续展并获批准。

②或有债务。

虽然知识产权的使用能给权利人带来利益，但有些情况下也可能会给权利人带来一些或有债务的发生。比如，当某一专利侵害了第三人的合法权利时，有可能被行政机关或法院采取保全措施或被原告要求损害赔偿。有些国家对专利商标侵权的打击非常严厉，因此如果被收购方的产品有出口的话，应该特别调查所有出口国的法制环境，研究在国外侵害第三人正当权利或被要求损害赔偿的可能性。另外，对于新《专利法》第6条、第8条规定的职务发明、共同发明、委托发明等特殊情况下的实施专利时的专利使用费，也必须了解相关的合同条款，以免将来在并购完成后需要由收购方支付巨额的专利使用费。

③合同风险。

被收购方与第三方签订的与知识产权相关的包括授权许可合同、共同开发合同、委托开发合同、特许经营合同等合同中，有没有对被收购方不利的条款、收购行为对合同会产生什么样的影响、合同中关于权利义务继承的条款等都需要尽调律师认真研究。有的合同规定，由于权利人的变化合同即时解除或相关条件随即发生变更，遇到这种情况就需要考虑是否应该事先与合同相对方进行沟通以争取对方的书面同意，由变更后的主体承继原来的合同权利义务。

④对知识产权的尽职调查有其局限性。

特别是专利类的知识产权，比如发明，即使在调查期间是有效的，也会因新技术的发展失去其新颖性和独创性而被法院判定无效。所以收购方在决定收购时，应该有选择性地挑选生命力较强的专利作为收购目标。而对于为收购方提供尽职调查服务的律师来说，也必须事先提醒收购方尽职调查的局限性。

（2）知识产权尽职调查的一般程序。

知识产权包括专利、商标、版权等，其中，专利的尽调专业性最强。以专利尽职调查为例，一般会经过以下程序：

①确定专利尽职调查的目的、对象和范围。

不同的场合，尽职调查的目的有所不同。因此首先要明确本次调查是要解决什么问题。

其次，不同目的导致尽职调查的对象和范围有所差异。在尚未明确调查对象时，可以通过专利战术情报，选定对象。

再次，尽职调查中所涉及的专利范围将直接影响调查的工作量。当涉及众多专利时，对于调查方来说，很难对目标企业相关的每一项专利资产都进行详细的尽职调查，因而必须识别出对于本次调查具有实质价值的专利。

②收集、整理专利的相关资料。

专利具有公开性，全球主要国家和地区的专利信息都可以通过专利数据库获取。检索调查所需要的专利信息，并进行清理和整理，为尽职调查报告的撰写提供依据。

另外有部分资料可能需要向目标企业进行索取，例如，专利清单；与专利相关的许可或受益文件；与专利相关的保证、证券利益以及抵押等信息；使用专利的产品和服务；与第三方发生的专利无效以及诉讼案件相关的文件等。

③分析并撰写专利尽职调查报告。

通过定量与定性相结合的办法，根据调查的目的进行专利分析，并撰写相应的尽职调查报告。在报告中，一方面要对专利的现状进行说明，另一方面，也要对可能存在的问题和风险进行阐述，给出规避的意见。

（3）调查方法及途径。

对于知识产权的核查，主要采取以下几种方式：

①查阅并验证权属证明文件；

②网络检索；

③咨询专利代理机构；

④查询专利公报、登记簿副本；

⑤走访的政府部门或单位。

［案例5-1］

调查获得的信息

北京A能源环保有限公司的核心竞争力在于核心技术优势。公司的核心技术是循环流化床固体废弃物焚烧发电技术。高效循环流化床城市固体废弃物焚烧发电系统集成技术是一种基于循环流化床燃烧技术而发展起来的，集垃圾焚烧、供热、高蒸汽参数发电为一体的垃圾无害化处理技术。它是以生活垃圾焚烧炉为核心，增设垃圾预处理、渗沥液处理、烟气净化处理等单元的垃圾发电系统集成技术。同时，采用自主知识产权的发明专利外置式“换热器”，获取高蒸汽参数，使垃圾焚烧发电效率大大提高。

该技术成功地解决了城市生活垃圾高效、环保、经济处理的问题，实现垃圾处理的“减量化、无害化、资源化”。

北京A能源环保有限公司除依靠自身研发外，还十分重视与全国相关领域的大专院校和科研院所保持密切的学术交流和科技合作关系。公司先后与中科院生态中心、浙江大学等单位合作承担了科技部“863”课题“阻滞生活垃圾焚烧过程中二噁英类生成的成套设备开发与工程示范”，“十二五支撑课题”将与中科院生态中心再度合作。2011年公司与中科院工程热物理所的“具有应用示范价值的工业固体废弃物处理技术”项目正在审批中。另外，公司研究中心正在与武汉理工大学就“矿业废物处理技术”进行技术交流。内部研发和外部合作保证了公司在固体废弃物处理技术领域更广的活力、更深的实力。

北京A能源环保有限公司拥有专利35项，其中有12项发明专利，如“换热器”“一种污泥干燥焚烧处理方法”“垃圾焚烧后烟气降温过程中抑制二噁英生成的系统方法”“锅炉热灰处理系统”“辐射燃尽的循环流化床垃圾焚烧锅炉”等。其中换热器发明专利彻底解决了垃圾焚烧中酸性气体对金属腐蚀的世界性难题。

主要结论

北京A能源环保有限公司具有强大的技术研发能力，拥有广泛的技术研发合作网络，保证了技术层面的核心竞争力。单纯的技术研发能力并不足以获得良好的盈利回报，公司需要在经营、市场等方面开发更多更强的核心能力。

关注点20 替代品和竞争对手分析

两个处于同行业或不同行业中的企业，可能会由于所生产的产品是互为替代品，从而在它们之间产生相互竞争行为，这种源自替代品的竞争会以各种形式影响行业中现有企业的竞争战略。广义地看，企业的竞争对手并不局限于同一行业中。许多企业尽管彼此生产的产品（服务）在形式、内容等方面并不雷同，然而这些产品（服务）却都从特定的角度满足市场的需求而吸引社会购买力。事实上，对于争取社会购买力而言，替代产品竞争力量同样会影响到企业的市场地位，甚至是生死攸关的大问题。目标公司所处行业的分析主要是分析行业的吸引力，按照迈克尔·波特（Michael E. Porter）五力模型的逻辑，目标公司所在行业的调查可以从五个方面进行。

1.竞争者的数目及主要竞争者的实力

行业内的竞争激烈程度使我们要调查了解行业内竞争者的数目以及主要竞争者的实力。行业内竞争者的数量越多，行业竞争越激烈；主要竞争者的数量越多，实力越强，行业竞争越激烈。在分析行业内竞争激烈程度时，尤其要关注相同目标客户、定位相同的竞争者的数目与实力。一般而言，即使在同一行业，目标客户不同，定位差别较大并不直接构成竞争。

2.与竞争者的关系

与竞争者的关系包括直接竞争、错位竞争与合作竞争。直接竞争难以避免，但是直接竞争也并非变成你死我活、尔虞我诈的勾心斗角，直接竞争也可以变成相互促进、相互提升甚至相互学习的良性竞争。这种良性竞争的生态有赖于目标公司与行业内的其他竞争者共同创造。业务尽职调查要了解目标公司有没有运用非法手段打击竞争、破坏竞争生态的行为；要了解目标公司有没有违反商业道德、伦理，采用落井下石等不道德的手段打击竞争者；要了解目标公司在维护生态竞争环境中有无作为，有没有引领行业营造健康竞争环境。不道德的、非法的竞争者是走不远的，业务尽职调查要关注目标公司在市场竞争中的伦理、道德及法律表现。

错位竞争比直接竞争更有利于发展，尤其是当竞争者比较强大的时候。错位竞争可以避免目标公司与竞争对手正面冲突，导致资源的浪费和效率的损失。业务尽职调查要了解目标公司错位竞争的策略，了解目标公司在监控竞争者、监控市场、监控目标客户方面的及时性、有效性，以及应对措施的有效性。目标公司如果能经常避开强大的竞争对手，运用自身的资源、能力优势，重新发现新的目标客户的新需求，成功地实施错位竞争策略，表明目标公司未来存在更多的发展空间与机遇。

所谓“不战而屈人之兵，善之善者也”，比错位竞争更有利于发展的是合作竞争。所谓合作竞争是指在行业内营造合作共赢的竞争生态环境，让竞争者为己所用，在为竞争者创造价值的同时也为自身创造价值，实现和谐共生、协同发展。例如，国际的某些服装、鞋类大品牌，让国内的厂家为其贴牌生产，实现共赢，这就是合作竞争策略。业务尽职调查要了解目标公司在行业内营造合作竞争生态，参与合作竞争生态中的态度、作为及其他表现，综合判断目标公司未来的价值创造潜力。一般来说，善于合作的公司未来会有更多的成长机会。

3. 替代品的威胁

影响目标公司行业吸引力的第三个因素是替代品的威胁。也就是说目标公司的产品、服务很容易被别的同类产品或服务来替代，那么行业吸引力就比较弱；反之，如果目标公司的产品或服务很难被其他产品与服务所替代，那么行业吸引力就比较强。比如：高铁的出现可以很大程度上替代1 000千米以内的航班，所以高铁大大降低了短途航线的行业吸引力。替代品的威胁主要受到替代品的盈利空间以及可替代的程度两个因素的影响。替代品盈利空间越大，替代品扩大生产规模、降价销售的动机就越强烈，对目标公司产品、服务造成的替代威胁就越大。可替代的程度是指客户更换方式的代价。比如：不论长途还是短途，铁路、高铁都对航班有替代作用，可是长途旅行铁路的时间长，乘坐航班的客户更换旅行方式的代价高，这样对于价格不敏感的客户而言，更换的代价就大，可替代程度就越低。

4. 供应商的议价能力

供应商的议价能力是指供应商与在位企业的讨价还价能力，供应商对在位企业的影响主要体现在价格、质量上。一般来说，当存在以下几种情况时，供应商的议价能力可能相对大一些：供应商的数目很少并高度集中、替代品很少、更换供应商的成本太高、在位企业并非供应商的主要客户。

5. 购买者的议价能力

购买者的议价能力是指企业在销售其产品和服务时，购买者的讨价还价能力，购买者的议价能力越高，在位企业产品或服务的销售价格就相对越低。一般来说，当存在以下几种情况时，顾客的议价能力比较大：顾客数量很少、顾客采购的产品占其成本的很大比例、顾客的行业利润低、产品差别不大、顾客具有后向整合能力、购买者转移供货渠道的成本很低、顾客掌握充足的市场和产品相关信息。

关注点21　公司营销策略

市场领导者掌握了40%的市场份额，该公司拥有整个市场中最大的市场份额；另外的30%市场份额掌握在市场挑战者手中，而且正在为获得更多的市场份额而努力；还有20%掌握在市场追随者手中，他们是在试图维持现有的市场份额，并不希望扰乱市场的局面；剩余的10%被市场利基者控制，这些公司存在于那些大公司所不感兴趣的小细分市场。正是因为此企业根据自己在市场中的定位才有了公司营销策略。

企业营销战略的三条主线为：（1）规划以核心价值为中心的品牌识别系统，并以品牌核心价值统帅企业的营销传播活动；（2）优选品牌化战略与品牌架构；（3）进行理性的品牌延伸扩张，充分利用品牌资源获取更大的利润。公司营销策略主要说明本企业在产品的销售体系的建立、价格政策的确立、售后服务模式等方面所采取的措施。

1.企业在产品的销售体系的建立

主要分析团队管理、销售计划和客户管理。

2.价格政策的确立

价格是竞争的重要手段，产品一旦在价格策略上失误，会给产品竞争力、公司盈利能力及活力带来直接的负面影响。可以说价格是市场最称职的天气预报员，它总能对市场作出灵敏的反映。

3.售后服务模式

（1）公司产品的质量控制措施及相应的质控制度。

（2）公司主要客户对公司产品的品质有何要求。

（3）公司主要产品品质的国家标准、行业标准及公司产品目前执行的标准。

（4）公司主要产品品质所达到的水平。

（5）近三年公司产品质量纠纷及其处理结果。

（6）公司在产品品质控制方面的优势及风险。

（7）公司产品售后服务满意度情况。

4.公司营销网络

（1）公司产品国内外销售市场开拓及销售网络的建立历程。

（2）公司的主要客户，主要客户的有关情况，主要客户在公司销售总额中的比重，公司主要客户的地域分布状况。

（3）公司产品国内主要销售地域，销售管理及销售网络分布情况。

（4）公司产品国内外销售比例，外销主要国家和地区分布结构及比例。

（5）公司是否有长期固定价格销售合同。

（6）公司扩大销售的主要措施和营销手段。

（7）销售人员的结构情况，包括人数、学历、工作经验、分工等。

（8）公司对销售人员的主要激励措施。

（9）公司的广告策略，广告的主要媒体及在每一媒体上广告费用支出比例，公司每年广告费用总支出数额及增长情况，广告费用总支出占公司费用总支出的比例。

（10）公司在国内外市场上主要竞争对手名单及主要竞争对手主要资料，公司和主要竞争对手在国内外市场上各自所占的市场比例。

（11）公司为消费者提供哪些售后服务，具体怎样安排。

（12）公司的赊销期限一般多长，赊销部分占销售总额的比例多大；历史上是否发生过坏账，每年实际坏账金额占应收账款的比例如何；主要赊销客户的情况及信誉。

（13）公司是否拥有进出口权，若无，公司主要委托那家外贸公司代理，该外贸公司主要情况介绍。

第6章

财务相关制度及执行情况尽职调查

财务制度亦称“财务管理制度”。财务工作应遵循的规则、方法、程序和标准等的总称。一般由国家和地方财政部门根据一定时期的具体情况和条件制定。其内容包括企业、机关、事业单位和其他经济组织的一切财务收支活动的规则和章程。如国家资金的缴拨、企业融资、财务成果分配、工资总额的确定与调整、成本开支范围、固定资产折旧制度、有关费用的开支标准、专项资金的形成与使用等方面的规定。企业内部自行规定的费用开支范围及审批手续、内部结算办法等也是财务制度的内容之一。

关注点22 企业财务管理规章制度

财务管理是在一定的整体目标下，关于资产的购置（投资）、资本的融通（筹资）和经营中现金流量（营运资金），以及利润分配的管理。财务管理是企业管理的一个组成部分，它是根据财经法规制度，按照财务管理的原则，组织企业财务活动，处理财务关系的一项经济管理工作。简单地说，财务管理是组织企业财务活动、处理财务关系的一项经济管理工作。

财务制度就是企业的神经系统。财务情况是一个企业经营业绩的具体和集中的反映，也是尽职调查关注的重点，涉及IPO或者新三板挂牌的话一般应当由持有证券资格的会计师事务所完成，律师对其调查的结论性意见也应当予以一定的关注。

俗称的“财务三张表”，是通常所说的资产负债表、利润表和现金流量表。

"财务三张表"是一个企业财务管理和动态的缩影。

1.资产负债表

资产负债表反映企业的资产、负债和所有者权益。

（1）查看注册资本的情况及企业的成长性。

首先查看所有者权益。查看"实收资本"数额，将其与企业注册资本数额相比较，检验注册资本是否到位。

用"所有者权益"合计（即净资产）除以"实收资本"，再用该"商数"除以企业自注册成立至今的"累计年份"得出净资产的年平均增长率进行分析。而且注意"资本公积"的数额，若过大，将进一步了解其构成。防止企业在不具备法定资产评估条件的情况下，通过虚假评估来虚增"净资产"，借此来调整"资产负债率"，蒙骗债权人或潜在债权人。

"实收资本"是企业承担有限责任的根本保证，深受企业各类债权人高度重视。所以，中介机构出具的"年度报表审计报告"一般都将"实收资本"的情况首先予以反映和评价。

（2）查看企业资产的管理情况。

对企业所有资产的管理是否安全和完整，各项管理制度是否健全，特别是《内部会计控制规范——基本规范》以及相关具体规范，内部控制的设计是否合理，执行是否有效等情况进行核实。

（3）查看企业资产负债率和各项流动性比率了解企业对各类债权人利益的保证程度。

用"负债合计数"除以"资产总额"求出"资产负债率"，可以了解到企业对长期债权人利益的保障程度，该比率越大，表明长期债权人的风险越大。

2.利润表

利润表反映企业的生成经营规模和实现利润的情况。采用结构百分比法剖析利润表中各相关项目之间的内在勾稽关系，获取有用的决策信息。

（1）将"主营业务利润"与"主营业务收入"相比较，可以了解到企业主营业务的毛利率，借此了解到企业的产品或劳务的技术含量和市场竞争力。

（2）将"主营业务利润"与"其他业务利润"相比较，可以了解到企业的主营业务是否突出，并借此对企业未来获利能力的稳定性作出相应的判断。

（3）将"营业费用、管理费用、财务费用"与"主营业务利润"相比较，则可分别了解到企业销售部门、管理部门的工作效率以及企业融资业务的合理性。

再通过同类企业之间的横向比较及企业前后会计期间的纵向比较，进一步挖掘企业降低“营业费用、管理费用、财务费用”的潜力，提高其工作效率，并对企业的融资行为作出审慎的安排。

（4）将“营业利润、投资收益、补贴收入、营业外收入、营业外支出”与“利润总额”相比较，可以对企业获利能力的稳定性及可靠性作出基本的判断。特别是“投资收益”反映的是建立在资本运营前提下的投资回报，占企业实现利润的比例越大说明企业的主营业务获利能力越差。只有企业的“营业利润”占“利润总额”的比重较大时，企业的获利能力才较稳定、可靠。

有些上市公司为了精心维护、营造“壳资源”，通过政府补贴或关联交易的方式提高上市公司的利润水平，以确保上市公司的配股及融资能力，不断从证券市场募集资金，通过这些方式来增强上市公司的利润水平。由于这样做必定是不稳定、不可靠的。对此，企业股东或潜在股东相当关注。所以，审计人员在审计时特别注意审核企业是否存在这种情况，特别关注“非经常性损益”，注意查看“补贴收入、营业外收入、营业外支出”及会计报表附注等方面的资料。

3.现金流量表

现金流量对企业至关重要，它是企业运行顺畅、获取竞争力的根本保证。现金流量表反映企业现金来源、现金使用和现金库存的情况。

（1）现金流量净增加值。

该指标表明本会计年度现金流入与流出的相抵结果。正数表明本期流入大于流出，负数表明现金流出大于流入。正数表明现金流量状况在改善。

（2）经营活动产生的现金流量净额。

该指标表明企业经营活动获取现金流量的能力。

在正常情况下企业的现金流入量主要依靠经营活动来获取。通过该指标与“净利润”指标相比较，可以了解到企业净利润的现金含量，而净利润的现金含量则是企业市场竞争力的根本体现。如果企业的净利润大大高于“经营活动产生的现金流量净额”则说明企业利润的含金量不高，存在大量的赊销行为以及未来的应收账款收账风险，同时某种程度上存在着利润操纵之嫌。在了解该指标的过程中，审计人员还可以了解到企业相关税费的缴纳情况。

（3）投资活动产生的现金流量净额。

该指标反映企业固定资产投资及权益性、债权性投资业务的现金流量情况。其现金流出会“对企业未来的市场竞争力产生影响”，其数额较大时，审计人员会特别关注，他们对企业相关的投资行为的可行性将做相应的了解和评估。

（4）筹资活动产生的现金流量净额。

该指标一般反映企业从银行及证券市场筹资的能力。

在该指标形成的过程中，会反映企业偿还银行借款本息及支付股利的现金流出情况，而这正是企业筹资信誉的根本体现。当本期的该类现金流入量过大时，往往会对以后会计期间的现金流量及资金成本产生一定的压力。对此，审计人员特别关注企业的筹资目的及履行情况。如果本期借入的银行借款大部分用来偿还银行借款本息，则说明企业前期银行借款使用效益不佳，存在“倒贷”现象。对此，审计报告将提出改进企业资金管理的建议。

（5）现金流量表附注。

现金流量表附注简称为“附注”，但其所提供的信息却非常重要，通过该部分相关项目与其他报表相关项目之间的核对，可以对企业所制定的固定资产折旧、无形资产摊销、坏账准备的计提、待摊费用的摊销等会计政策的执行情况作出相应的推断、对企业会计核算及会计信息披露的质量作出相应的判断。同时，通过观察“处置固定资产、无形资产和其他资产的损失（减收益）”项目，来了解企业的非正常损益的发生情况及其对企业利润水平的影响。而通过“投资损失（收益）”与主表中“分得股利或利润所收到的现金”“取得债券利息收入所收到的现金”的比较，可对企业投资收益的现金含量作出分析和判断。

通过以上对企业“财务三张表”的仔细审阅与解读，可以对企业经营情况有直接和大概的了解，另外，除了“财务三张表”以外，还需对以下具体内容进行尽职调查：

①业务收入情况、成本结构及其变动情况和变动原因，分析资产的毛利率及其变动趋势和变动原因，分析公司的现金流情况、利润来源及其构成等；

②公司主营业务成本构成情况，主营业务收入占总收入的比例，公司管理费用构成情况；

③最近三年公司的审计报告，公司近三年来独立审计师就财务管理制度、会计制度、外汇支出及其他有关公司或子公司重大财务问题的信函以及公司相应的回复（如有）；

④公司最近三年会计政策的变化及原因（如有）；

⑤公司销售费用构成情况；

⑥公司主要支出的构成情况；

⑦公司前三年应收账款周转率、存货周转率、流动比率、速动比率、净资产收益率、毛利率、资产负债比率等财务指标；

⑧公司前三年资产负债表、利润及利润分配表、损益表及现金流量表；

⑨公司的重大资产（包括主要生产设备、机器设备、办公设备、备品、备件、主要运输工具、存款等）的清单，内容应包括：所有权人、取得方式、使用地点、设备原值、已用年限、累计折旧、设备净值，该等重大资产的购买合同及付款发票，权属登记证明文件；

⑩公司的设备簿中，处于海关监管状态的设备清单、购买合同、付款凭证、纳税及减免税收凭证等；

⑪公司拥有的其他重要资产的证明文件；

⑫公司拥有的非经营性资产的种类、数量、剥离计划；

⑬公司以融资租赁、借款合同、分期付款等方式取得的重大资产清单及其相关合同；

⑭公司因租赁（或者无偿占用）取得的重大资产清单、租赁（无偿占用）合同及有关履行情况说明；

⑮列载于公司财务记录上但因特殊原因（如出租、出借、出质、留置、被查封、冻结、扣押或者采取其他强制措施等）不在公司掌握和控制范围内的资产清单及其相关文件；

⑯债权人和债务人名单，及相关的债券、债权数量清单、债权、债务合同或者证明发生债务关系的其他文件；

⑰关于公司是否存在拖欠任何情况下应偿还的债务，或者被拖欠任何无法收回的债务的情况说明，及相关文件；

⑱公司接受债务人担保/反担保的有关的法律文件，包括抵押、质押或其他担保清单，有关设置任何抵押权、质权或其他担保权的任何协议，及其相应的公证、登记证明，提供担保方的章程、与签订担保合同有关的内部授权审批决议、审计报告和其他相关文件；

⑲公司出具的关于记载于其财务账簿和财务记录上以外应承担的其他重大责任或债务的说明及其相关文件；

⑳对公司未来主要收入和支出的有重大影响的因素；

㉑公司执行的各种税率情况。

但需要注意的是，作为尽调律师，应该能够读懂“财务三张表”，在读懂的基础上引用其结论性意见，并且在引用的同时明确声明：涉及财务、审计方面的数据、信息，律师依赖专业机构作出的报告和专业结论，律师只是引用，并不对此承担法律责任。

具体执行包括：

（1）财务管理控制。

①财务管理涵盖的业务环节。

是否制订了专门的、操作性强的财务制度；各级财务人员是否具备了专业素质；是否建立了持续的人员培训制度；有无控制风险的相关规定；财务岗位设置是否贯彻“责任分离、相互制约”原则；是否执行重要财务业务和电算化操作授权规定；是否按规定组织对账等。

②评价公司财务管理内部控制的完整性、合理性及有效性。

（2）财务报告及相关财务资料。

①财务报告核查及总体评价。

取得两年又一期的资产负债表、损益表及现金流量表。对财务报告及相关财务资料的内容进行审慎核查。

②合并、分部、参股事项的核查。

对于公司财务报表中包含的分部信息，应获取相关分部资料，进行必要的核查。对纳入合并范围的重要控股子公司的财务状况应同样履行充分的审慎核查程序。对公司披露的参股子公司，应获取最近一年及一期的财务报告及审计报告（如有）。

③存在重要并购事项的特殊核查。

如公司最近收购兼并其他企业资产或股权，且被收购企业资产总额或营业收入或净利润超过收购前公司相应项目20%的，应获得被收购企业收购前一年的利润表，并核查其财务情况。

（3）财务政策与财务估计。

①政策选择。

通过查阅公司财务资料，并与相关财务人员和财务师沟通，核查公司的财务政策和财务估计的合规性和稳健性。

②变更影响。

如公司报告期内存在财务政策或财务估计变更，重点核查变更内容、理由及对公司财务状况、经营成果的影响。

（4）财务比率分析。

①盈利能力分析。

计算公司各年度毛利率、资产收益率、净资产收益率、每股收益等，分析公司各年度盈利能力及其变动情况，分析母公司报表和合并报表的利润结构和利润来源，判断公司盈利能力的持续性。

②偿债能力分析。

计算公司各年度资产负债率、流动比率、速动比率、利息保障倍数等，结合公司的现金流量状况、在银行的资信状况、可利用的融资渠道及授信额度、表内负债、表外融资及或有负债等情况，分析公司各年度偿债能力及其变动情况，判断公司的偿债能力和偿债风险。

③公司各年度资产周转率、存货周转率和应收账款周转率等，结合市场发展、行业竞争状况、公司生产模式及物流管理、销售模式及赊销政策等情况，分析公司各年度营运能力及其变动情况，判断公司经营风险和持续经营能力。

④综合评价。

通过上述比率分析，与同行业可比公司的财务指标比较，综合分析公司的财务风险和经营风险，判断公司财务状况是否良好，是否存在持续经营问题。

（5）与损益有关的项目。

①销售收入。

了解实际财务核算中该行业收入确认的一般原则以及公司确认收入的具体标准，判断收入确认具体标准是否符合财务准则的要求，是否存在提前或延迟确认收入或虚计收入的情况。

核查公司在财务期末是否存在突击确认销售的情况，期末收到销售款项是否存在期后不正常流出的情况。

分析公司经营现金净流量的增减变化情况是否与公司销售收入变化情况相符，关注交易产生的经济利益是否真正流入企业。

取得公司收入的产品构成、地域构成及其变动情况的详细资料，分析收入及其构成变动情况是否符合行业和市场同期的变化情况。

如公司收入存在季节性波动，应分析季节性因素对各季度经营成果的影响，参照同行业其他公司的情况，分析公司收入的变动情况及其与成本、费用等财务数据之间的配比关系是否合理。

取得公司主要产品报告期价格变动的资料，了解报告期内的价格变动情况，分析公司主要产品价格变动的基本规律及其对公司收入变动的影响。

关注公司销售模式对其收入核算的影响及是否存在异常，了解主要经销商的资金实力、销售网络、所经销产品对外销售和回款等情况。

核查公司的产品销售核算与经销商的核算是否存在重大不符。

②销售成本与销售毛利。

根据公司的生产流程，搜集相应的业务管理文件，了解公司生产经营各环节成本核算方法和步骤，确认公司报告期成本核算的方法是否保持一致。

获取报告期主要产品的成本明细表，了解产品单位成本及构成情况，包括直接材料、直接人工、燃料和动力、制造费用等。报告期内主要产品单位成本大幅变动的，应进行因素分析并结合市场和同行业企业情况判断其合理性。

对照公司的工艺流程、生产周期和在产品历史数据，分析期末在产品余额的合理性，关注期末存货中在产品是否存在余额巨大等异常情况，判断是否存在应转未转成本的情况。

计算公司报告期的利润率指标，分析其报告期内的变化情况并判断其未来变动趋势，与同行业企业进行比较分析，判断公司产品毛利率、营业利润率等是否正常，存在重大异常的应进行多因素分析并进行重点核查。

③期间费用。

取得营业费用明细表，结合行业销售特点、公司销售方式、销售操作流程、销售网络、回款要求、售后承诺（如无条件退货）等事项，分析公司营业费用的完整性、合理性。

对照各年营业收入的环比分析，核对与营业收入直接相关的营业费用变动趋势是否与前者一致。两者变动趋势存在重大不一致的，应进行重点核查。

取得公司管理费用明细表，分析是否存在异常的管理费用项目，如存在，应通过核查相关凭证、对比历史数据等方式予以重点核查。

关注控股股东、实际控制人或关联方占用资金的相关费用情况。

取得财务费用明细表，对公司存在较大银行借款或付息债务的，应对其利息支出情况进行测算，结合对固定资产的调查，确认大额利息资本化的合理性。

④非经常性损益项目。

取得经注册财务师验证的公司报告期加权平均净资产收益率和非经常性损益明细表，逐项核查是否符合相关规定，调查非经常性损益的来源、取得依据和相关凭证以及相关款项是否真实收到、财务处理是否正确，并分析其对公司财务状况和经营业绩的影响。

结合业务背景和业务资料，判断重大非经常性损益项目发生的合理性和计价的公允性。

计算非经常性损益占当期利润比重，分析由此产生的风险。

（6）与资产状况有关的项目。

①货币资金。

取得或编制货币资金明细表。

通过取得公司银行账户资料、向银行函证等方式，核查定期存款账户、保证金账户、非银行金融机构账户等非日常结算账户形成原因及目前状况。对于在证券营业部开立的证券投资账户，还应核查公司是否及时完整地核算了证券投资及其损益。

抽查货币资金明细账，重点核查大额货币资金的流出和流入，分析是否存在合理的业务背景，判断其存在的风险。

核查大额银行存款账户，判断其真实性。

分析金额重大的未达账项形成的原因及其影响。

关注报告期货币资金的期初余额、本期发生额和期末余额。

②应收款项。

取得应收款项明细表和账龄分析表、主要债务人及主要逾期债务人名单等资料，并进行分析核查。了解大额应收款形成原因、债务人状况、催款情况和还款计划。

抽查相应的单证和合同，对账龄较长的大额应收账款，分析其他应收款发生的业务背景，核查其核算依据的充分性，判断其收回风险；取得相关采购合同，核查大额预付账款产生的原因、时间和相关采购业务的执行情况。调查应收票据取得、背书、抵押和贴现等情况，关注由此产生的风险。

结合公司收款政策、应收账款周转情况、现金流量情况，对公司销售收入的回款情况进行分析，关注报告期应收账款增幅明显高于主营业务收入增幅的情况，判断由此引致的经营风险和对持续经营能力的影响。

判断坏账准备计提是否充分、是否存在操纵经营业绩的情形。

分析报告期内与关联方之间往来款项的性质，为正常业务经营往来或是无交易背景下的资金占用。

③存货。

取得存货明细表，核查存货余额较大、周转率较低的情况。结合生产情况、存货结构及其变动情况，核查存货报告期内大幅变动的原因。

结合原材料及产品特性、生产需求、存货库存时间长短，实地抽盘大额存货，确认存货计价的准确性，核查是否存在大量积压或冷备情况，分析提取存货跌价准备的计提方法是否合理、提取数额是否充分；测算发出存货成本的计量方法是否合理。

④对外投资。

查阅公司股权投资的相关资料，了解其报告期的变化情况；取得被投资公司的营业执照、报告期的财务报告、投资协议等文件，了解被投资公司经营状况，判断投资减值准备计提方法是否合理、提取数额是否充分，投资收益核算是否准确。对于依照法定要求需要进行审计的被投资公司，应该取得相应的审计报告。

取得报告期公司购买或出售被投资公司股权时的财务报告、审计报告及评估报告（如有），分析交易的公允性和财务处理的合理性。

查阅公司交易性投资相关资料，了解重大交易性投资财务处理的合理性；取得重大委托理财的相关合同及公司内部的批准文件，分析该委托理财是否存在违法违规行为。

取得重大项目的投资合同及公司内部的批准文件，核查其合法性、有效性，结合项目进度情况，分析其影响及财务处理合理性。

了解集团内部关联企业相互投资，以及间接持股的情况。

⑤固定资产。

取得固定资产的折旧明细表和减值准备明细表，通过询问生产部门、设备管理部门和基建部门以及实地观察等方法，核查固定资产的使用状况、在建工程的施工进度，确认固定资产的使用状态是否良好，在建工程是否达到结转固定资产的条件，了解是否存在已长期停工的在建工程、长期未使用的固定资产等情况。

分析固定资产折旧政策的稳健性以及在建工程和固定资产减值准备计提是

否充分，根据固定资产的财务政策对报告期内固定资产折旧计提进行测算。

⑥无形资产。

对照无形资产的有关协议、资料，了解重要无形资产的取得方式、入账依据、初始金额、摊销年限及确定依据、摊余价值及剩余摊销年限。

无形资产的原始价值是以评估值作为入账依据的，应该重点关注评估结果及财务处理是否合理。

⑦投资性房地产。

核查重要投资性房地产的种类和计量模式，采用成本模式的，核查其折旧或摊销方法以及减值准备计提依据；采用公允价值模式的，核查其公允价值的确定依据和方法。

了解重要投资性房地产的转换及处置的确认和计量方法，判断上述财务处理方法是否合理，分析其对公司的经营状况的影响程度。

⑧银行借款。

查阅公司主要银行借款资料，了解银行借款状况，公司在主要借款银行的资信评级情况，是否存在逾期借款，有逾期未偿还债项的，应了解其未按期偿还的原因、预计还款期等。

⑨应付款项。

取得应付款项明细表，了解应付票据是否真实支付、大额应付账款的账龄和逾期未付款原因、大额其他应付款及长期应付款的具体内容和业务背景、大额应交税费欠缴情况等。

⑩对外担保。

取得公司对外担保的相关资料，计算担保金额占公司净资产、总资产的比重；调查担保决策过程是否符合有关法律法规和公司章程等的规定；分析一旦发生损失，对公司正常生产经营和盈利状况的影响程度；调查被担保方是否具备履行义务的能力、是否提供了必要的反担保。

调查公司重要资产是否存在抵押、质押等情况，分析抵押事项对公司正常生产经营情况的影响程度。

调查公司是否存在重大仲裁、诉讼和其他重大或有事项，并分析该等已决和未决仲裁、诉讼与其他重大或有事项对公司的重大影响。

（7）现金流量表。

①现金流量分析。

取得公司报告期现金流量的财务资料，对公司经营活动、投资活动和筹资活动产生的现金流量进行全面分析。

核查公司经营活动产生的现金流量及其变动情况，判断公司资产流动性、盈利能力、偿债能力及风险等。

如果公司经营活动产生的现金流量净额持续为负或远低于同期净利润的，应进行专项核查，并判断其真实盈利能力和持续经营能力。

②对最近三个财务年度经营活动产生的现金流量净额的编制进行必要的复核和测算。

（8）税务信息调查。

①税收缴纳。

查阅公司报告期的纳税资料，调查公司及其控股子公司所执行的税种、税基、税率是否符合现行法律、法规的要求及报告期是否依法纳税。

②税收优惠。

取得公司税收优惠或财政补贴资料，核查公司享有的税收优惠或财政补贴是否符合财政管理部门和税收管理部门的有关规定，调查税收优惠或财政补贴的来源、归属、用途及财务处理等情况，关注税收优惠期或补贴期及其未来影响，分析公司对税收政策的依赖程度和对未来经营业绩、财务状况的影响。

关注点23　企业内控制度及关键流程控制活动

内部控制制度是单位内部建立的使各项业务活动互相联系、互相制约的措施、方法和规程，是现代化企业管理的产物。企业在竞争日益激烈的外部环境中，为了增强自身的竞争能力，需不断改善内部管理，提高工作效率、提高产品质量。该制度包括的基本要素是：（1）明确合理的职责分工制度；（2）严格的审批检查制度；（3）健全的会计制度和企业管理制度；（4）严密的保管保卫制度；（5）有效的内部审计制度；（6）胜任的工作人员。由于内部控制制度的严密程度直接决定着被审单位提供的会计数据和其他经济资料的可靠性，现代审计总是把被审单位现行的内部控制制度当作审查的起点和重点，通过对内部控制制度的调查、核实和评价确定审计工作的范围、深度和侧重点。

1.对公司董事长、总经理、财务负责人等局级管理人员进行访谈了解公司未来战略规划目标、经营目标等，以及为实现目标拟采取的措施，内部控制制度的建立及其情况。

2.询问公司相关人员、公司工商登记资料，了解公司所有权结构、治理结构、组织结构的设置情况，了解公司高管、董事会的权限划分以及岗位权责分配情况。

3.查阅公司股权结构图、组织结构图、治理结构图，公司内部控制制度和公司章程，三会议事规则，三会决议等会议记录。

4.查阅公司的各部门规章管理制度等基本内部控制制度，分析公司内部控制制度的合理性、完整性、可执行性及有效性。

具体内部控制制度包括以下六点。

（1）公司章程。

查阅公司章程，调查其是否符合《公司法》《证券法》及中国证监会和交易所的有关规定。

关注董事会授权情况是否符合规定。

（2）组织结构。

取得公司内部组织结构图。

考察总部与分（子）公司、董事会、专门委员会、总部职能部门与分（子）公司内部控制决策的形式、层次、实施和反馈的情况，分析评价公司组织运作的有效性。

判断公司组织机构是否健全、清晰，其设置是否体现分工明确、相互制约的治理原则。

（3）三会设立及职责履行。

取得公司治理制度规定，包括三会议事规则、董事会专门委员会议事规则、总经理工作制度、内部审计制度等文件资料，核查公司是否依法建立了健全的股东大会、董事会、监事会、独立董事、董事会秘书制度，了解公司董事会、监事会，以及战略、审计、提名、薪酬与考核等专门委员会的设置情况，及公司章程中规定的上述机构和人员依法履行的职责是否完备、明确。

（4）独立性情况。

查阅公司相关资料，结合公司的生产、采购和销售记录实地考察其产、供、销系统，调查分析公司是否具有完整的业务流程、独立的生产经营场所以及独立的采购、销售系统，调查分析其对产供销系统和下属公司的控制情况。

计算公司关联采购额和关联销售额分别占其同期采购总额和销售总额的

比例，分析是否存在影响公司独立性的重大或频繁的关联交易，判断其业务独立性。

对于商标、专利、版权、特许经营权等无形资产以及房产、土地使用权、主要生产经营设备等主要财产，调查公司是否具备完整、合法的财产权属凭证以及是否实际占有；调查商标权、专利权、版权、特许经营权等的权利期限情况，核查这些资产是否存在法律纠纷或潜在纠纷；调查金额较大、期限较长的其他应收款、其他应付款、预收及预付账款产生的原因及交易记录、资金流向等，调查公司是否存在资产被控股股东或实际控制人及其关联方控制和占用的情况，判断其资产独立性。

调查公司高管人员是否在控股股东、实际控制人及其控制的其他企业中担任除董事、监事以外的其他职务，公司财务人员是否在控股股东、实际控制人及其控制的其他企业中兼职，高管人员是否在公司领取薪酬，是否在控股股东、实际控制人及其控制的其他企业领取薪酬；调查公司员工的劳动、人事、工资报酬以及相应的社会保障是否独立管理，判断其人员独立性。

调查公司是否设立独立的财务部门、建立独立的财务核算体系，具有规范的财务制度和对分公司、子公司的财务管理制度，是否独立进行财务决策、独立在银行开户、独立纳税等，判断其财务独立性。

调查公司的机构是否与控股股东或实际控制人完全分开且独立运作，是否存在混合经营、合署办公的情形，是否完全拥有机构设置自主权等，判断其机构的独立性。

核查公司是否建立独立董事制度，并判断公司独立董事制度是否合规。

核查公司独立董事的任职资格、职权范围等是否符合相关部门的有关规定。

（5）业务控制。

与公司相关业务管理及运作部门进行沟通，查阅公司关于各类业务管理的相关制度规定，了解各类业务循环过程，评价公司的内部控制措施是否有效实施。

调查公司是否接受过政府审计及其他外部审计，如有，核查该审计报告所提问题是否已得到有效解决。

调查公司报告期及最近一期的业务经营操作是否符合监管部门的有关规定，是否存在因违反工商、税务、审计、环保、劳动保护等部门的相关规定而受到处罚的情形及对公司业务经营、财务状况等的影响，并调查该事件是否已改正，不良后果是否已消除。

对公司已发现的由于风险控制不力所导致的损失事件进行调查，了解事件发生过程及对公司财务状况、经营业绩的影响，了解该业务环节内部控制制度的相关规定及有效性，事件发生后公司所采取的紧急补救措施及效果，追踪公司针对内控的薄弱环节所采取的改进措施及效果。

（6）财务管理控制。

核查主要内容包括：财务管理是否涵盖所有业务环节；是否制定了专门的、操作性强的财务制度；各级财务人员是否具备了专业素质；是否建立了持续的人员培训制度；有无控制风险的相关规定；财务岗位设置是否贯彻“责任分离、相互制约”原则；是否执行重要财务业务和电算化操作授权规定；是否按规定组织对账等。

评价公司财务管理内部控制的完整性、合理性及有效性。

关注点24 企业内审的建立与运行

内审是内部审计的简称，内部审计之父索耶对内部审计下的定义是：对组织中各类业务和控制进行独立评价，以确定是否遵循公认的方针和程序，是否符合规定和标准，是否有效和经济地使用了资源，是否在实现组织目标。综合来说，内部审计是指被审计单位内部机构或人员，对其内部控制的有效性、财务信息的真实性和完整性以及经营活动的效率和效果等开展的一种评价活动。

1. 内部审计有助于强化企业内部控制、改善企业风险管理、完善公司治理结构，促进企业目标的实现

（1）内部审计体系。

内部审计体系是指董事会、监事会、审计委员会、经营管理层和内部审计的关系。

（2）内部审计系统。

主要内容包括内审系统的构成、管理特点和人员管理。

（3）内部审计职能和运作。

内部审计职责和权限、内部审计工作程序、质量控制和报告制度。

由于内部审计是对财政收支、财务收支、经济活动的真实性、合法性及效益性进行监督和评价，目的是加强组织经济管理，实现经济的目标。所以，内部审计评价职能的履行，是实现组织经济目标的根本要求，是为组织的经济目标服务的。但内部审计评价职能的发挥和履行，要受到内部审计评价内容的复杂化，内部审计评价方式、方法、手段，被审计单位对内部审计评价信息的需求程度以及内部审计评价信息的客观性、科学性、相关性等相关因素的影响，所以内部审计评价过程复杂，具体操作繁杂。它不是对被审计单位作出一种就事论事的简单评价，而是要运用一定的技术方法，对被审计单位进行总体的分析、判断和评价，反映组织在管理、决策、经营、效益等方面存在的问题，揭示其未来发展趋势，以便更好地发挥内部审计评价的作用，创造组织价值。

2.定量的方法

（1）总量分析与评价。

总量分析与评价是指从总体上对被审计单位或项目的财政收支、财务收支、经济活动的真实性、合法性及效益性进行分析判断、评价所采用的一种方法。通过检查、核对有关账户金额、会计凭证的填制、会计账簿的登记以及财务报表的编制与分析，分析判断组织的会计处理是否遵守会计准则和会计制度的有关规定，是否符合国家有关财经法规的规定。对被审计单位资产、负债、利润的构成比例及总额变化，对被审计单位成本费用开支范围的合理性，资金使用效率，组织的盈利水平和营运能力等相关方面，进行全面的分析、评价，从而对被审计单位或项目的财政收支、财务收支的真实性、合法性及效益性的情况作出一个总体上的分析、判断，并形成审计报告意见，以满足组织管理层的决策需要，充分发挥内部审计评价的功能作用。

（2）差量分析与评价。

根据实际发生值与目标值（设定值）之间差异的变化情况，对被审计单位的财务收支、财政收支、经济活动的真实、合法及效益进行分析判断，并发表审计意见的一种方法。通过被审计单位或项目实际提供的会计信息（资产、负债、成本、收入、费用、利润等）同原来设置的目标值进行比较，两者之间存在一个差异（正差异、负差异），通过对差量的分析判断，可以反映被审计单位或项目财务收支的真实性、财务状况变动情况、盈利水平和营运能力，以考核被审计单位或项目的财务收支活动、经济活动是否达到经济、效率和效果，从而为被审计单位或项目作出一个恰当的分析和判断，以便组织加强经济管理和实现经济目标。

（3）比率分析与评价。

把组织同一时期财务报表中若干相互关联的项目进行比较，计算出比率，通过比率变化，对被审计单位或项目的财务收支、财政收支、经济活动的真实性、合法性及效益性进行分析判断、评价所采用的一种方法，以反映组织的财务状况及财务成果，揭示组织未来的发展趋势。比率分析有三种方式：结构比率分析、效率比率分析、相关比率分析。其中，结构比率分析，是指组织某一经济指标的构成项目占总体项目的比率，通过该比率的变化，反映组织财务状况的变动趋势及存在的问题。如流动资产占总资产的比率、流动负债占总负债的比率等。效率比率分析，是指组织的某一经济活动的投入与产出的比率，通过该比率的变化，分析组织某一经济事项的盈利水平及经济效益的高低。如成本利润率、销售利润率等。相关比率分析，是指组织某两个或两个以上的相关经济事项的比率，通过该比率的变化，可以反映各项经济活动之间相互关系，分析组织的财务状况及未来发展前景，如流动比率、速动比率等。

（4）趋势分析与评价。

趋势分析与评价是指组织选择某两期或者连续若干期相同的经济指标进行比较，计算百分比，通过百分比的变化，对被审计单位或项目的财务状况变动情况以及经济活动的效益性，进行分析、判断、评价所采用的一种方法。指出其存在的问题，对组织的运营绩效、盈利水平及未来的发展趋势，作出一个客观的公正的评价，以促进组织加强经济管理，实现其经济目标。如比较财务报表法、比较财务比率法。

（5）相关分析与建立模型。

相关分析，是指组织的一个变量同另一个变量的相互关系，可以是正相关的，也可以是负相关的。建立回归模型，是指组织的一个变量变化引起另一个变量的变化或者一个变量变化引起若干个变量的变化时，可以通过建立如$y=a+bx$（a为常数项，b为回归系数）的回归模型方程，对变量之间的变化加以分析、判断、评价。通过建立回归模型，对组织变量之间的相关分析进行量化，通过回归模型估计值与实际值进行比较，分析判断有关数据的真实性及误差率并对新的数据进行预测。内部审计人员通过利用相关分析和建立回归模型，检查、分析、判断组织经济活动中有关变量之间的相关程度及数据的合理性、真实性，指出组织在生产、经营、管理、决策、效益等方面存在的问题，以便组织更好地加强经营管理，提高经济效益，实现经济目标。

3. 定性的方法

（1）经验判断法。

经验判断法是指内部审计人员，根据自己工作的经验及相关的专业知识水平，对被审计单位的财政收支、财务收支、经济活动的真实性、合法性、效益性进行分析判断所采用的一种方法。很显然，由于这种方法受内部审计人员专业知识水平、工作经历、主观意识等多种因素的影响，所以内部审计评价的结论意见往往带有一定的片面性、主观随意性和不真实性，不能真实地反映被审计单位或项目的财政收支、财务收支、经济活动的实际情况。所以在实际内部审计工作当中，很少采用这种方法。

（2）调查询问法。

调查询问法是指内部审计人员通过采取询问有关财务负责人、当事人，调阅有关的账簿资料，查看会议记录及有关规章制度和文件等方式，对被审计单位的财务、财政收支状况及经济活动的真实性、合法性、效益性进行分析、判断、评价所采用的一种方法。同样，这种评价方法也不能全面客观地反映被审计单位财务收支、财政收支及经济活动的真实性，存在一定的局限性。

第7章

财务指标分析和财务风险尽职调查

财务分析是以会计核算和报表资料及其他相关资料为依据，采用一系列专门的分析技术和方法，对企业等经济组织过去和现在有关筹资活动、投资活动、经营活动、分配活动的盈利能力、营运能力、偿债能力和增长能力状况等进行分析与评价的经济管理活动。财务分析为企业的投资者、债权人、经营者及其他关心企业的组织或个人了解企业过去、评价企业现状、预测企业未来作出正确决策提供准确的信息和依据。

关注点25 主要财务指标（盈利能力、偿债能力、营运能力和发展能力）

财务指标主要是指能对企业的财务状况和经营成果进行总结和评价的一些相对指标，中国《企业财务通则》中标明的财务指标主要有三种，分别是偿债能力指标、营运能力指标以及盈利能力指标。本节主要是对偿债能力指标、营运能力指标、获利能力指标、发展能力指标以及综合指标进行分析。

1. 偿债能力指标

偿债能力是指企业偿还到期债务（包括本息）的能力。偿债能力指标主要包括短期偿债能力指标与长期偿债能力指标。

（1）短期偿债能力。

短期偿债能力是指企业以流动资产偿还在一年内即将到期的流动负债的能力。该指标是企业流动资产对流动负债及时足额偿还的保证程度，是衡量企业当期的财务能力，是流动资产变现能力的重要标志之一。常用来反映企业短期偿债能力的财务分析指标有流动比率、速动比率、现金比率。

①流动比率。

流动比率是流动资产与流动负债的比率，反映企业流动资产占流动负债的倍数，表明企业每1元流动负债需要多少流动资产作为偿还的保证。

流动比率=流动资产 ÷ 流动负债 × 100%

对企业来讲，流动比率的数值只有与某种标准进行比较时，才能说明企业短期偿债能力的高低。一般情况下，流动比率越高，说明企业短期偿债能力就越强，债务能够被偿还的可能性就越高，偿债人的权益越有保证。从债权人的角度看，流动比率越高越好，从企业经营者角度看，高流动比率会使企业的成本增加，获利能力降低。国际上一般认为，流动比率的下限是1，而流动比率为2的时候较为合理，此时表明企业财务状况稳定可靠，除了满足日常生产经营的流动资金需求外，还有足够的能力偿还到期的短期债务。如果流动比率过低，说明企业的资金状况不好，难以如期偿还债务。但是，流动比率也不能过高，过高说明企业流动资产占用较多，会影响企业资金的适用效率。流动比率的大小主要由企业对待风险与收益的态度予以确定。一般情况下，营业周期、流动资产中的应收账款数额和存货的周转速度是影响流动比率的主要因素。

在运用流动比率的过程中，有几个问题值得我们去关注：

A.如前所述，企业的流动比率越高，企业偿还短期债务的能力越强，偿债人的权益越有保证，但是这并不能说明企业会有足够的现金或者存款用来偿债。造成流动比率较高也可能与存货、应收账款、收款期限等方面的情况有关，如存货积压、应收账款增多且收款期延长、待摊费用和待处理财产损失增加等，都会使流动比率过高，影响偿债能力。因此，在对企业流动比率进行分析的基础上，还需要对现金流量进行进一步的考察。

B.对于短期的债权人来说，自然会希望流动比率越高越好。但是从企业经营的角度看，过高的流动比率不利于企业的进一步发展。过高的流动比率意味着企业闲置资金的持有量过多，这样会对企业的成本和获利能力造成影响，会使企业的机会成本增加以及降低企业的活力能力。因此，企业应尽可能地将流动比率保持在一个适中的水平，保证企业的持续发展。

C.对企业来说，流动比率的数值只有与某种标准进行比较时，才能说明企业短期偿债能力的高低。流动比率是否合理，不同的企业不同时期的评价标准是不同的，统一企业不同时期的评价标准也是不同的，因此，在企业经营中，不应用统一的标准来评价企业流动比率是否合理。

D.在对流动比率进行分析的时候，应该剔除一些虚假因素的影响。

②速动比率。

速动比率是速动资产与流动负债的比率。所谓速动资产，是指流动资产减去变现能力较差且不稳定的存货、预付款项、一年内到期的非流动资产和其他流动资产等之后的余额。由于剔除了存货等变现能力较弱且不稳定的资产，因此，速动比率与流动比率相比较而言，能够更加准确、可靠地评价企业资产的流动性及其偿还短期负债的能力。影响速动比率的可信性的重要因素是应收账款的变现能力，账面上的应收账款不一定都能变现，也不一定非常可靠。

速动比率＝速动资产 ÷ 流动负债 ×100%

＝（货币资金＋交易性金融资产＋应收账款＋应收票据）÷ 流动负债 ×100%

＝（流动资产－存货－预付账款－一年内到期的非流动资产－其他流动资产）÷ 流动负债 ×100%

一般情况下，速动比率越高，说明企业偿还流动负债的能力越强。国际上一般认为，速动比率为1较为合适，如果速动比率小于1，企业可能面临很大的偿债能力；如果速动比率大于1，尽管债务偿还的安全性很高，但却会因现金及应收账款资金过多而增加企业的机会成本。

③现金比率。

现金比率是指企业因各种原因出现大量赊销而形成大量的应收账款时，考察企业的变现能力时所运用的指标。

现金比率＝（货币资金＋交易性金融资产＋应收票据）÷ 流动负债 ×100%

现金比率越高，说明企业的变现能力就越强，有时候也将现金比率称为变现比率。一般来说，现金比率在20%以上为好，但并非越高越好，因为闲置过多的货币资金也是不经济的。

（2）长期偿债能力指标。

长期偿债能力是指企业偿还长期债务的能力。用来反映企业长期偿债能力的指标有资产负债率、产权比率以及利息保障倍数。

①资产负债率。

资产负债率又称负债比率，是指企业的负债总额与资产总额的比率，它反映企业的资产总额中有多少是通过举借债务由债权人提供的。即在企业资产总额中，债权人提供资金所占比重，以及企业资产对债权人权益的保障程度。

资产负债率＝负债总额 ÷ 资产总额 ×100%

［注：此处的负债总额包括长期负债、流动负债。］

一般情况下，资产负债率越低，说明企业长期偿债能力就越强。但是，并非对任何企业而言，都是资产负债率越小越好的。从债权人角度看，资产负债率越小越好，这样能够对自己的资金有所保障，说明企业的偿债能力好。从企业所有者的角度看，如果资产负债率较大，说明企业利用较少的自由资本投资形成较多的生产经营用资产，不仅扩大了生产经营规模，而且在经营状况良好的情况下，还可以利用财务杠杆的原理，取得较多的利润。如果资产负债率过小，则说明企业对财务杠杆的利用不够；如果资产负债率过大，则表明企业的负债负担较重，企业资金实力不强，不仅对债权人不利，而且企业也有倒闭的风险。此外，企业的长期偿债能力与获利能力密切相关，因此企业的经营决策者应当将偿债能力指标与获利能力指标结合起来进行分析，两者需要相辅相成。保守的观点认为资产负债率不应高于50%，而国际上通常认为资产负债率等于60%时较为合适。

②产权比率。

产权比率是指负债总额与所有者权益总额的比率，是企业财务结构是否稳健的重要标志，反映了所有者权益对债权人权益的保障程度。

产权比率＝负债总额 ÷ 所有者权益总额 ×100%

一般情况下，产权比率越低，表明企业的长期偿债能力越强，债权人权益的保障程度越高，承担的风险也越小，但企业不能充分发挥负债的财务杠杆作用；反之，产权比率越高，企业长期偿债能力越低。因此企业在评价产权比率是否适度时，应综合考虑提高获利能力和增强偿债能力两个方面，在保障财务偿还安全的前提下，应尽可能提高产权比率。

产权比率与资产负债率对评价偿债能力的作用基本相同，两者的主要区别是：

资产负债率侧重于分析债务偿付安全性的物质保障程度；产权比率则侧重于揭示财务结构的稳健程度以及自有资金对偿债风险的承受能力。

③利息保障倍数。

利息保障倍数又称利息倍数（企业利息支付能力），是指企业生产经营所获得的息税前利润与利息费用的比率。企业生产经营所获得的息税前利润与利息费用相比，倍数越大，说明企业支付利息费用的能力越强。因此，债权人要分析利息保障倍数指标，以此来权衡债权的安全程度。

利息保障倍数=息税前利润 ÷ 利息费用

2. 营运能力指标

营运能力是指企业资金的利用效率，即资金周转的速度快慢及有效性。其是企业基于外部市场环境的约束，通过内部人力资源和生产资料的配置组合而对实现财务目标所产生作用的大小。营运能力指标主要包括生产资料营运能力指标。

企业拥有或控制的生产资料表现为对各项资产的占用。因此，生产资料的营运能力实际上就是企业的总资产及其各个组成要素的营运能力。资产营运能力的强弱取决于资料的周转速度、资产营运状况、资产管理水平等因素。例如，资产的周转速度，一般而言，周转速度越快，则说明企业的资产使用效率越高，资产的营运能力越强；反之，周转速度越慢，资产的使用效率越低，资产的营运能力就越差。资产的周转速度通常用周转率和周转期来表示。

周转率是指企业在一定时期内资产的周转额与平均余额的比率，它反映企业资产在一定时期的周转次数。周转次数越多，表明周转速度越快，资产的营运能力越强。

周转率（周转次数）=周转额 ÷ 资产平均余额

周转期，即周转天数，其是周转率的反指标，是周转次数的倒数与计算期天数的乘积，反映资产周转一次所需要的天数。周转天数越少，说明周转速度越快，资产营运能力越强。

周转期（周转天数）=计算期天数 ÷ 周转次数

=（资产平均余额 × 计算期天数）÷ 周转额

企业营运能力的指标包括流动资产周转情况指标、固定资产周转情况指标、总资产周转情况指标。

（1）流动资产周转情况指标。

反映流动资产周转情况的指标主要有应收账款周转率、存货周转率和流动资产周转率。

①应收账款周转率。

应收账款周转率也就是年度内应收账款转为现金的平均次数。它是企业在一定时期营业收入与平均应收账款余额的比率，是反映应收账款周转速度的指标。

应收账款周转率（周转次数）= 营业收入 ÷ 平均应收账款余额

平均应收账款周转率 =（应收账款余额年初数 + 应收账款年末数）÷ 2

应收账款周转天数 =360 ÷ 应收账款周转率

= 平均应收账款余额 × 360 ÷ 营业收入

[注：①公式中的应收账款包括会计核算中“应收账款”和“应收票据”等全部赊销额在内；②如果应收账款余额的波动性较大，应尽可能使用更详尽的计算资料，如按每月的应收账款余额来计算其平均占用额；③分子、分母的数据应注意时间的对应性。]

应收账款周转率反映了企业应收账款变现速度的快慢及管理效率的高低，周转率高可以说明：一是企业收账迅速，账龄较短；二是企业资产流动性强，短期偿债能力强；三是企业可以减少收账费用和坏账损失，从而相对增加企业流动资产的投资收益。同时，借助应收账款周转期与企业信用期限的比较，还可以评价购买单位的信誉程度，以及企业原定的信用条件是否适当。一般来说，应收账款周转率越高，平均收账期越短，说明应收账款的收回速度越快。否则，企业的运营资金会过多地放置在应收账款上，影响正常的资金周转。

②存货周转率。

存货周转率指标是衡量、评价企业购入存货、投入生产、销售收回等各个环节管理状况的综合性指标。它是企业一定时期的营业成本与平均存货余额的比率，也叫存货的周转次数。用时间表示的存货周转率就是存货周转天数。

存货周转率（周转次数）= 营业成本 ÷ 平均存货余额

存货周转天数 =360 ÷ 存货周转率 = 平均存货余额 × 360 ÷ 营业成本

[注：①存货计价方法对存货的周转率具有较大影响，因此，在分析企业不同时期或不同企业的存货周转率时，应注意存货计价方法的口径是否一致；②分子、分母的数据应注意时间的对应性。]

存货周转速度的快慢，不仅反映出企业采购、储存、生产、销售各环节管理工作状况的好坏，而且对企业的偿债能力及获利能力产生决定性的影响。一般来说，存货周转速度越快，存货占用水平越低，流动性越强，存货转换为现金或应收账款的速度越快。提高存货周转率可以提高企业的变现能力，而存货周转速度越慢，则变现能力越差。因此，通过对存货周转进行分析，有利于找出存货管理存在的问题，尽可能降低资金占用水平。一方面存货的储存不能过少，否则会导致生产中断或者是销售紧张；另一方面又不能储存过多，储存过多会形成呆滞、挤压。因此储存时要适量、合理。另外，存货是流动资产的重要组成部分，其质量和流动性对企业流动比率具有举足轻重的影响，并进而影响企业的短期偿债能力。因此需要加强存货的管理，来提高其投资的变现能力和获利能力。

③流动资产周转率。

流动资产周转率是企业一定时期营业收入与平均流动资产总额的比率，是反映企业流动资产周转速度的指标。

流动资产周转率（周转次数）= 营业收入 ÷ 平均流动资产总额

平均流动资产总额 =（流动资产总额年初数 + 流动资产总额年末数）÷ 2

流动资产周转期（周转天数）=（平均流动资产总额 × 360）÷ 营业收入

在一定时期内，流动资产周转次数越多，表明以相同的流动资产完成的周转额越多，会相对节约流动资产，流动资产利用效率越高，增强企业盈利能力；而延缓周转速度，需要补充流动资产参加周转，形成资金浪费，降低企业盈利能力。从流动资产周转天数来看，周转一次所需天数越少，表明流动资产在生产和销售各个阶段时所占用的时间越短。生产经营任何一个环节的工作改善，都有助于周转天数的缩短。

（2）固定资产周转情况指标。

反映固定资产周转情况的指标主要有固定资产周转率，它是企业一定时期营业收入与平均固定资产净值的比值，是衡量固定资产利用效率的一项指标。

固定资产周转率（周转次数）= 营业收入 ÷ 平均固定资产净值

平均固定资产净值 =（固定资产净值年初数 + 固定资产净值年末数）÷ 2

固定资产周转期（周转天数）=360 ÷ 固定资产周转率

= 平均固定资产净值 × 360 ÷ 营业收入

［注：与固定资产有关的价值指标有固定资产原价、固定资产净值和固定资产净额等。其中，固定资产原价是指固定资产的历史成本。固定资产净值为固定资产的原价扣除已计提的累计折旧后的金额。］

固定资产净值 = 固定资产原价 – 累计折旧［固定资产净额则是固定资产原价扣除已计提的累计折旧以及已计提的减值准备后的余额（固定资产净额 = 固定资产原价 – 累计折旧 – 已计提的减值准备）。］

固定资产周转率主要用于分析厂房、设备等固定资产的利用效率，它表示每一元的固定资产投资可发挥多少元的销售效能。固定资产周转率越高，表明企业固定资产利用越充分，同时也表明固定资产投资得当，固定资产结构合理，说明固定资产的利用效率越高，管理水平越好；反之，如果固定资产周转效率不高，则说明固定资产使用效率不高，提供的生产成果不多，企业的营运能力不强。运用固定资产周转率时，需要考虑固定资产净值因计提折旧不断减少，或因更新重置突然增加的影响；同时，由于折旧方法不同，可能影响其可比性。故在分析时，需要剔除一些不可比因素。

（3）总资产周转情况。

反映总资产周转情况的主要指标是总资产周转率，它是企业在一定时期营业收入净额与平均资产总值的比值，可以用来反映企业全部资产的利用效率。

总资产周转率（周转次数）= 营业收入 ÷ 平均资产总额

平均资产总额 =（资产总额年初数 + 资产总额年末数）÷ 2

总资产周转期（周转天数）=360 ÷ 总资产周转率

= 平均资产总额 × 360 ÷ 营业收入

总资产周转率用来分析企业资产经营的整体功能，反映企业资产总额的周转速度。周转越快，说明销售能力越强，表明企业全部资产的使用效率越高；反之，如果总资产周转率较低，则说明企业利用全部资产进行经营效率较差，最终会影响企业的获利能力。因此，企业在日常经营过程中，可以通过薄利多销的办法，加速资产的周转，带来利润绝对额的增加。

3.获利能力指标

对增值的不断追求是企业资金运动的动力源泉与直接目的。获利能力就是企业资金增值的能力，通常表现为企业收益数额的大小与水平的高低。由于企业会计的六大要素有机统一于企业资金运动过程，并通过筹资、投资活动取得收入，补偿成本费用，从而实现利润目标。因此，可以按照会计基本要素设置盈利利润率、成本费用利润率、总资产报酬率和净资产收益率四项指标，借以评价企业各要素的获利能力及资本保值增值情况。此外，上市公司经常使用的获利能力指标还有每股股利和每股净资产等。

（1）营业利润率。

营业利润率是企业一定时期营业利润与营业收入的比率。

营业利润率 = 营业利润 ÷ 营业收入 × 100%

营业净利率 = 净利润 ÷ 营业收入 × 100%

营业毛利率 =（营业收入 – 营业成本）÷ 营业收入 × 100%

营业利润率水平越高，表明企业的市场竞争力越强，发展潜力大，盈利能力也越强。但是，从利润表来看，企业的利润包括营业利润、利润总额和净利润三种形式。而营业收入包括主营业务收入、其他业务收入，收入来源有商品销售收入、提供劳务收入和资产使用权让渡收入等。因此，在实务中也经常使用营业利润率、营业毛利率等指标来分析企业经营业务的活力水平。此外，通过考察营业利润占整个利润总额比重的升降，可以发现企业经营理财状况的稳定性、面临的危险或者可能出现的转轨迹象。

（2）成本费用利润率。

成本费用利润率是指企业一定时期利润总额与成本费用总额的比率，它反映企业所得与所耗的关系。

成本费用利润率 = 利润总额 ÷ 成本费用总额 × 100%

其中，成本费用总额 = 营业成本 + 营业税金及附加 + 销售费用 + 管理费用 + 财务费用

成本费用利润率高，表明企业在成本费用一定的情况下，实现了更多的利润，或者表明企业实现一定的利润所花费的成本费用较少，经济效益好。成本费用利润率低，则说明企业投入多，获利少，经济效益差。同利润一样，成本费用的口径也可以分为不同的层次，如主营业务成本、其他营业成本等。在评价成本费用开支效果时，应当注意成本费用与利润之间在计算层次和口径上的对应关系。

（3）总资产报酬率。

总资产报酬率是企业在一定时期内获得的报酬总额与平均资产总额的比率。它反映企业资产综合利用效果的指标，也是衡量企业利用债权人和所有者权益总额取得盈利的重要指标。

总资产报酬率 = 息税前利润总额 ÷ 平均资产总额 × 100%

其中，息税前利润总额 = 利润总额 + 利息支出

= 净利润 + 所得税 + 利息支出

一般情况下，该指标越高，表明企业的资产利用效益越好，整个企业获利能力越强，经营管理水平越高。企业还可以将该指标与市场资本利率进行比较，如果前者大于后者，则说明企业可以充分利用财务杠杆，适当举债经营，

以获得更多的收益。

（4）净资产收益率。

净资产收益率是企业一定时期净利润与平均净资产的比率，也称净资产净利率、权益收益率、权益净利率等。它反映所有者投资的盈利能力，是企业盈利能力指标的核心。

净资产收益率=净资产 ÷ 平均净资产 ×100%

其中：平均净资产=（所有者权益年初数+所有者权益年末数）÷2

净资产收益率是评价企业自有资本及其积累获取报酬水平的最具综合性与代表性的指标，反映企业资本运营的综合效益。该指标通用性强，适用范围广，不受行业局限，在国际上的企业综合评价中使用率非常高。通过该指标的综合对比分析，可以看出企业获利能力在同行业中所处的地位，以及与同类企业的差异水平。一般认为，净资产收益率越高，企业自有资本获取收益的能力越强，运营效益越好，对企业投资者和债权人的保证程度越高。

4. 发展能力指标

发展能力是企业在生存的基础上，扩大规模、壮大实力的潜在能力。分析发展能力可以考察以下八项指标：营业收入增长率、资本保值增长率、资本积累率、总资产增长率、营业利润增长率、技术投入比率、营业收入三年平均增长率以及资本三年平均增长率。本节主要是对四项指标进行分析，分别是营业收入增长率、资本保值增长率、总资产增长率以及营业利润增长率。

（1）营业收入增长率。

营业收入增长率是企业本年营业收入增长额与上年营业收入总额的比率。它反映企业营业收入的增减变动情况，是评价企业成长状况和发展能力的重要指标。

营业收入增长率=本年营业收入增长额 ÷ 上年营业收入总额 ×100%

其中，本年营业收入增长额=本年营业收入总额-上年营业收入总额

营业收入增长率是衡量企业经营状况和市场占有能力、预测企业经营业务拓展趋势的重要标志。不断增加的营业收入，是企业生存的基础和发展条件。如果营业收入增长率大于零，则说明企业本年营业收入较去年有所增长，指标数值越高，说明增长的速度越快，企业发展前景越好；如果营业收入增长率小于零，则说明本年营业收入较去年有所下降，可能在产品或服务上存在不适销对路、质次价高的现象，或者是在售后服务上存在问题，市场份额萎缩。营业

收入增长率在实际的操作过程中，应该结合企业历年的营业水平、企业市场占有情况、行业占有情况、商业未来发展及其他影响企业发展的潜在因素进行前瞻性预测，或者结合企业前三年的营业收入增长率作出趋势性分析判断。

（2）资本保值增长率。

资本保值增长率是企业扣除客观因素后的本年末所有者权益总额与年初所有者权益总额的比率，反映企业当年资本在企业自身努力下实际增减变动的情况。

资本保值增长率＝扣除客观因素后本年末所有者权益÷年初所有者权益总额×100%

一般认为，资本保值增值率越高，表明企业的资本保全状况越好，所有者权益增长越快，债权人的债务越有保障。该指标通常应当大于100%。

（3）总资产增长率。

总资产增长率是企业本年总资产增长额同年初资产总额的比率，反映企业本期资产规模的增长情况。

总资产增长率＝本年总资产增长额÷年初资产总额×100%

本年总资产增长额＝资产总额年末数－资产总额年初数

总资产增长率是从企业资产总量扩张方面对企业的发展能力进行衡量，表明企业规模增长水平对企业发展后劲的影响。总资产增长率越高，表明企业一定时期内资产经营规模扩张的速度越快。但在分析时，需要关注资产规模扩张的质和量的关系，以及企业的后续发展能力，避免盲目扩张。

（4）营业利润增长率。

营业利润增长率是企业本年营业利润增长额与上年营业利润总额的比率，反映企业营业利润的增减变动情况。

营业利润增长率＝本年营业利润增长额÷上年营业利润总额×100%

其中：本年营业利润增长额＝本年营业利润总额－上年营业利润总额

5.综合指标

（1）综合指标的含义及特点。

财务分析的终极目标是对企业的经营理财状况进行全方位的了解，并借此对企业经济效益的优劣作出系统、合理的评价。单独分析任何一项财务指标，都难以对企业的财务状况、经营成果进行全面评价，要想对其有一个综合性的评价，就必须进行相互关联的分析，采用适当的标准进行综合性的评价。综合指标分析就是将营运能力、偿债能力、获利能力和发展能力指标等诸多指标纳入一个有机的整体之中，全面地对企业的经营状况、财务状况进行解释和披露，从而对企业经济效益的优劣作出准确的判断和评价。

综合指标分析的特点主要体现在其财务指标体系的要求上。一个健全有效的综合财务指标体系具备三个基本要素：

①指标要素齐全适当。这是指所设置的评价指标必须能够涵盖企业营运能力、偿债能力和获利能力等方面总体考核的要求。

②主轴指标功能匹配。这里强调两个方面：第一，在确定营运能力、支付能力和获利能力诸多方面评价的主要指标与辅助指标的同时，进一步明晰总体结构中各项指标的主辅地位；第二，不同范畴的主要考核指标所反映的企业经营状况、财务状况的不同侧面和不同层次的信息有机统一，应当能够全面而翔实地揭示出企业经营理财实绩。

③满足多方信息需要。这是要求评价指标体系必须能够提供多层次、多角度的信息资料，既能满足企业内部管理当局实施决策对充分而具体的财务信息的需要，同时又能满足外部投资者和政府凭依决策和实施宏观调控的要求。

（2）综合指标的分析方法。

综合指标的分析方法很多，其中运用比较广泛的是杜邦财务分析体系。

杜邦财务分析体系，简称杜邦体系，是利用各财务指标间的内在关系，对企业综合经营管理及经济效益进行系统分析评价的方法。其最初由美国杜邦公司创立并成功运用而得名，该体系以净资产收益率为核心，将其分解为若干财务指标，通过分析各分解指标的变动对净资产收益率的影响来揭示企业获利能力及其变动原因。杜邦体系各主要指标之间的关系如下：

净资产收益率=总资产净利率 × 权益乘数

=营业净利率 × 总资产周转率 × 权益乘数

其中：

营业净利率=净利润 ÷ 营业收入

总资产周转率=营业收入 ÷ 平均资产总额

权益乘数=资产总额 ÷ 所有者权益

=1 ÷（1-资产负债率）

在具体运用杜邦体系进行分析时，可以采用因素分析法，首先确定营业净利率、总资产周转率和权益乘数的基准值，然后依次代入这三个指标的实际值，分别计算分析这三个指标的变动对净资产收益率的影响方向和程度，还可以使用因素分析法进一步分解各个指标并分析其变动的深层次原因，找出解决的方法。

关注点26 财务风险及行业比较

财务风险，是指企业因借入资金而产生的丧失偿债能力的可能性和企业利润（股东收益）的可变性。企业在筹资、投资和生产经营活动各环节中无不承担一定程度的风险。企业承担风险程度因负债方式、期限及资金使用方式等不同面临的偿债压力也有所不同。因此，筹资决策除规划资金需要数量，并以合适的方式筹措到所需资金以外，还必须正确权衡不同筹资方式下的风险程度，并提出规避和防范风险的措施。

1.财务尽职调查风险关注

财务尽职调查在企业的价值评估操作中是一个至关重要的环节，通过财务尽职调查可以对企业的盈利水平、发展能力水平、现金流情况、未来前景有一个充分的认识；通过财务调查能够充分揭示被调查企业的财务风险或危机。在整个财务尽职调查过程中。风险关注是前端基础工作，需要尽可能将风险关注点全面化，从而切实保障有关方的利益，规避其经营管理风险。

（1）目标企业基本概况。

财务尽职调查前期工作需要对目标企业的基本情况进行了解，主要包括公司名称、成立时间、注册资本股东相关情况、投入资本的形式等，同时需要关注目标公司的母公司、控股子公司及控股公司的相关情况，并对关联方作适当了解；对目标企业的组织、分工及管理制度进行了解，对目标企业的内部控制进行初步评价。

（2）目标企业会计政策。

财务尽职调查时，需要重点关注目标企业近三年的财务状况和企业近三年审计报告情况，对企业严谨规范程度进行一定的评价。对企业近三年审计报告的相关信息进行了解，包括审计报告中附注披露的信息及企业现行会计政策，关注近三年企业的会计政策是否具有重大变化。将目标企业的会计政策进行横向比较，了解目标公司会计政策与同行业的差异，以及关注该差异是否会对企业未来的发展造成影响，尽可能将影响进行量化。

（3）目标企业报表风险关注。

①损益表风险关注。

在损益表中，财务尽职调查需要重点关注企业的销售收入及销售成本。例如，对企业近年来的销售收入、销售量、单价、销售成本、毛利率、产品结构变化趋势；关联交易与非关联交易的损益影响；关键成本因素及成本结构情况；企业主要费用、费用总额、费用水平趋势。对于损益表的风险分析，除了重点关注与核实每个科目，还需要通过财务指标的测算对目标企业盈利能力进行判断分析。

②资产负债表的风险关注。

在财务尽职调查中，资产负债表需要重点关注货币资金中的可用资金和冻结资金。关注应收款项，看其是否被高估，并对近年应收款项变化趋势及原因进行分析，尤其对应收款项的账龄、逾期账款及坏账进行分析。对企业的商品，要关注存货分类及趋势变化，关注发出商品、分期付款发出商品，分析存货滞销、残损带来的影响，并且查阅最近一次盘点记录，对存货的现实情况有一个基本的认识，必要时进行现场盘点。关注控股企业投资比例及应占有的权益，了解参股企业投资资料，同时了解股权投资对象的背景及可控权力。了解债务人基本信息、借款性质、借款条件、是否正常偿还利息、是否可以豁免或债务重组。关注应付款项，将目标企业业务趋势与应付账款的趋势进行比较，并将历年数据进行纵向比较，判断趋势匹配是否合理。对于资产负债表的风险关注，除了针对每个科目重点核实，还需通过营运能力、偿债能力指标的测算对目标企业资产负债结构、资产质量进行分析。

③现金流量表的风险关注。

在财务尽职调查过程中，企业总体现金流量表是整个财务尽职调查中至关重要的方面。经营活动产生的现金流量是企业实实在在获得的“真金白银”，能真实地代表一个企业的经营能力，是企业培育新的利润增长点的重要血液。

（4）目标企业表外项目的风险关注。

财务尽职调查与财务审计是不一样的，在核实财务数据真实、客观之余，更多的是判断评估目标企业真实价值。因此，财务尽职调查还需关注目标企业表外项目，并对此进行风险分析。具体内容包括：

了解目标企业是否进行了资产抵押、是否进行了票据贴现，是否存在未执行完毕的合同、是否存在未决诉讼等；关注目标企业的征信记录、银行给予的授信额度大小、票据保证金比例等。通过对目标企业表外项目的了解和关注，对与目标企业合作是否存在风险点作出合理的判断与评估。

2.通过资本结构分析判断企业财务风险

资产负债率，又称举债经营比率，是期末负债总额与资产总额的比率百分比，是评价公司负债水平的综合指标，反映了债权人所提供的资本占全部资本的比例。同时资产负债率还可以用来衡量企业利用债权人提供资金进行营业活动的能力，也可以反映债权人发放贷款的安全程度。

资产负债率=负债总额 ÷ 资产总额 ×100%

通常资产负债率越高，意味着公司的财务风险越大，反之则小，但不能说资产负债率高则资本结构不合理。高负债不一定表明资本结构不合理；低负债也不一定说明资本结构是合理的。在对资产负债率进行分析时，需要考虑的因素有负债结构、企业的盈利能力、经济周期、行业性质。

与此同时，影响企业资本结构的因素还有产权比例，产权比率是负债总额与净资产总额的比率。但是资产负债率与产权比率在指标的数量关系上是一致的，即当资产负债率高的时候，产权比率也必然高。此处不用产权比率是因为产权比率回答的是企业拥有多少净资产用于偿债，但是一般企业不会用净资产进行偿债，除非是在清算的时候。资产负债率回答的问题是，我们利用多少资产用于偿债。因此，真正评价资产结构，用的是资产负债率。资产负债率高意味着，当资产一定时，负债越多，说明企业的财务风险大。

3.资金压力分析判断企业财务风险

任何一个企业财务风险的爆发，都是从资金开始的，即资金链出现问题，导致企业不能正常进行周转。体现资金压力的指标主要是周转率指标，如应收账款周转率、存货周转率、总资产周转率。应收账款、存货周转率下降是一个企业资金压力增加的有力证明，分析时需要注意行业差别。

其中应收账款周转率上升说明当营业收入一定时，应收账款金额下降，企业的效益好，资金收到迅速；相反，如果应收账款周转率下降，说明一定的收入，应收账款在增加，即企业的现金流入出现问题了。存货周转率，是营业成本与平均存货的比例。这个指标上升，说明一定的营业成本，平均存货下降，即以较少的存货实现了较多的销售，存货的销售迅速，周转速度快，资金的流动性就强，就不会有太多的存货积压，表示现金流入减少了，风险变大了；如果存货周转率下降，则意味着一定的营业成本维持了更多的存货，说明资金被占用了。总资产周转率是营业收入与平均总资产的比值，它反映的是企业的总资产利用效率，如果一个企业总资产周转率高，说明一定的营业收入，需要更少的资产，资产的利用效率好，资产占用资金少，说明资产产生现金的能力比较强。如果一个企业的财务指标是真实的，在此前提下，应收账款周转率、存货周转率如果出现了明显的下降，那就是资金占用的有力证明，如果持续的下降，必然转换成资金压力，除非企业有足够的存量资金。

但是在实践中，不同行业使用的指标是不一样的，存在一定差别，也就是说，在分析时需要注意差别。例如，有些行业的应收账款天生就不存在的，则利用应收账款周转率来进行核算是没有意义的。又如，一些服务业（电影院、高速公路公司），其应收账款周转率特别高，因为存在应收账款的概率小，如果需要对其进行财务尽职调查，可以用总资产负债率来进行分析。再如，一些生产制造业、生产加工业、大量从事生产批发以及零售的企业，他们的应收账款周转率就很能体现公司的资金压力情况，也包括存货周转率。所以说，在分析时，需要注意行业差距，对一些天生没有应收账款、存货的企业，分析总资产负债率更有说明价值，更有意义。

4. 负债结构分析判断企业财务风险

在资产负债率的分析当中，要注意分析负债的结构，即长期负债与流动负债、经营负债与金融负债。在流动负债中，我们需要重点关注近期进行偿还的、风险系数较长期负债而言较高的负债。例如，在会计报表的编制过程中，五年前的借款，如果在本年的五月到期，那么在去年五月会将其分类为“一年内到期的非流动负债”，在流动负债中列示，这给公司一个提示就是公司的长期负债即将到期需要偿还。流动负债给企业带来很大压力，带来的风险也更大。另外，还需要注意分析经营负债与金融负债，即弄清楚在负债中，经营负债与金融负债的金额，所占的比例。所谓经营负债是指不产生利息的负债，而金融负债恰好与之相反，金融负债是产生利息的负债，真正带给企业更大风险的是金融负债而非经营负债。因此，一个企业财务风险高的特征是流动负债多且金融负债多。

第8章

资产尽职调查

关注点27 应收账款调查

应收账款是指企业在日常的生产经营过程中，因销售商品、提供劳务等业务，应向购货方收取的款项。其中，应收账款包括应由购买方或接受劳务单位负担的税金、代购买方垫付的包装费以及各种运杂费等，在有销售折扣的情况下，还应考虑商业折扣和现金折扣等因素。应收账款作为流动资产的一部分，直接影响收入转化为现金流的金额和效率，其能否安全收回又影响企业的资产和利润，是资产负债表中一个至关重要的指标，在对企业的财务报表进行检查时，需要重点关注。投资者在分析公司的资产负债表时，要对销售货物中的应收账款的具体情况进行分析了解。一方面，增加应收账款是一种促销手段，因提供给销售商优惠条件，可以减少存货、加速企业资金周转。另一方面，应收账款也可能带来损失：一是会相应地会减少企业的投资机会，因为应收账款如果早日收回，可用于其他方面，获得其他的收益，如将其存入银行获取利息或投资其他项目取得相应收益，增加资金的利用率；二是应收账款的存在会增加公司的管理费用，在实现商品赊销前，一般要对客户的信用情况进行分析调查，由此会产生一定的费用支出。有时还会为了追讨欠款会发生开支等。

应收账款的收回是有风险的，根据会计准则以及国际惯例，一年以上的应收账款和其他应收款如果未收回，则会存在较大的坏账风险，容易对财务状况产生恶化的不良后果。公司也可能因为债务人的意外情况（如死亡、破产）而无法收回其债权。值得一提的是，如果存在巨额重大回收风险的应收款项，注册会计师往往会就此对公司出具非标准审计报告。以上市公司为例，2000年，注册会计师就在审计报告中对北京中燕、ST琼华侨、ST幸福、东海股份、亚通股份、兴业房产等上市公司的应收账款的回收可能性提出了质疑。因此，投资者可以从审计报告中获得一些蛛丝马迹。此外，应收账款的大幅增加会导致“流动资产”大幅度增加，会使公司的总资产相应增加，从而导致股东权益即净资产也相应增加，使得公司的资产负债率与每股净资产表象良好，而事实上存有不良资产的“水分”（因为可能存在巨额无法收回的应收账款）。

针对应收账款，投资者在分析公司资产负债表时，应注意应收账款占销售额的比例、应收账款的账龄情况等。投资者在分析应收账款时应注意辨别以下几点。

（1）关注公司对会计政策运用的合理性。

（2）注意对以前年度损益的调整，尤其是各年间利润波动的走势。

（3）对年报的关注，不能仅局限于当期每股收益、净资产收益率几个指标，数字背后的隐情不可不察。

（4）对现金流加强认识，例如，多提减值准备不会减少现金，冲回准备也不会增加现金，有时候现金流量表更能说明问题。

1. 利用应收账款对利润的操控

公司利用应收账款操控利润有两种途径：

（1）利用权责发生制的特点，在年底时进行虚假销售，即“购买者”（实际上为购买）不需要支付产品的款项，企业则将这些“售出”的商品的收入计入当年收入，同时将其挂在应收账款名下。由于监管机构对虚假出售的现象有所防范，曾对出售后又退回的销售收入的确认标准有过明确的规定，但企业往往绕过这些规定，提高账面收入。在虚假销售的情况中，比较良性的属于“提前销售”，即将下一年的销售收入提前计入当年的收入。注册会计师在对企业进行审计时，往往会比较注意虚假销售的问题，如果仅做了账面处理，极易被注册会计师识破。因此，目前舞弊企业往往采用管理操纵，即从局外人来看，这些虚假销售与正常销售一样，同样有销售合同和产品转移，从会计处理上难以区分，从报表中也难以看出，投资者只有比较利润表中的“主营业务收入”、现金流量表中的“销售商品、提供劳务得到的现金”以及资产负债表中的“应收账款”等几项数字，来判断当年销售收入的质量。

（2）通过坏账准备的计提，间接调控当年管理费用，从而调节当年的净利润。由于应收账款坏账的计提及其追溯调整法在操作上存在较大的灵活性，有些公司会从中寻找新的利润操纵空间，对此投资者特别要注意辨别。

2.识别利用应收账款对利润进行操纵

（1）如果年底产生与应收账款相对应的突发性的营业收入，应该对其进一步了解，判断企业是否利用了上文提到的技巧；对于长时间的应收账款，在分析时应将其剔除；其他应收账款的余额不应过大，否则应从其他应收账款和其他应付账款的明细表入手，识别是否有操纵利润的情况。

（2）借助两个指标来判断。

①赊销比率=应收账款 ÷ 主营业务收入。若与正常的往年比较该比率较高或变动较大，则表明公司的主营业务收入主要依赖应收账款，或者主营业务收入存在很大不确定性，公司可能面临很大的坏账风险。

②应收账款回收比率=销售商品、提供劳务收到的现金 ÷ 平均应收账款。若该比率很低，则表明应收账款的实际返还率也很低，这种情况下，企业可能虚构了销售额。

关注点28 存货调查

存货是指公司在生产经营过程中，为销售或耗用而储备的各种资产。为销售而准备的资产，主要是指产成品和可供销售的半成品；为耗用而储备的资产主要是指原材料、在产品、自制半成品、包装物、低值易耗品等。存货在商业类公司主要是指购入后计划转售的商品，在工业类公司主要包括原材料、在产品和产成品。它们以取得时实际成本计价。确定存货成本的方法有个别计价法、先进先出法、后进先出法，加权平均法、移动平均法等。公司无论采用何种存货计价方法，均会在报表的会计政策一项进行说明。

存货是很多生产型企业和批发零售企业的重要资产，也是这些企业生产经营状况最直观的反映。企业出问题，往往也是存货先出问题，存货是企业经营状况最明显的征兆。很多有经验的信贷人员把存货作为一个重要指标来考察，到企业里面别的先不查，先查存货。在贷后管理过程中，也把存货变动作为一个重要的检查方面。

1.存货的清查方法

企业的存货包括原材料、在产品、半成品、产成品、商品、周转材料、委托加工物资、消耗性生物资产等。生产型企业的存货种类较多，包括在生产各个环节的货物。而贸易型企业比较简单，商品的形态并不发生改变，只是地理位置的变化。

（1）原材料。是指小企业在生产过程中的各种原料、主要材料、辅助材料、外购半成品（外购件）、修理用备件（备品备件）、包装材料、燃料等。原材料以大宗商品为主，比较容易变现。

（2）在产品。是指企业正在制造尚未完工的产品。包括正在各个生产工序加工的产品，以及已加工完毕但尚未检验或已检验但尚未办理入库手续的产品。

（3）半成品。是指小企业经过一定生产过程并已检验合格交付半成品仓库保管，但尚未制造完工成为产成品，仍需进一步加工的中间产品。

（4）产成品。是指小企业已经完成全部生产过程并已验收入库符合标准规格和技术条件，可以按照合同规定的条件送交订货单位，或者可以作为商品对外销售的产品。

（5）商品。是指小企业（专指批发零售业）外购或委托加工完成并已验收入库用于销售的各种商品。

（6）周转材料。是指企业能够多次使用、逐渐转移其价值但仍保持原有形态且不确认为固定资产的材料。包括包装物、低值易耗品、小企业（建筑业）的钢模板、木模板、脚手架等。

（7）委托加工物资。是指小企业委托外单位加工的各种材料、商品等物资。这里需要搞清楚，委托加工物资是企业委托给人加工的物资，而不是别人委托给企业的物资。在计算企业存货时，既要将委托给别人的物资加进去，又要将别人委托的物资剔除。

（8）消耗性生物资产。是指小企业（农、林、牧、渔业）生长中的大田作物、蔬菜、用材林以及存栏待售的牲畜等。虽然说“家财万贯，带毛的不算”，但这确确实实是农业企业的资产。只是属于生物类的资产，不一定能成材，不耐储存，还有可能一夜之间全死光了。这是农业风险比较大的主要原因，也是生鲜类农副产品电商很难做的原因。

存货清查有两个环节，一是实物盘点，二是账目核对，最后检查账实是否相符。盘点主要是通过点数、过磅计量等方法核实存货的实际库存数。账目核对则是指广义的账目，有的小微企业有专职会计，账目比较规范，有据可查；而有的小微企业并不正规，没有库存明细账，只有估计数。所以去考察小微企业账目时不必拘泥于形式，既可以是标准的账簿，也可以是随手记的流水账，还有更直观的财务软件。存货应按照成本进行初始计量，存货成本包括采购成本、加工成本和其他成本。

2.公司存货是否越少越好

存货是公司流动资产中重要的项目。它的金额通常占流动资产的大部分，一般可达到流动资产金额的50%—80%，但存货是流动资产中变现能力较差的一种。存货过多，会影响公司资金的使用效益和利润的可靠性；存货过少，又会影响公司的生产经营。因此，为了提高公司效益，满足经营的需要，必须确定一个合理的存货量。

如果存货余额相对销售成本较大，可能是产品销售不出去造成积压，则其实际价值远低于成本，企业价值高估，也可能是企业少结转成本以虚增利润，企业价值同样被高估。

3.公司如何利用存货进行利润操控

存货一般来说在企业总资产中所占比重较大，且品种、数量、规格多而杂，不易核实，而且存货能够通过主营业务成本影响企业利润，所以被企业操纵的可能性比较大。利用存货操控利润可以采取以下几种基本方法。

（1）变更存货计价方法。

存货计价的方法不同，对企业财务状况、盈亏情况会产生不同的影响，存货计价方法的变更可以产生一定的利润调整空间。如某公司的2006年年报显示，由于发出存货的计价方法由原来的加权平均法改为先进先出法，公司的销售毛利率由2005年的17.6%上升到2006年的18.9%。由于销售毛利率的变化，使得公司2006年的主业利润增加了2 474万元。

（2）存货计价不当。

例如，通过提高产成品入库单价，多转产品销售成本，少计利润；不及时处理变质报废、质次价高、长期积压的存货，少提存货减值准备，虚增利润；利用材料成本差异调节利润，视利润的需要随意结转；实物运动与账务核算脱节，产成品实际几年前已经发出，甚至有的已形成呆死账款，但是因未收到货款会计不作任何反映和处理，造成该确认的销售收入无法确认，存货严重不实，可能虚增利润。

关注点29 投资调查

1.财务尽职三角度

一般来说在投资的过程中，会进行业务尽调、财务尽调和法律尽调，对于一些技术含量比较高的项目会进行技术尽调，一些比较新兴的行业会进行行业尽调。财务尽调综合来说主要是看三个角度：（1）真实性和合规性；（2）业务的可持续性；（3）是否有潜在的风险事项。

（1）真实性和合规性。

财务造假的重灾区是销售收入，其次就是资产项，财务尽调中要密切关注收入和资产项目是否高估。

①核查收入的真实性。收入的真实性需要详细核查其支撑性文件，例如，对于工程项目的企业，需要核查中标通知书；对于销售产品的企业，需要核查发票、货运单、收款回单、出库单等。类似审计中对于收入进行核查的工作。

②收入确认是否合理。在核查收入真实性的基础上，还需要核查收入的确认是否符合会计准则，是否符合实质。例如，若公司经营业务存在退款或者售后服务的情况，是否进行了计提或者在相应账户上进行了核销；科研服务等产生的收入确认的依据是否充足等。

③资产项高估。资产项高估的风险是费用资本化，即将一次性的、大额的费用转入资产类科目，而未计入当期费用，导致资产项的高估和费用项的低估。如研发费用资本化，房地产公司的贷款利息转入存货等。

④费用类型结构不合理，业务实质同报表内容不相符合，导致业务发生的真实性难以确认。最典型的情况就是在医疗器械公司的费用核查过程中，一些公司的费用实际存在较高的商业贿赂风险，但公司为了表面的合规性，将这些费用通过各种不同的名目进行报销，造成实质和报表不符。实务中，应该按照费用的实质来调整销售费用明细科目，并做好相应的底稿支撑。监管部门在对医疗器械行业的审核上，主要从关注以下几个方面：

A.销售费用率，具体要看销售费用率的变动趋势以及和同行业可比公司的差异情况，此外，销售费用的绝对额及变动的绝对额也会是审核关注要点。

B.销售费用形成的合理性。按照常识理解，有科技含量的领域，监管部门对于通过学术推广方式进行销售的接受度较高，即此类科技型公司发生较大金额的会议费、学术推广类费用相对能够被接受，其他类型的销售费用则容易被重点关注。

C.销售费用底稿的完备性和真实性。

（2）业务可持续性。

在对投资进行财务尽职调查时，作为财务投资机构，我们的最终目的是获得收益，只有退出才能获得收益，而IPO可以说是一个非常重要的退出方式了。

IPO尽职调查，是指被委托的会计师事务所等专业服务机构，对首次公开发行证券的公司进行审慎有效的调查和分析，充分了解发行人的财务经营情况及面临的风险和问题，有针对性地提出合理意见并监督公司进行整改，为公司发行上市扫清障碍的过程。拟上市企业受所属立场的制约，往往不能准确认识自身的优劣，因而通过财务尽职调查对其进行客观评价并分析企业内在价值十分重要。除此之外，注册会计师在尽职调查中，通过各种方法明确企业存在的财务风险并予以防范，为投资风险的降低和资本市场的稳定发展奠定基础。因而价值挖掘与风险管理成为上市公司财务尽职调查的两个基本作用。其值得注意的是，IPO业务尽职调查以未来为导向，根据目前的财务状况推测企业未来的持续盈利能力，这与以历史为导向的审计有严格不同。在履行IPO业务尽职调查业务中，注册会计师除了要遵守《公司法》《证券法》等一般经济法律法规外，还要掌握《保荐人尽职调查工作准则》首次公开发行股票并上市管理办法》等具体业务规定，此外良好的专业技能、高超的分析判断能力以及对细节的敏锐把握也是做好业务调查工作的前提。监管机构在审核IPO的时候，关于持续盈利能力的问题一直都是非常关注的，持续盈利能力是判断企业能否IPO的最重要的判断标准。

（3）潜在的风险事项。

①定价能力弱，无法完全转嫁成本上的压力。

公司所处行业的商业价格水平受到政府监管或者是行业具有强周期性，在成本构成中重要原材料的价格由于周期性因素上升明显，但公司所处的产业链位置造成对原材料价格的议价能力很弱，导致毛利润率出现较大波动。这也是为什么在上市公司中，周期性较强的行业相对估值指标一般都偏低的原因。

②账外交易、账外资产和表外事项。

财务核算不规范，或者是为了节税，公司存在大量的账外交易或者账外资产。公司高管和股东的个人费用支出混杂，存在公司资金违规拆借的问题。通过高管或者员工个人账户进行交易收款或支付工资奖金，通过虚假交易抽逃公司资金等。另外就是在投资协议中形成的或有负债、民间借贷、未计提的重大费用、重大未决诉讼、明股实债的回购义务、前轮融资的回购事项、前轮融资对赌协议造成的估值调整等事项，有可能对投资人的权益造成损害。

③经营的季节性波动。

公司业务存在较强的季节性波动，造成采购、生产和销售存在周期性的变化，从而对营运资金的需求波动较大。明显的强周期的行业有工程基建、船舶、大宗原材料以及建筑材料等。在盈利预测中，如果将预测的财务数据简单地全年化，而不是进行同比分析，容易失去对公司真实业务情况的认知，导致对后期资金投入的估计不足。

④债务负担。

被投企业是否有足够的现金流偿还债务，另一种情况是被投企业采用短期借款为长期固定资产和投资进行融资，可能存在风险无法获得短期借款的展期。

⑤养老金及其他员工福利带来的潜在负债。

这个要点主要针对海外并购或投资。由于国内机构对国外养老金制度缺乏了解，在并购过程中忽视养老金负债对于交易定价的影响，从而增加收购交易成本。

⑥对资本性支出的管理。

对资本性支出的管理主要是关注四个方面：公司在固定资产投资、设备购买、启动运营资金方面投资金额大；在签署的工程项目以及采购订单中，存在对目标公司不利的价格调整条款；公司资本性支出管理不善，导致支出远超过预算；公司没有明确的融资计划和可靠的资金来源使工程项目启动或持续进行。

⑦内部控制缺陷。

公司内部控制体系存在重大缺陷导致财务数据和信息准确性下降，或者是内控制度设计的缺陷，导致管理层的权力过于集中造成对投资人利益的损害。

2.财务尽职调查要点

财务尽调从财务的方面了解标的公司状况，为投资决策过程提供参考。财务尽调的主要内容可以概括为三个方面，第一是尽调公司财务的真实性、可靠性、规范性，第二是从财务数据的角度反映公司的经营情况，第三是看公司的盈利预测是否能达到目标，既验证过去也希望预测未来。早期的公司账目相对少，财务尽调简单，越是后期的公司越需要做详细的财务尽调。通常我们说投资公司要入场尽调了，基本上就是指财务到标的公司查账的过程。

（1）财务的真实性验证是财务尽调的第一个也是最基本的点。投资公司会收集标的公司的财务资料，包括审计报告、企业每月的财务报表、科目余额表、序时账和明细账、纳税申报表等，从各个角度来核查公司的财务数据是否真实可靠。关于财务造假的新闻事件一直都有报导，现在不只是后期的、传统的公司财务造假，早期的、互联网公司也有造假，包括刷单、电商虚假出口等，投资公司必须擦亮眼睛来发现这些虚假财务数据。财务会从各个角度来验证，包括电费、运费、银行账单、海关报关单据、员工社保缴费等角度来检查，是一项事无巨细的尽调工作。

（2）财务尽调的第二点是从财务数据角度反映公司的经营情况，包括流动比率、资产负债率、资产周转率、三项费用率、现金流、毛利率、净利率等，看公司运营情况是否稳健，与竞争对手相比，优势体现在哪些方面等。

（3）财务尽调的第三点是看公司的盈利预测是否可行。公司要想增长，不仅要投入费用，也要看市场发展情况、竞争对手发展情况。一般来讲，标的公司自身的预测都会偏乐观，财务尽调会从更审慎的角度来验证盈利预测的可行性。尤其是需要大资本投入的项目，盈利预测必须多角度验证。

4. 财务尽调中涉及的业务可持续性的关注点

（1）同业竞争的问题。

同业竞争问题可能对公司业绩的持续稳定发展带来影响，是证监会及中介机构核查的重点问题之一，如公司与控股股东、实际控制人控制的其他主体等关联方之间存在同业竞争，且未能采取有效措施避免同业竞争，则可能会对公司上市造成不利影响。在处理同业竞争问题上，公司就该等业务签署相应的划分协议，明确双方的经营范围、业务种类、服务对象、地域等，以便公司上市时能够最大限度地解释其控股集团就该等业务与公司之间不构成同业竞争；同时应预备解决该潜在的同业竞争问题的处理方案，即一旦公司所实施的该等业务被认定为同业竞争，控股集团所解决该问题的具体方案，包括但不限于将该等业务移交给公司等。

（2）对政府补贴过于依赖的问题。

例如，目前清洁能源行业是政府补贴情况最多的行业之一，根据证监会规定的发行人上市条件，发行人净利润不能存在对财政补贴重大依赖的情况，否则若补贴逐步退坡，则可能对公司经营业绩的可持续性带来影响。

（3）持续盈利能力及资产的完整性对上市的影响。

公司存在大额负债，其高额利息支出可能会影响公司的现金流，进而影响公司的正常经营情况。例如电力行业公司，以其电费收费权、电站资产、在建工程为其大额负债提供了担保，该等担保金额较大，可能会对公司的资产完整性产生不利影响。电费作为公司的主要营业收入，若被质押的电费收费权被采取强制执行措施，可能会影响公司的持续盈利能力，并对上市审核造成不利影响。

（4）对单一的客户和供应商形成较高的依赖问题。

若集中度过高，则经营独立性受到影响，进而影响业绩可持续性。

（5）对关联方和关联交易形成较高的依赖问题。

这类问题不仅影响公司业绩的可持续性，也影响公司业绩的真实性，在尽职调查上核查的方面包括：①关联方的认定；②关联方交易存在的必要性、合理性和定价的公允性③关联交易的决策程序；④关联交易是否存在逐年增长的情况；⑤关联交易占同类业务的比重；⑥关注关联方资金拆借等问题，关注拆借原因及其合理性，拆借资金的来源及用途等。

（6）非经常性损益或者一次性收入的核查。

主要内容包括：①某一年或者某几年业绩对偶然订单的依赖性；②投资收益占比的核查；③不符合商业逻辑和业务模式的订单带来的收入等。

［案例8-1］

①2019年10月11日，北京墨迹风云科技股份有限公司首发申请上会被否。

案例背景：墨迹天气是2016年12月向证监会提交创业板招股书，墨迹天气拟公开发售不超过总股本25%的股份，最高募集资金3.38亿元。墨迹天气现在主要靠三个渠道获取数据，一个是与专业气象机构合作，如美国气象局的GFS、欧洲气象局的EC以及中国国家气象局的数据，大约每天在500G的量级；第二个是借助具有传感器的智能终端进行采集，如墨迹天气与魅族、华为等手机，智能硬件、汽车等的合作，每天大约有8 000万左右的数据；最后一个是墨迹天气自身的时景社区，墨迹天气称用户数已达5亿人次，活跃用户达到5 000万人次，每天约有数十万张天气照片上传，其总气象图片资源已达亿级，是国内的实时天气图片社区。同时，墨迹天气还利用短时预报和实时预报做天气预警，帮助饿了么、百度外卖、中石油等这种受风雨天气影响较大的企业减少经济损失。墨迹天气此前的招股书显示，实际控制人金犁直接持有发行人34.627%的股份，间接控制发行人2.567%的股份，合计控制发行人37.194%的股份。阿里创投持有墨迹天气15.5%股权，是墨迹天气的单一最大机构股东。

分析：根据发审会的审核意见，墨迹被否的原因主要有四点：①许可资质存在欠缺；②数据合规性问题；③广告收入的持续性问题；④与股东存在大量关联交易。其中①、③和④都和业绩的持续性有关。例如第三点，报告期内墨迹天气互联网广告信息服务收入占比超95%。股票发行审核委员会要求说明，收入的增长速度远高于月均活跃用户数的原因及商业合理性并说明主营业务增长和高毛利率的合理性和可持续性，未来是否存在收入和净利润下降的风险。简言之，墨迹天气盈利模式单一，过于依赖广告收入，监管认为其未来的收入利润增长的可持续性存疑。

②2021年3月2日，深交所决定终止对湖南星邦智能装备股份有限公司首次公开发行股票并在创业板上市的审核。

案例背景：公开资料显示，星邦智能成立于2008年2月，是我国第四大高空作业平台的制造商。公司产品主要包括直臂式、曲臂式、剪叉式、车载式、蜘蛛式和套筒式六大系列，广泛用于仓储物流、石油化工、港口船舶、市政园林、媒体广告、清洁维护等众多领域，客户主要为全国大型工程机械租赁商、专营高空作业平台租赁商和大型建设施工企业等。招股书显示，2017—2019年，星邦智能来自第一大客户JCB的销售收入分别为12 904.38万元、9 710.89万元和7 855.61万元，占主营业务的收入比例分别为45.31%、17.89%和9.86%。自2018年起，两者合作开始弱化，销售收入逐渐减少。2019年，JCB提前终止合作协议，导致星邦智能海外销售大幅下滑。与此同时，随着经营租赁商的增加，市场竞争开始加剧，除了现金流压力外，星邦智能还要面对下游经营租赁商租金及出租率下降风险。此外，公司融资租赁担保余额也在快速增加，公司还面临一定为客户的融资租赁提供担保的风险。而随着融资租赁的增长，星邦智能存货金额也持续攀升，三年内增长3.5倍，又将面临较大存货减值压力。

分析：该公司这次递材料被终止的原因主要有四点：①毛利润率同行业内可比公司相差太远；②过于依赖单一大客户，海外大客户流失；③存货余额大幅上升，融资租赁模式推广产品，存在产品滞销的可能性；④净利润质量较低，经营性现金流和净利润差异较大。其中②和③都涉及经营可持续性的问题。第②点比较好理解，星邦智能报告期存货呈现大幅攀升趋势，根据招股说明书，公司2018年、2019年存货余额同比增速分别达到104.23%和120.29%，2020年前三季度存货甚至超过2019年全年数据，存货增速过快，存在产品滞销的可能。加上公司采取融资租赁的方式推广产品，而非直接销售，相当于给了客户一个非常节约现金的获得公司设备的方式，此外融资租赁余额快速增加，因此有理由怀疑是否产品滞销，需要采取融资租赁的模式来促进销售。

关注点30　固定资产调查

财务尽职调查时对企业固定资产的调查是一项重要内容。无论是信贷管理还是风险投资，都是一门艺术，而不是一门技术，调查固定资产也不例外。通过对固定资产的调查分析，可以发现企业有没有虚增资产和利润，但是，不同的人，调查方法大相径庭，得到的信息价值也相去甚远。

1.不同调查方法

（1）初出茅庐级。

账实核对、账账核对、账卡核对、账表核对，检查相关的固定资产“有没有”“在不在”“对不对”。如果上述核对金额或数量不相符，需要调查造成差异的原因，这一套流程下来，基本能够了解企业固定资产状况。

（2）小有成就级。

在初出茅庐的基础上，对固定资产产权进行核实确认，对其组成结构进行分析，同时对固定资产进行分类评估，了解各类固定资产的型号、折旧、在用状况等，分析固定资产入账、折旧是不是符合会计准则，组成结构是不是合理，有没有长期闲置的固定资产，有没有对老旧毁损的固定资产足额计提减值准备，从而对企业的固定资产有更深入的了解和掌握。

（3）游刃有余级。

在小有成就的基础上，对固定资产的来源、去向进行调查分析，分析购置固定资产的资金来源，有没有在购置前向外借款，有没有与他人共同购置，有没有把赊购作为现购，有没有融资租赁。同时，要对照企业的行业特点和经营规律，分析固定资产的购置、处置与企业经营周期的关系，与企业产能的关系，根据生产用固定资产折旧变化与同时期生产量变化曲线对比，分析固定资产变化是否合理，是否存在人为调整、虚增、虚减的情况。

（4）大显身手级。

审查在建工程转为固定资产的资料，结合同期生产量、产品检验手续，分析有无提前或推迟转固以调节利润的情况。按照企业会计准则，企业建造的资产在达到预定可使用状态前所发生的支出应计入固定资产成本，如果企业推迟转固，将固定资产达到预定可使用状态后的支出仍计入固定资产，将直接减少当期的经营成本和费用，大幅增加当期利润。同样，固定资产折旧政策及其变化方面，企业有很大的自主权，通过审查分析有没有随意改变折旧政策，有无不按实质重于形式原则计提折旧和减值，这些都可以发现企业通过固定资产调节资产、利润的证据。

2.在核查时需要注意的风险点

（1）重点核查包括：资产权属是否清晰、折旧是否合理、是否存在减值风险等；

（2）资料包括：固定资产台账、资产权属证书、大额资产采购合同等。

3.核查程序

（1）检查房屋、土地、车辆等固定资产产权证明文件，核查资产权属是否清晰，所有权是否归属于企业所有；核查固定资产是否存在抵押。

（2）对大额核心固定资产执行盘点程序，审查重要固定资产使用情况，并与市场同类资产进行对比，判断其是否存在减值迹象。

（3）检查折旧提取的方法是否合理，折旧率是否反映固定资产的消耗情况和使用年限。

（4）对本期新增和减少的固定资产进行专项审查，判断其增减变动的合理性。

4.固定资产管理重点关注点

（1）固定资产入账、折旧及盘点管理。

固定资产是否按规定进行入账、折旧，是否擅自变更折旧方法；是否存在一次性摊入成本、形成账外资产的现象；是否定期进行盘点，是否账账相符、账实相符。主要是通过对固定资产明细账、固定资产盘点表、固定资产入账凭证、计提折旧凭证等资料进行检查。检查方式主要包括三方面：

①检查成本明细账，核实是否存在应作为固定资产核算的，但作为成本一次性摊入成本的事项。

②检查固定资产的折旧方法，变更折旧方法的报批资料。

③检查固定资产盘点记录，必要时对实物资产进行盘点。

检查依据为《企业会计准则第4号——固定资产》第三条、第四条。固定资产是指同时具有下列特征的有形资产：①为生产商品、提供劳务、出租或经营管理而持有的；②使用寿命超过一个会计年度；③与该固定资产有关的经济利益很可能流入企业；④该固定资产的成本能够可靠地计量。例如，《XX集团股份有限公司会计核算管理办法》（XX财〔2008〕12号）第六章固定资产规定，一般采用直线法计提折旧，并按各类固定资产的预计可使用年限、预计净残值率计算其年折旧率。折旧方法一经确定，不得随意变更，如有特殊情况，需要变更折旧年限、预计净残值率等因素的，须经批准。

（2）固定资产处置管理。

①固定资产报废是否按规定报批；固定资产处置程序是否完备，限额以上是否招标，处置收入是否全额入账。主要通过报废审批资料、固定资产处理凭证、固定资产处置的招标资料进行检查，检查方式包括三方面：

A.检查涉及固定资产报废的集团批复文件。

B.查看设备报废、处理的财务凭证，资金入账情况。

C.检查处理收入超过10万元的报废设备的招标程序。

检查依据：例如，《XX集团股份有限公司设备管理办法》（XX机物〔2008〕13号）第五十六条：公司机电物资部对各单位设备报废计划进行汇总，组织公司财务部、审计部进行抽查、核实后提出审核意见，提交公司设备管理委员会审批。报废设备由产权单位设备管理部门负责处理，处理收入及相关单据全部上交本单位财务部门。第五十八条规定：对一次性处理收入预估超过10万元的报废设备，应按招标方式进行处理。

②对于已报废但继续使用的设备是否备查登记，主要是通过检查台账和备查登记簿资料，对于价值较高的设备进行账实核对。

（3）长租设备管理。

租期为半年以上的设备租赁或成建制的设备租赁是否经过招标。

检查资料包括设备租赁清单、租赁合同、成本明细账、招标资料。

检查方式包括对照租赁设备清单或财务成本明细账检查租期超过半年的设备的招标资料。

（4）小车购置及租赁管理。

①通过检查审批资料、小车购置财务凭证来判定小车购置是否经过审批、是否超标准配置，主要的检查方式包括：检查购置小车购置计划，检查集团公司批复文件，对照批复文件、公司制度检查小车入账价值是否超标准。

②通过检查租用合同、租用小车资料、审批资料来判定租用小车是否报该单位总部审批、租用小车金额是否超标。检查方式包括：

A.查看租赁合同，注意租用小车的金额。

B.在财务查账中注意检查“物资消耗、修理费用、其他直接费用”等科目是否有账外车辆发生的汽油、修理及过路费用，并通过结算资料核实是否存在外租小车业务。

C.检查审批文件。

D.闲置固定资产管理。

通过检查固定资产使用记录判定是否存在固定资产长期闲置，造成资源浪费的情况。检查方式是现场查看固定资产使用或闲置情况，检查固定资产使用记录，有无长期闲置的固定资产，是否为闲置固定资产支付场地租赁费。

关注点31 无形资产调查

在对无形资产进行财务尽职调查时，一方面包括公司专利权、非专利技术、商标权、著作权、特许权等无形资产的取得文件或资料（包括各项证书、受让或许可协议等）；另一方面包括企业合并形成的商誉的相关资料。

无形资产以专有技术和土地使用权最为普遍。关注无形资产的有效性，是否确实带来盈利能力提高；关注无形资产在资产结构中的比重，如果比重过高可能影响盈利能力的实施；无形资产获得的方式主要是外购、自行开发或者投资者投入，要关注无形资产获得的合法性和入账价值的真实性，注意无形资产评估增值行为，如研发费用资本化、土地增值、技术出资等。

在进行财务尽职调查时，应该对照无形资产的有关协议、资料，了解重要无形资产的取得方式、入账依据、初始金额、摊销年限及确定依据、摊余价值及剩余摊销年限。此外无形资产的原始价值若是以评估值作为入账依据的，应该重点关注评估结果及会计处理是否合理。

1. 无形资产内控制度

严密的内部控制制度是防止无形资产流失的重要前提。无形资产内控制度包括无形资产开发、购置和转让的计划审批制度、职责分工制度、保护制度、评估制度等。审计人员应对有无无形资产的内控制度、内控制度是否严格执行考核进行审计，包括企业自创、外购、使用中的无形资产是否有严格的管理制度和内控制度，其中重点审查科研项目的内控制度，因为科研项目是企业形成无形资产和技术优势的关键。审查时间为从立项至申请到专利权之前。当项目人员、经手人变动时，审查有关项目合同、项目技术进展情况；项目设备、仪器、技术资料；项目资金应收款、应付款情况等是否有严格的交接手续。技术骨干调动时，审查有无防止正在研究的项目技术和财产有无流失情况及相应防控措施是否健全。

2. 无形资产的确认情况

由于无形资产无实物形态，无法进行实物盘点，因此审计过程中应以无形资产的确认作为审查重点。所以，审计人员对每项无形资产都要进行验证，核对相应的文件资料，确定其所有权是否归属或受控于被审计单位。若有虚列或不当之处，应先查明原因，然后提请被审计单位予以调整。具体应注意以下几方面。

（1）审计人员应取得并核对每一项无形资产增加和减少的授权批准文件，以确定无形资产增减业务的合法性。

（2）不同来源的无形资产计价方法是不同的。审计人员审查时，应注意区分不同来源取得的无形资产，从而确定无形资产成本的正确性。应特别注意审查企业有无虚列或多列无形资产价值，从而提高所有者权益的情况。

（3）企业根据需要将无形资产出租、转让、投资、出售、报废等时，审计人员应根据不同的处置方式对无形资产开展适当的审计。某些情况不会导致无形资产价值的减少，如出租某项无形资产，只增加其他业务收入；而企业出售投资转出无形资产，其价值则减少。

3. 无形资产的摊销情况

现行《企业会计准则》中规定使用寿命有限的无形资产的摊销采用类似固定资产的处理方式，计入管理费用或制造费用。对使用寿命不确定的无形资产不摊销只在每个会计期间进行减值测试。审计人员审查无形资产摊销时，要审核无形资产的使用寿命是否有限。对使用寿命有限的无形资产应审查是否计提摊销，摊销期、摊销方法的选择及金额计算是否正确，有无利用无形资产的摊销来调节损益的情况；审查企业无形资产的归类变更是否合理，摊销是否按规定列入管理费用或制造费用，有无与其他支出相混淆的情况；根据收集到的有关资料来判断无形资产有效期是否合理正确；审查企业是否具有由法定评估部门出具的评估证书，从而查明企业有无未经评定擅自作价的行为；还要查明这些评估机构是否具有相应资质。审查可按相关规定的摊销期限标准及方法判别企业无形资产摊销是否正常、合规。

4. 无形资产的减值处理情况

现行《企业会计准则》对无形资产摊销方法、适用寿命及会计处理的相关规定虽然在一定程度上减少了企业的舞弊行为，但审计人员在审核中仍应注意被审计单位是否定期进行减值测试，减值测试是否合理。由于现行《企业会计准则》对减值测试仍没有具体标准可循，这就更依赖于审计人员的职业判断。在计提减值准备方面，要审查被审计企业是否计提减值准备、计提是否达到规定的条件、计提的金额是否正确。

5. 无形资产的研发情况

首先，审计人员要审核被审计单位对“研究”与“开发”阶段的划分是否正确，有何依据。其次，对两个阶段的账务处理进行审查，现行《企业会计准则》规定，研究阶段支出应全部费用化，计入当期损益（管理费用），开发阶段支出符合条件的，予以资本化，不符合条件计入当期损益（管理费用），无法区分两阶段的支出全部费用化，计入当期损益。审计人员在审核中应注意企业有无故意混淆两阶段支出或将应费用化的支出资本化、应资本化的支出费用化的行为且金额正确与否，以判断企业是否利用准则的自由度进行盈余管理甚至利润操纵。

关注点32 资产减值准备调查

1. 减值准备概述

减值准备是指资产的账面价值超过其可收回金额。判断资产是否减值，应依据资产可能已经发生减损的某些迹象，如果存在任何一种迹象，企业应对其可收回金额进行正式估计。企业的固定资产可按固定资产的账面价值与可收回金额孰低计量，按可收回金额低于账面价值的差额计提减值准备。可收回金额的确定须以相关技术、管理等部门的专业人员提供的内部或外部独立鉴定报告，作为判断依据。

根据《中华人民共和国企业所得税法》及实施条例第五十五条规定，不符合国务院财政、税务主管部门规定的各项资产减值准备、风险准备等准备金支出不得税前扣除。目前，仅允许一些特定行业如金融、保险、证券、期货、中小企业信用担保机构等按规定计提的准备金可税前扣除。对于一般企业而言，企业计提有资产减值准备金均不得税前扣除。一般企业计提资产减值准备的情形主要有：存货跌价准备、坏账准备、固定资产减值准备、在建工程减值准备、无形资产减值准备、长期股权投资减值准备、债权投资减值准备。企业计提的坏账准备、存货跌价准备、持有至到期投资减值准备，相关资产的价值又得以恢复的，应在原已计提的减值准备金额内，按恢复增加的金额予以转回。企业因计提的固定资产减值准备、在建工程减值准备、无形资产减值准备、长期股权投资减值准备确认的资产减值损失，在以后会计期间不得转回。处置已计提资产减值准备的资产，同时结转已计提的减值准备。存货、固定资产、无形资产发生报废、盘亏等情况的，也应同时结转已计提的减值准备。

企业在每个会计期间要对资产进行减值测试，范围包括所有资产。如果减值测试结果表明资产的可收回金额低于其账面价值，应当将资产的账面价值减记至可收回金额，减记的金额确认为资产减值损失，计入当期损益，同时计提相应的资产减值准备。企业当期确认的减值损失应当反映在其利润表中，避免利润虚增。而计提的资产减值准备应当作为相关资产的备抵项目，反映于资产负债表中，从而夯实企业资产价值，如实反映企业的财务状况。在实践过程中，企业特别关注五类资产的减值损失，即存货、固定资产、基本金融工具、金融衍生产品和商誉。

2.资产减值准备调查关注点

在计提资产减值准备时，需要关注以下八个方面的会计处理。

（1）应收账款的会计处理。

企业在对应收账款进行坏账准备、核算坏账损失时，需要采用备抵法进行核算，通过“坏账准备”科目进行核算。计提时，借记“管理费用”，贷记“坏账准备”；待某一特定应收款项被确认为坏账时，再予转销，借记“坏账准备”，贷记“应收账款”。

（2）计提短期投资跌价准备的会计处理。

短期投资期末价值应当按照成本与市场孰低法计价，当期末市价低于初始成本，应确认为跌价损失，其计提的规定是：企业可以依照具体情况，分别按照投资总额、投资类别、单个投资项目计提短期投资跌价准备，企业一般在年末计提短期投资跌价准备；如果转回，应在已计提短期投资跌价准备数额内转回，直至恢复到原来的初始成本。

（3）存货跌价准备的会计处理。

《企业会计准则》规定，期末存货按照账面成本与可变现净值的原则进行计量，对于可变现净值低于存货账面成本的差额，计提存货跌价准备，如果账面成本小于可变现净值，一般不作任何会计处理。

（4）长期投资减值准备的会计处理。

企业的长期股权投资和长期债权投资应当在每个会计期末按照账面价值与可收回金额孰低法的原则计量，对于可收回金额小于其账面价值的差额，应当计提长期投资减值准备，计入当期的投资损益。

（5）固定资产减值准备的会计处理。

企业的固定资产应当在期末按照账面价值与可收回金额孰低原则进行计量，对可收回金额低于账面价值的差额，应当计提固定资产减值准备。当发生固定资产减值时，借记“营业外支出——固定资产减值准备”，贷记“固定资产减值准备”；如已计提减值准备的固定资产价值又得以恢复，应在原计提减值准备范围内转回，作与上相反的记录。

（6）在建工程减值准备的会计处理。

企业在建工程预计发生减值时应计提减值准备。而预计发生减值的情况是存在下列一项或若干项：长期停建并且预计在未来3年内不会重新开工的在建工程；所建项目无论在性能上，还是在技术上已经滞后并给企业带来的经济利益具有很大的不确定性；其他足以证明在建工程已经发生减值的情形。

（7）无形资产减值准备的会计处理。

当企业存在下列一项或若干项情况时，应当计提无形资产减值准备：某项无形资产已被其他新技术等所替代，使其为企业创造经济利益的能力受到重大不利影响；某项无形资产的市价在当期大幅度下跌，在剩余摊销年限内预期不会恢复；某项无形资产已超过法律保护期限，但仍具有部分使用价值；其他足以证明某项无形资产实质上已经发生减值的情形。

（8）委托贷款减值准备的会计处理。

企业应当对委托贷款本金进行定期检查，并按委托贷款本金与可收回金额孰低计量，可收回金额孰低于委托贷款本金的差额，应当计提减值准备，计提时借记“投资收益——计提的委托贷款减值准备”，贷记“委托贷款减值准备”科目；如果已确认损失的委托贷款的价值又得以恢复，应在已计提的减值准备范围内转回，作与上相反的记录。

关注点33 公司的境外资产

境外资产，是指我国境内投资者（包括企业、事业单位和各级人民政府及政府有关部门）在境外及港、澳、台地区投资设立的各类境外机构（包括企业和非经营性机构）中的各类资产。

1.境外资产的特点

第一，境外资产在管理上具有双重性的特点，即境外资产必须同时接受投资国和投资所在国的双重管理；第二，具有国际性的特点，境外资产是经过最初的国际贸易进而演化为国际投资形成的。在经营管理过程中，主要依托国际市场的发展，进而带动国内外向型经济更好更快地进入国际市场；第三，具有灵活性的特点，境外资产主要是投资主体在跨资的过程中通过参与国际市场竞争而形成的，为适应国际市场竞争，投资者在投资决策、资金投入、投资方式和投资地区选择等方面都必须具有高度的灵活性；第四，具有复杂性的特点，主要是指在经营管理上的复杂和所面临的外部环境的复杂等。

2.境外资产调查关注点

随着境外投资规模的不断扩大，境外资产监管的重要性也日益增加，在境外资产的风险管理和内控缺失问题上的关注度也逐渐提高，加强境外国有资产管理、完善境外国有资产监管制度已成为提升国有资产管理水平的重中之重。

（1）境外资产检查的制度背景。

2011年，国务院国资委陆续出台了《中央企业境外国有资产监督管理暂行办法》《中央企业境外国有产权管理暂行办法》《中央企业境外投资监督管理办法》等多个文件来构建境外资产监管体系，目的是进一步加强和规范中央企业境外投资行为，维护国有资产安全，实现境外国有资产保值增值。监事会是国资委加强境外国有资产监督的重要组织，对中央企业境外国有资产的监督检查以监事会相关办事处为主，采取集中重点检查和境外国有资产检查相结合的形式，通过公开招标方式选派会计师事务所协助检查工作。

2018年9月，国务院办公厅将国有重点大型企业监事会职责划入审计署。2020年9月，国资委印发的《关于深化中央企业内部审计监督工作的实施意见》提出，切实推进境外审计全覆盖、常态化，完善审计方式方法，配备具备外语能力、熟悉国际法律的复合型审计人员，探索开展向重要境外企业（机构）和重大境外项目派驻审计人员，根据工作需要可聘请境内外中介机构提供服务支持。可以预见，随着上述实施意见的推进，对境外资产的审计监督检查将向全覆盖、常态化趋势发展，会计师事务所等中介机构的业务服务范围将进一步拓展。

（2）国有境外资产检查重要业务领域及检查要点。

国有境外资产检查，首先要总体了解被检查单位境外资产总体规模、投资方式、投资领域及地域分布情况；了解境外投资所在国家的法律法规，检查企业业务的合规性；了解被检查单位境外资产总体管控情况，是否制定并严格执行境外投资项目负面清单，是否结合自身整体发展战略制订清晰的国际化经营规划，境外资产的管控措施是否存在监管漏洞，相关管控制度是否得到有效执行等。有关国有境外资产检查主要方面的程序可以考虑如下四点。

①境外资产总体控制检查。

A.获取被检查单位境外投资管控制度，对照相关境外投资规范，检查企业境外管控制度是否存在重大缺失。

B.获取被检查单位境外投资明细表，通过与审计报告、会计核算账套数据进行比对，复核相关信息是否准确、完整。

C.审核境外投资明细表中的项目是否与被检查单位的主业相关，是否属于负面清单中禁止类的境外投资项目。

D.运用访谈程序，通过对企业境外投资主管领导、不同部门负责人的访谈，了解企业境外投资的运作过程、项目背景、投资效果等信息。

E.对照访谈了解到的信息、管控流程及关键控制点执行穿行测试程序。重点关注投资决策过程、资金筹措及运用过程、招投标过程、预算控制过程、境外人员管理等。

F.对被检查单位境外投资的总体盈亏情况进行分析，对于亏损企业和投资回报低于预期的企业，了解企业对重大无效、低效投资所采取的管理措施，检查企业是否履行职责采取应对方案，避免或者减少亏损和降低国有资产流失风险。

G.对投资所在国的基本投资环境进行了解，结合企业提供的风险评估资料，了解相关境外资产面临的主要风险以及可能对项目未来运营造成的影响，检查企业是否有针对性制定风险防范措施。

H.检查企业是否建立了投资管理信息系统，是否对重大投资项目实施情况、投资计划完成情况以及境外资产管控总体情况进行有效追踪、分析、监测和管理。

②境外投资并购检查。

A.获取被检查单位境外投资并购项目的决策过程资料，包括但不限于：内部决策会议纪要及记录、申报文件、内外部批准文件、可行性研究报告、风险评估报告、尽职调查报告、审计评估报告等，关注是否存在未批先投、未评先投等情况，是否存在属于负面清单规定的禁止类项目，负面清单中特别监管类项目是否报国资委审核。

B.对照会议纪要、记录，确定申报文件、批准文件中相同或相似条款的描述是否一致。

C.检查内部决策过程中对项目风险的讨论是否得到了有效的解决或制定应对措施。

D.检查项目涉及的风险评估报告、尽职调查报告、审计评估报告等中介机构提出的项目问题、潜在风险是否得到有效的应对。关注中介机构出具报告的主要假设条件是否符合当时的一般市场预期，主要参数来源是否准确合理。同时关注报告中是否存在限制使用条件或免责条款，这些条款是否构成了对报告可靠性的影响。关注对中介服务实际工作量的支撑文件。

E.审查并购协议和公司章程中对股东会表决权的约定，董事席位分配、任命和决策权限是否能够合理保证企业的利益；审查并购协议中是否约定了额外的股东义务，如是否约定股东向境外项目提供股东贷款以及贷款义务是否对等，相关成本是否在确定收购对价时予以考虑。

F.获取董事会、股东会会议纪要，检查股东和董事职责的履行情况，包括两类会议是否按章程约定正常召开、表决情况、决议的执行情况等。

G.检查项目的自有资金比例、资金来源是否与投资方案、批准文件一致，取得的资金是否及时投入项目，是否存在挤占、挪用专项资金的情形。

H.检查项目运作中重大事项决策是否符合境外当地法律要求，是否存在重大未决诉讼，分析诉讼形成的原因及可能带来的影响。

I.检查企业是否对已完成的重大投资并购项目开展后评价形成评价专项报告；对比可行性研究报告、申报文件、批准文件中关于投资效益的描述，对比分析项目效益效果，对于存在重大差异的项目，分析是否存在产量、单价、折现率、汇率、税率、资本性投入、操作成本、损耗率、运营期限等显著的参数差异，揭示差异原因。

J.检查企业对收回境外投资的管理，是否存在利润长期留存境外。对于尚未汇回国内的利润，企业是否采取有效措施应对汇率变化、外汇管制等方面的风险。

③境外采购及招投标检查。

A.获取境外重大采购及招投标项目明细和合同台账，抽取一定比例的样本，测试采购招标制度的执行效果。如查看采购方式（比选、竞价谈判、邀请招标、公开招标等）是否符合相关规定；是否按规定实施集中采购；采购管理机构组成及职责是否符合不相容职责分离原则；是否按规定执行采购计划和采购预算等。

B.检查采购资金的来源及到位情况，是否经相关部门批准，是否存在资金缺口，分析招标行为的合理性、必要性。

C.检查项目单位重大采购与招投标的组织管理情况，关注招标、评标、定标的监督制约情况。检查招标文件的编制和审批、招标代理机构选择、招标公告发布、评委选择、监督程序、开标过程记录、定标过程、中标通知书发出、合同签署等主要环节是否符合国家和公司管理制度的相关规定。

D.逐项检查供应商及投标单位的资质情况，关注是否存在采取挂靠其他高等级资质企业的情况。

E.检查供应商及投标单位的报价情况，确保项目单位选择的供应商及中标单位为最优单位。关注推荐候选人综合得分及价格的情况，分析原因是否合理。

F.检查供应商及投标单位的最终中标价格，与实际结算价格进行对比，防止出现为中标而有意报低价格，然后以各种理由进行洽商和变更，从而增加货物或标的价格的现象。审阅所抽取样本的合同，检查供应商及投标单位的最终中标价格，与合同价格是否一致；进度款支付约定与投标书是否一致；合同主要条款是否与投标书一致。

G.检查是否存在随意变更采购或招标内容，防止出现假招标的情况。

H.检查投标程序与结果，关注是否存在擅自更改评标办法、随意变更中标单位的情况。

I.检查采购审批人和投标委员会的人员组成情况，落实是否存在与投标人有利害关系的人员对采购和招投标进行审批或进入评标委员会。

J.与参与采购及招标人员进行访谈，关注是否有反映招投标存在违规操作的情况，对反映的情况应给予高度重视并落实其真实性。

K.检查中标人相关资质，检查实际供应商与中标者是否一致，现场检查并核对付款记录。

L.将同一供应商在招标标准附近成交的采购项目汇总分析，确认是否存在化整为零、高价采购、利益输送行为。对比资产台账、招标台账、现场观察以及询问设备使用情况，分析是否存在将成套设备分拆采购情况。

M.分析中标价格的合理性，对偏差较大的项目重点检查，是否存在高价围标，关注未中标供应商资质、背景、报价依据及评标过程，汇总分析招标项目的投标人、中标人情况。

④境外融资检查。

A.获取并检查企业境外融资管控制度是否完善，是否针对境外融资特点、特殊风险制定了相应的管控措施。

B.检查企业境外融资行为是否符合相应的制度规范，决策过程是否合规。

C.检查企业境外融资方案是否设计得当，对境外融资的必要性、经济性是否进行了必要的论证，对融资风险是否充分识别并设计了相应的应对措施，对还款资金来源作出了恰当的安排。

D.检查境外融资的资金流水是否与设计方案一致，是否及时、完整地进行了恰当的会计核算。

E.检查境外融资的资金使用是否符合相关的资金用途规定，是否及时用于境外项目投资，是否存在内保外贷，和境内关联主体之间核算担保事项。

F.对比分析境内外融资成本，考虑政策、时间等特殊因素影响，综合分析企业的融资行为是否经济合理。

G.结合境外项目现状，分析境外融资行为是否面临汇率、还款等方面的压力，资金成本是否得到了恰当的控制，是否符合预期。

H.检查融资担保的情况，对子企业进行担保前是否履行了相应的决策审批程序；如为非全资控股企业，相应股东是否按股比对等承担担保责任，是否为其他股东的违规提供了连带担保责任。

3.境外资产检查风险点

在对境外资产进行检查的过程中，可能存在以下几方面的风险点。第一是出国费用管理不到位，具体体现在境外会议费支出超预算，住宿费、伙食费、公杂费等费用超标，出国费用管理制度与财政部文件存在差异等。第二是管理制度不健全，主要体现在日常经营活动制定的管理制度和考核制度上，以及系统性的境外资产的管理制度的建立上。第三是财务管理与会计核算不合规，主要体现在收入确认、存货管理、境外工作人员工资处理等方面，在一些存在税会差异的项目上，风险点较高。第四是市场研判失误风险，主要体现在溢价收购项目持续亏损，股权面临减值损失；项目位于不稳定地区，项目进展缓慢或处于停滞状态，产能过剩、盈利能力下降等。第五是未充分行使股东权利和管理职能，主要体现在股东理念差异、缺乏中方管理人员或常驻人员、股东协议限制等方面。第六工程审批程序不合规，具体体现在项目开关时间早于相关部门批复时间以及未经集团公司批复即开始项目前期工作，前期工作程序不规范。第七资金管理不到位，主要体现在已经支付预付款，但在合同约定时间仍未开工；款项支付进度与合同规定不符；备用金借用金额过大，部分备用金存在使用与申请用途不一致及归还不及时等现象。第八是项目管理存在不规范的风险，主要体现在招标后答复变更工程方案，建设项目施工单位不具备资质资格；工程项目未及时进行竣工决算，且工程资料保存不完整等。第九合同管理存在漏洞，主要体现在中标单位与合同签署单位不一致、合同付款比例与招标文件不一致等方面。第十是安全形势和政策的风险，主要包括一些财产安全风险、法律风险等。

关注点34 公司的重大投资

1.企业投资概述

（1）企业投资及其程序。

①企业投资。

企业投资是指企业以自有的资产投资并承担相应的风险，以期合法地取得资产或权益的一种经济活动。企业投资从投入到产出有一个经营过程，稍有不慎将化为乌有。因此企业投资需要注意客观评估自身条件量力而行，认真研究投资环境。投资项目要做好市场调查，防止投资失败，这个过程中有效的尽职调查显得尤为重要。

根据投资方向，企业投资可分为对内投资和对外投资两类。对内投资是指把资金投向公司内部，购置各种生产经营用资产的投资。对外投资是指公司以现金、实物、无形资产等方式或者以购买股票、债券等有价证券方式向其他单位的投资。而对外投资对于企业来说更具有吸引力，由于不同于对内投资所能掌握的丰富信息量，对外投资更可能会出现信息不对称，影响投资的效率和回报率，如何才能更快速有效地全面掌握与投资相关的信息呢？尽职调查就是一个得力帮手。下文介绍了一般对外投资项目程序以及尽职调查在这个过程中所发挥的作用。

②企业投资程序（见图8-1）。

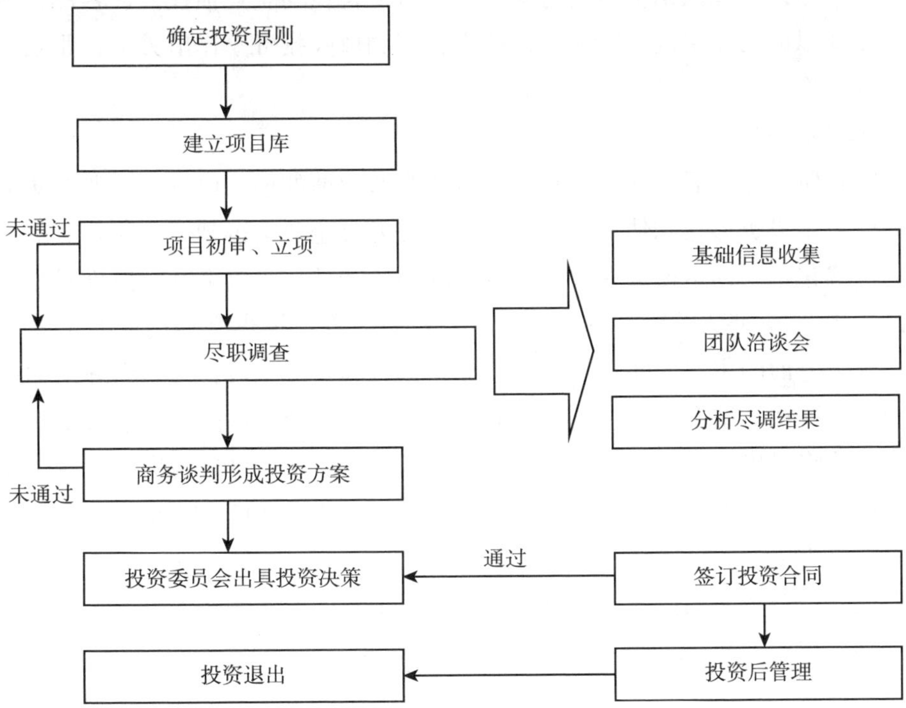

图8-1 企业投资程序

A.项目接洽

如果风险投资者对项目感兴趣，便会与项目负责人接触，直接了解其背景、管理队伍和企业现状。

B.初步发现投资价值

投资者在接洽过程中，会发现问题和价值，决定是否继续面谈或者回绝。如果接洽成功，存在投资价值，风险投资者会希望进一步了解更多的有关企业和市场的情况，或许投资者还会动员可能对这一项目或企业感兴趣的其他风险投资家。

C.尽职调查

如果面谈较为成功，风险投资者接下来便开始对企业的经营情况进行考察以尽可能地对项目进行了解。他们通过审查程序对意向企业的技术、市场潜力和规模以及管理队伍进行仔细的评估，这一程序包括与潜在的客户接触、向技术专家咨询并与管理队伍举行几轮会谈。通常包括参观公司、与关键人员面谈、对仪器设备和供销渠道进行估价，还可能包括与企业债权人、客户、相关人员以及以前的雇主进行交谈，这些人会帮助风险投资家作出关于企业家个人风险的结论。

D.投资条款

审查阶段完成后，如果风险投资者认为所申请的项目前景好，那么便可开始进行关于投资形式和估价等方面的谈判。通常企业会得到一个条款清单，涉及的内容包括：约定投资者对投资企业的估值和计划投资金额、拟投资企业应负的主要义务和投资者要求得到的主要权利，以及投资交易达成的主要条件等。这三方面的主要关注点是：投资额、作价和投资工具；公司治理结构；清算和退出办法。这个过程可能要持续几个月，因为企业可能并不了解谈判的内容，企业将付出多少、风险投资者希望获得多少股份、谁参与项目、对企业以及现在的管理队伍会产生什么等问题需要企业花时间研究，尽可能精简条款。

E.投资决策

风险投资者力图使他们的投资回报与所承担的风险相匹配。根据切实可行的计划，风险资本家对未来3—5年的投资价值进行分析。首先计算其现金流或收入预测，其次根据对技术、管理层、技能、经验、经营计划、知识产权及工作进展的评估决定风险大小，选取适当的折现率，计算出其所认为的风险企业的净现值。基于各自对企业价值的评估，投资双方通过谈判达成最终成交价值，签署正式投资决议。

F.增值服务和管理

投资生效后，风险投资者便拥有了风险企业的股份，并在其董事会中占有席位。风险投资者在董事会中扮演着咨询者的角色。他们通常同时介入好几个企业，所以没有时间扮演其他角色。作为咨询者，他们主要就改善经营状况以获取更多利润提出建议，帮助企业家物色管理人员（经理），定期与企业家接触以跟踪了解经营的进展情况，定期审核事务所提交的财务分析报告。

2.私募基金及风险投资尽职调查

私募基金（PE）及风险投资（VC）尽职调查，是指投资人在与目标企业达成初步合作意向后，经协商一致，投资人对目标企业一切与本次投资入股有关的事项进行现场调查、资料分析的一系列活动。其目的是确定项目公司未来成长预测的假设基础的合理性以及项目公司对投资人不存在隐蔽的重大风险，并且保护投融资双方免受其他利益相关方的起诉。虽然尽职调查并不能保证能够发现所有的潜在风险，却是投融资双方尽其可能地使投资交易更公平、更有效率的一种有效措施。

私募基金及风险投资尽职调查一般包括了对目标企业的财务尽职调查、经营尽职调查和法律尽职调查，有时还会就某个特定的项目进行专项尽职调查，譬如人力资源尽职调查、知识产权尽职调查、债权债务尽职调查及环境保护尽职调查等，目的都是深入、准确地了解目标企业真实的经营状况，为私募基金是否投资及股权如何估价作出准确的判断提供帮助。

一旦进入正式的尽调流程，私募基金的尽调团队从人员组成上来说就包括自己的尽调团队、外聘的审计师团队、律师团队，还有外聘的行业咨询公司、技术咨询顾问，有的甚至还聘用私家侦探。调查的范围全面覆盖公司的财务、法律、业务、行业、团队等。调查的方法分为内部调查和外部调查，包括各种访谈、求证、函证、查阅等。总之，是要翻个底朝天。私募基金投资机构为什么要花那么多金钱、时间和精力来做尽调这件事呢？主要就是因为私募基金要实打实地往企业里面投入真金白银，若存在未发现的风险，投资便打了水漂。发现了风险而决定去承担，最后失败了，是判断失误和能力的问题，某种程度上是可以原谅的，没有发现风险而盲目冒险，最后失败了，是没有尽职和尽责的问题，是不能接受的。

在长期为私募基金提供尽职调查法律服务的过程中，笔者从实战及实用的角度出发，在总结经验教训的基础上形成了一套尽职调查方案。

（1）投资理念。

私募基金的投资理念为投资就是投团队，尤其要看准投团队的领头人，对于目标企业团队成员的要求是：目标远大，脚踏实地；富有激情，和善诚信；专业敬业，社会责任。

（2）寻找优势行业中的优势企业。

优势行业是指具有广阔发展前景、国家政策支持、市场成长空间巨大的行业；优势企业是在优势行业中具有核心竞争力、细分行业排名靠前的优秀企业，其核心业务或主营业务要突出，企业的核心竞争力要突出，要超越其他竞争者。通过尽职调查，确认企业所处行业是否属于国家鼓励发展的行业、产业，是否得到国家相关产业政策的支持，企业在该行业中是否处于领先的行业地位等。

（3）弄清三个模式。

每个企业的生存和发展都有其独特的商业模式，而商业模式中又以以下三个模式最为重要，弄清了三个模式，就了解了目标企业是如何盈利的，也就基本了解了企业何以立足及发展的根本。其中，业务模式是企业提供什么产品或服务，业务流程如何实现，包括业务逻辑是否可行，技术及工艺是否可行并先进，是否符合消费者心理和使用习惯，企业的人力、资金、资源是否足以支持等。盈利模式是指企业如何挣钱，通过什么手段或环节挣钱，盈利模式是否得到市场和消费者的认可。营销模式是企业如何推广自己的产品或服务，有哪些销售渠道、销售激励机制等。好的业务模式，必须能够盈利；好的盈利模式，必须能够推行。

（4）关键指标的把握。

私募基金投资的重要目标是目标企业尽快改制上市。因大都为财务投资，因此一般会非常关注、查看目标企业近三年的盈利能力和成长性。另外，净利率是销售净利润率，表达了一个企业的盈利能力和抗风险能力，增长率可以迅速降低投资成本，让投资人获取更高的投资回报。把握营业收入、营业利润、净利润、增长率这四个指标，则基本把握了项目的可投资性。

（5）厘清五个结构。

企业的架构关系到企业基本的运作模式是否规范有效，决定着企业长期发展的稳定性及效率，主要结构有五个：

①股权结构：主次分明，结构合理；

②高管结构：人才配置合理，优势互补，团结协作；

③业务结构：主营突出，不断研发新产品及具备源源不断地研发新产品的能力、潜力和机制；

④客户结构：既不太分散又不太集中，减少对单一大客户的依赖，客户有实力；

⑤供应商结构：既不太分散又不太集中，质量有保证，供应有保障。

（6）全面了解目标企业。

对目标企业的全面了解，应该如抽丝剥茧，层层深入，才能通过现象了解其实质内涵，通过不同层面的资料审核企业具备的生存能力及持续不断发展的潜力。

以下任何一个层面存在的关键性问题都可能影响企业的改制上市。当然，有些企业存在一些细小瑕疵，可以通过规范手段予以改进。

①历史合规：目标企业的历史沿革合法合规，在注册验资、股权变更等方面不存在重大历史瑕疵；

②财务规范：财务制度健全，会计标准合规，坚持公正审计；

③依法纳税：不存在偷税漏税方面的问题；

④产权清晰：企业的产权清晰到位（含专利、商标、房产等），不存在纠纷；

⑤劳动合规：严格执行劳动法规；

⑥环保合规：企业生产经营符合环保要求，不存在搬迁、处罚等隐患。

（7）落实七个关注。

七个关注是对目标企业细小环节的关注。如果存在问题，可以通过规范、引导的办法加以改进，但其现状是我们判断目标企业经营管理的重要依据。

①制度汇编：查看企业的制度汇编可以迅速认识企业管理的规范程度（有的企业制度不全，更没有制度汇编）；

②例会制度：询问企业的例会情况（含总经理办公周例会、董事会例会、股东会例会）能够了解规范管理情况，也能了解企业高管对股东是否尊重；

③企业文化：通过了解企业的文化建设能知道企业是否具有凝聚力和亲和力，是否具备长远发展的可能；

④战略规划：了解企业的战略规划情况，可以知道企业的发展有无目标，查看其目标是否符合行业经济发展的实际方向；

⑤人力资源：了解企业的员工培训制度、激励计划、使用办法，可以了解企业是否能充分调动全体员工发展业务的积极性和能动性，考察企业的综合竞争力；

⑥公共关系：了解企业的公共关系策略和状况，可以知道企业是否具备社会公民意识，是否注重企业形象和品牌，是否具有社会责任意识；

⑦激励机制：一个优秀的现代企业应该有一个激励员工、提升团队的机制或计划，否则，企业难以持续做强做大。

（8）分析八个数据。

在厘清四个指标的基础上，很有必要分析以下八个数据，有助于投资人对目标企业的深度分析、判断。

①资产周转率。

表明多少资产创造多少销售收入，是区分一个公司是资产（资本）密集型还是轻资产型的标志之一。该项指标反映资产总额的周转速度，周转越快，反映企业的销售能力越强，企业可以通过薄利多销的办法，加速资产的周转，带来利润绝对数的增加。计算公式为总资产周转率=销售收入 ÷ 平均总资产。

②资产负债率。

资产负债率是负债总额除以资产总额的百分比，也就是负债总额与资产总额的比例关系。资产负债率反映在总资产中有多大比例是通过借债来筹资的，也可以衡量企业在清算时保护债权人利益的程度；资产负债率的高低，体现一个企业的资本结构是否合理。计算公式为资产负债率=（负债总额 ÷ 资产总额）×100%。

③流动比率。

流动比率是流动资产除以流动负债的比例，反映企业的短期偿债能力。流动资产是最容易变现的资产，流动资产越多，流动负债越少，则短期偿债能力越强。计算公式为流动比率=流动资产 ÷ 流动负债。

④应收账款周转天数（应收账款周转率）。

应收账款周转率反映应收账款的周转速度，也就是年度内应收账款转为现金的平均次数。用时间表示的周转速度是应收账款周转天数，也叫平均收现期，表示自企业从取得应收账款的权利到收回款项、转换为现金所需要的时间。一般来说，应收账款周转率越高、平均收账期越短，说明应收账款收回快。否则，企业的营运资金会过多地放置在应收账款上，影响正常的资金周转。计算公式为应收账款周转率=销售收入 ÷ 平均应收账款；应收账款周转天数=360 ÷ 应收账款周转率。

⑤销售毛利率。

销售毛利率，表示每一元销售收入扣除销售产品或商品成本后，有多少钱可以用于各期间费用和形成利润，是企业销售净利率的基础，没有足够大的毛利率便不能盈利。计算公式为销售毛利率=（销售收入-销售成本）÷销售收入×100%。

⑥净值报酬率。

净值报酬率是净利润与平均股东权益（所有者权益）的百分比，也叫股东权益报酬率。该指标反映股东权益的收益水平，计算公式为净值报酬率=（净利润÷平均股东权益）×100%。

⑦经营活动净现金流。

经营活动净现金流，是企业在一个会计期间（年度或月份，通常指年度）经营活动产生的现金流入与经营活动产生的现金流出的差额。这一指标说明经营活动产生现金的能力，企业筹集资金额根据实际生产经营需要，通过现金流量表，可以确定企业筹资总额。一般来说，企业财务状况越好，现金净流量越多，所需资金越少，反之，财务状况越差，现金净流量越少，所需资金越多。一个企业经营净现金流量为负，说明企业需筹集更多的资金满足生产经营所需，否则企业正常生产经营难以为继。

⑧市场占有率。

也可称为"市场份额"，是企业在运作的市场上所占有的百分比，是企业的产品在市场上所占份额，也就是企业对市场的控制能力。企业市场份额的不断扩大，可以使企业获得某种形式的垄断，这种垄断既能带来垄断利润又能保持一定的竞争优势。当一个企业获得市场25%的占有率时，一般就被认为控制了市场。市场占有率对企业至关重要，一方面它是反映企业经营业绩最关键的指标之一，另一方面它是企业市场地位最直观的体现。市场占有率是由企业的产品力、营销力和形象力共同决定的。

（9）走好九个程序。

要做好一个投资项目，有很多程序要走，而且不同的目标企业所采取的程序应该有所不同、分别对待，但是以下九个程序是应该坚持履行的。

①收集资料：通过多种形式收集企业资料。

②高管面谈：高管面谈，是创业投资的一个初步环境也是非常重要的环节。依据过往经验，往往能很快得出对目标企业业务发展、团队素质的看法。

③企业考察：对企业的经营、研发、生产、管理、资源等实施实地考察；对高管以下的员工进行随机或不经意的访谈，能够得出更深层次的看法或结论。

④竞争调查：梳理清楚该市场中的竞争格局和对手的情况。通过各种方式和途径对竞争企业进行考察、访谈或第三方评价；对比清楚市场中的各种竞争力量及其竞争优劣势。对竞争企业的信息对比掌握得越充分，投资的判断就会越准。

⑤供应商走访：了解企业的采购量、信誉，可以帮助我们判断企业声誉真实产量；同时也从侧面了解行业竞争格局。

⑥客户走访：可以了解企业产品质量和受欢迎程度，了解企业真实销售情况，了解竞争企业情况；同时，客户自身的档次和优质情况也有助于判断企业的市场地位，以及市场需求的潜力与可持续程度。

⑦协会走访：了解企业的行业地位和声誉，了解行业的发展态势。

⑧政府走访：了解企业的行业地位和声誉，了解政府对企业所处行业的支持程度。

⑨券商咨询：针对上市可行性和上市时间问题咨询券商，对我们判断企业成熟度有重要作用。

（10）报告十个内容。

尽职调查报告是业务的基本功，是对前期工作的总结，是最终决策依据。写好尽职调查报告，至少应报告以下10个方面的主要内容。

①企业历史沿革：股权变动情况，重大历史事件等。

②企业产品与技术：公司业务情况、技术来源。

③行业分析：行业概况、行业机会与威胁，竞争对手分析。

④优势和不足：企业有哪些优势，哪些是核心竞争力；存在不足或缺陷，有无解决或改进办法。

⑤发展规划：企业的近期、中期的发展规划和发展战略，以及发展规划的可实现性。

⑥股权结构：股权结构情况，合理性分析。

⑦高管结构：高管人员和技术人员背景情况，优势、劣势分析。

⑧财务分析：近年各项财务数据或指标情况及分析。

⑨融资计划：企业发展计划和融资计划及融资条件。

⑩投资意见：投资经理对项目的总体意见或建议。

“厨师炒菜，各有各法”，每家团队都有自己看项目的办法和秘诀，上述要诀只是其中的一种，但总体来说，私募基金在审视投资对象时大部分尽调内容会有所相似，因为从并购的目的、动机等各方面考察，有其类似的特点；但每个尽调团队根据自己积累的经验都会有自己差异化的做法，主要看这种做法是否能更好地发现尽调中存在的风险，获得更加准确的并购所需的信息与数据，从而更好地为并购的最终目的服务。

3. 海外投资并购尽职调查

中国企业在赴海外进行投资并购时，往往会忽视或不够重视并购前及并购中的尽职调查，特别是法律尽职调查，这样就造成企业在完成并购并正式接受后才发现问题，从而大大降低了并购的预期。

并购前期、中期的尽职调查可以达到如下的效果。

首先，通过尽职调查可以详细了解目标企业所在国的政治环境、法治环境，评估并购可能面临的成功概率、代价、风险及成本，以全面评估并购目的实现的可能性、并购的必要性，从而指导并购工作的开展。

其次，通过尽职调查可以了解目标公司的业务和运营环境；通过对企业及其行业的尽职调查，可以充分了解该企业的业务状况、运营的外部和内部环境，特别是通过初步尽职调查可以对目标企业有一个综合的判断，并购是否符合公司的战略目标，能否达到预期的目的。

最后，可以发现与交易有关的重要问题（包括交易价格）以及影响达成最终交易的重要因素，但是投资者经常忽略进行详细尽职调查的必要性。

通过翔尽的尽职调查，可以对并购的合理价格进行准确的评估，对隐含的法律风险及成本进行充分的了解。

据有关资料显示，只有51%的投资者对目标公司进行了基本的尽职调查，并且事后有25%的中国竞标者在调查中表示所采取的尽职调查不够充分。

譬如，对资源行业的并购交易进行尽职调查时需考虑的重要因素包括：

（1）比邻基础设施是否方便使用：投资项目是否可在经济便捷的方式下利用铁路、港口、能源、供水及公路等基础设施。

（2）审批程序或时间表：环境部门的批准，权属问题，土地所有者的许可及外国投资审核委员会的批准程序。

（3）技术考虑因素：对于储备和矿藏的验证，等级/质量的鉴定以及延长矿产生产周期的潜在可能性。

（4）或有负债：纳税义务，环境保护责任以及对雇员负有的义务。

（5）其他潜在问题：保留管理团队，成本结构，碳税开征的影响。

综上所述，中国企业开展海外并购，鉴于其不同国度、不同地域的巨大差异性，为了保证并购的成功及代价，事前及事中的尽职调查尤为重要，有时往往对并购成功以及并购后目标的达成起着决定性的作用，应当引起企业的高度重视，借鉴国外同行的经验与教训，聘请专业的中介机构参与并购的全过程，特别是专业的投资咨询公司、会计师及律师事务所进行专业、深入的尽职调查，是企业海外并购的必修课。

关注点35 农村集体资产管理

农村集体资产管理问题，与广大农民群众的切身利益息息相关，是基层广大干部群众普遍关心的热点问题。党的十七届三中全会审议通过的《中共中央关于推进农村改革发展若干重大问题的决定》中提到，要健全农村集体资金、资产、资源管理制度。近年来，各地对其采取有力的措施，扎实推进农村集体资产管理工作，并取得显著成效。

1.农村集体资产管理的相关概述

（1）农村集体资产的界定。

农村集体资产是指由乡镇、村集体的所有成员共同拥有的所有资产，可将其分为资源性资产和非资源性资产，其中资源性资产包括集体拥有的水域、土地等；用于经营生产的设施设备、货币资产、建筑物、村集体企业及所持有的其他资产份额；用于公共服务的非经营性资产；接受的捐赠、拨款等资产；集体所有的其他有形和无形资产等。

（2）农村集体资产管理。

农村集体资产管理一般是指对农村资产、资金、资源等进行管理，包括保值和增值。既要保护农村集体资产不流失，更要通过发展来使集体资产稳步增值，为农村基础设施建设和村民福利提供保障。同时，农村集体资产的管理过程还包括农村集体资产清查、重大农村集体资产的评估、财务调查以及审计调查等。通过对农村集体资产有效的管理，可以让全体集体经济组织成员积极参与到资产的管理活动中，保证全体组织成员的利益不受伤害，对集体资产的管理进行有效的监督，从而让集体资产价值得到升值。

针对各农村集体资产管理的情况，各级政府分别采取相应的监督措施对集体资产进行管理，集体资产的管理主要是由五个部分组成。

①对集体资产的运营进行管理。

集体资产的经营方式是集体经济组织自主决定出来的，经营方式包括：由集体经济组织直接进行管理和经营；把集体资产承包、租赁给他人的经营；以参股、联营、股份制合作、中外合作、中外合资方式经营。

②集体资产的评估。

集体资产经营过程中，对存在以下情形之一的，应当进行资产评估：

A.资产实行把集体资产承包、租赁给他人的经营，以参股、联营、股份制合作、中外合作、中外合资方式经营；

B.集体资产需要通过拍卖、转让等产权交易行为引起产权变更的；

C.采用出租、发包集体资产的；

D.企业出现兼并、分立、破产时，需要进行资产清算的；

E.以资产抵押或提供担保的；

F.其他需要资产评估的情形。

③农村集体资产的审计。

审计作为一项具有独立性的经济监督活动，可以及时发现集体资产管理过程中出现的一些问题。在审计过程中，各级农业行政相关管理部门都要积极配合审计部门对农村集体经济组织活动工作的指导和管理，并高效地解决审计过程中发现的问题。同时要对农村集体资产做到全面审计，对占有或者使用集体资产的单位要实行专项审计，要加强农村集体经济审计队伍的建设，组织好农村集体经济审计人员和财会人员的培训，建立健全规章制度，使这项工作逐步做到规范化、制度化。

④农村集体资产的清产核资工作。

想要做好农村集体资产管理工作就要对做好其基础——资产的清产核资。集体资产清产核资的主要目标是：清查资产，清晰地界定资产所有权，真实地重估资产价值，核实资产，实行产权登记，建章建制。在完成这些主要目标过程当中就要坚持党中央提出的“想要搞好理财工作，就要发扬把集体资产先管理好、利用好的精神，各地要结合当地农村基础设施建设的实际情况进行组织建设，认真学习和开展清查核资工作活动”。

⑤健全农村集体资产管理的法规和制度。

农业部门未来进一步加强农村集体经济组织财务、会计制度的建设，要求各省市、自治区、直辖市人民政府要依据当地实际农情，制定科学、合理的相关集体资产管理的规章，逐步将集体资产纳入依法管理的轨道。农村集体资产的管理所包含的内容十分广泛，由于它直接影响广大农民的切身利益，因而必须加强对集体资产各个方面的管理。

（3）农村集体资产管理的原则。

农村集体资产管理原则是指在集体资产管理的实践中，必须遵循的方针、准则。这些原则是完成集体资产管理任务的基本保证，主要包括以下几方面：

①集体资产神圣不可侵犯的原则。

我国《宪法》明确规定：社会主义的公共财产神圣不可侵犯；国家保护社会主义的公共财产；禁止任何组织或者个人用任何手段侵占或破坏国家和集体的财产。所以，对于所有的集体资产，无论以什么形态存在、无论在什么地方、无论是谁使用和经营，其资产所有权只有一个所有者主体，即代表部分成员利益的集体。任何单位和个人不得以任何理由、手段侵占和损害集体资产。

②法定原则。

法定原则是指依法管理集体资产的原则。

③实物管理和价值两者紧密结合的原则。

实物管理和价值相结合的原则，是指集体资产管理中既要重视资产的实物管理的方针又要坚持价值管理。在集体资产管理上，以价值形态管理为主。但如果没有实物资产的存在，价值形态也失去意义，无法进行管理。所以要坚持两者紧密的原则，也是由集体资产本身的性质决定的。作为集体资产必须既有使用价值还要有价值，这是由资产的物质属性和商品的社会属性所决定的。

④效益原则。

集体资产管理的效益原则，是指以尽可能少的集体资产和集体资产的投入，生产出更多更好的符合社会需要的产品，给集体资产带来更多的增值效果。

2.农村集体资产关注点

在对农村集体资产进行财务尽职调查和对农村土地资产价值核算时需要注意以下几个方面。

（1）农村土地资产价值核算的重点应主要针对集体建设用地，对农用地应侧重于农地资源实物量或资源价值的核算。

土地价值是土地价格形成的基础，集体土地价值因农村土地利用类型多样、产权权利类型多样而呈现多元化，农村土地资产的货币化表现呈现出不同的价格体系。如依据土地的不同利用类型，分为农用地价格、集体经营性用地价格、宅基地价格、集体公益性用地价格；依据不同的产权特性，分为所有权价格、使用权价格；依据农用地的所有权是否转移、用途是否改变等，分为集体内农用地流转价格、集体外农用地流转价格、集体内农用地转用价格和农用地征收价格等。不同类型不同权利的农村集体土地资产价值内涵构成差异巨大，如集体内流转价格主要体现的是农用地的自然质量价格；集体外流转价格主要表现为自然质量价格和社会保障价格之和等。

同时，由于我国现行农村土地制度框架下，农民对农地承包权实际上是基于农民集体的成员权而无偿取得的，其本质上是农村集体所有权权利的重要组成部分，在农地“三权”分置改革框架下，农地承包经营权流转价值的实现主要归农民所有；作为农地所有权人的农村集体经济组织，其终极所有权价值并未在经济上得以实现，农地的所有权价值并未显化。因此，考虑到农村土地资产价值主要核算的是农村集体所有的土地资产价值，对农用地资源资产进行价值核算既不具备核算的市场基础也不具有现实意义，农村土地资产价值核算的重点应主要针对集体建设用地资产价值的核算，涉及农用地资产负债表编制及核算应侧重于对农用地资源实物量的核算，这样更具现实性。

（2）农村土地资产价值核算的价值内涵应是反映特定核算时点下农村集体建设用地现状利用条件下的集体土地资产所有权价格。

集体建设用地资产价值因土地用途的不同、开发利用条件的不同以及评估时点的不同而存在巨大差异，特别是现存集体建设用地因规划利用条件的改变可能引发土地价值的巨大变化。作为一项会计报表，农村土地资产负债表主要反映的是现实条件下的资产价值量，因此，农村土地资产价值核算的价值内涵首先应反映现状利用条件下的集体土地资产价值量。

其次，由于农村土地资产核算的对象主要是针对作为农村集体所有权人的现存资产量，因此，涉及的集体土地资产价值应是对应于集体建设用地所有权的资产化价格，体现的是集体建设用地所有权价值，而非所有权与使用权分离后的集体建设用地使用权价格。

因此，农村集体建设用地资产价值核算的价值内涵应主要针对特定核算时点下的农村集体建设用地现状利用条件下的集体土地所有权资产价值量，相应地，涉及对土地资产价值、价格的估算，应对应于土地现状用途及现状开发利用条件下的土地市场价格。

关注点36 国有资产管理

国有资产管理调查必然需要以企业整体资产价值为基础，否则难以客观、完整反映国有企业的真实资产情况。过去我国对国有资产管理一直偏向财务报告下资产保值与增值，对企业整体资产价值的管理、核算还存在不足，因此，未来需要加强对国有企业整体资产的管理。

国有企业与国计民生息息相关，是社会主义市场经济基础和支柱。因此在市场经济条件下，如何加强国有资产核算、管理，确保国有资产保值与增值，促进国有经济壮大与发展具有举足轻重的作用。在对国有资产管理进行调查时，需要注重以下四个方面的问题。

1.国有企业整体资产包括有形资产和无形资产，无形资产又分为外购无形资产和自创无形资产。现行企业财务制度仅对有形资产和外购无形资产进行核算、管理、考核，而对在企业经营起着重要作用的自创无形资产价值却关注不够，主要是因为：

（1）自创无形资产没有具体形态，难以明确管理及货币计量；

（2）现行资产观认为资产都应该是企业过去的交易或事项所取得的。

即使企业拥有了某项未来经济利益，如果没有明确的交易或事项，也不能确认为资产。这使得自创无形资产被排除在企业资产之外，从而使国有企业的自创无形资产未能得到真实的反映。换言之，现行国有企业资产核算没有真实反映国有企业整体资产价值。因此，现行国有企业财务管理还存在一定的缺陷和漏洞，其提供的相关信息可靠性、相关性失真。随着知识经济时代的到来，企业的类型呈现多样性的特点，传统企业主要以制造业为主，以生产、销售商品为经营方式赚取利润，资产形式主要是有形资产；而知识类企业主要以提供高附加值的服务获得利益，一般不进行生产、制造，其资产形式主要以无形资产为主，表现为品牌、经营理念、管理制度、营销方式、人力资源等，以微软、思科、搜狐、网易等信息技术为代表的企业，其无形资产是企业的核心资产，随着社会经济的发展，知识类企业呈迅猛发展态势，代表未来世界经济的发展方向，因此企业无形资产价值日趋重要，如按传统财务核算这类企业资产价值则大打折扣，从而使国有企业整体价值未能得到真实的反映。因此，国有资产核算与管理必然以企业整体资产价值为落脚点，并将企业自创无形资产纳入企业常态化管理当中，确保国有企业整体资产保值与增值。

2. 自创无形资产（商誉）作为国有企业整体价值的构成部分，其价值外部表现形式为企业收购价格与净资产公允价值之差，内在因素是企业自身经营形成的结果，来源于企业文化、人力资源、经营管理方式、销售渠道、品牌、激励机制、壳资源等综合因素。自创无形资产价值分为交换价值和使用价值。交换价值表现为市场价格，现行财务理论认为，企业在收购时商誉价值等于企业收购价格减去净资产公允价值，事实上，商誉贯穿企业经营始终，并不是在企业收购时表现出来，实践中商誉之所以没有计量，是因为商誉没有明确价格，无法进行计量，因此，从理论上讲企业在持续经营条件下，商誉价值也应该得到反映。

（1）对于商誉计量与核算应该与商誉的价值属性保持一致。

商誉价值属性取决于商誉计量方法，不同的商誉计量方法体现商誉不同的价值属性。因此，商誉价值计量方法使用应根据反映会计主体的价值属性进行确定。如若反映企业整体资产的公允价值时，商誉应该采用总体评价法计量商誉的交换价值，而不能采用收益现值法，因为二者计量方法体现的价值属性不同，不同的价值属性不具有可加性、可比性，因此，价值量上也存在很大的差异性。同样，如若反映企业资产的在用价值，那么就应该用现值计量，而不能用公允价值代替现值，在计量方法使用上，商誉计量应该采用收益现值法而不是总体评价法。

（2）收益资本化法计量、核算商誉价值缺乏理论基础。

①该方法无法体现商誉的价值属性。计量方法与价值属性之间存在一致性、相关性，计量方法是外在的，而属性是本质的，计量方法应该体现价值属性。采用收益资本化法计量商誉价值是何种价值属性，收益资本化理论未予以明确解释。

②收益资本化理论依据在于收益是有资本产生的，收益与资本价值之间必然存在正向关系，因此当商誉作为资产时，必然表现为一种超额收益价值。如果收益与资本价值发生不对称时或者未发生正向变化时，收益资本化理论缺乏依据，换言之，企业如果没有超额收益价值则没有商誉的观点，这与客观情况不符。

③企业的预期收益不是固态的，商誉价值也随企业经营发生变化，那么计量商誉价值时人为规定贴现率，不仅不够准确、缺乏可验性，甚至其计量方法

的可行性、科学性，价值信息的真实性都值得怀疑。因此在计量商誉价值时，不宜采用收益资本化方法。

关注点37 资产评估调查

随着社会主义市场经济的发展，资产评估在市场经济中所占据的位置越来越重要，已经不仅存在于对某一项资产价值的评估，在整个国民经济中都发挥了积极作用。资产评估已成为现代化服务行业的一部分，在现代经济市场的发展中，资产评估一直保持独立、客观、公正的原则，对于整个市场经济秩序和资源的优化配置起到了积极作用，同时也维护了各类资产权利主体的合法权益，维护社会的公共利益。而现场调查是资产评估八大程序之一，是资产评估不可缺少的步骤，通过现场调查可以准确地了解资产的法律权属和当前的状况，也可以第一时间跟现场工作人员核实资产的相关情况如是否有大修，是否存在外借或者丢失等。在实际调查中我们经常遇到的调查对象主要有：固定资产、在建工程、存货、土地、无形资产、应收账款等，下文将对部分调查对象做详细介绍，并对勘查过程需要注意的事项予以说明。

1. 资产评估概念

资产是指由企业过去经营交易或各项事项形成的、由企业拥有或控制的、预期会给企业带来经济利益的资源。资产是能够用货币计量的。虽然成本是资产计量的重要属性，但是，成本的发生并不一定导致未来的经济利益，而未来经济利益的增加也并不必然会发生成本。资产包括流动资产、固定资产、有形资产、无形资产、不动产等。而所谓资产评估，是指评估机构及其评估专业人员根据委托对不动产、动产、无形资产、企业价值、资产损失或者其他经济权益进行评定、估算，并出具评估报告的专业服务行为。资产评估又分为法定评估与非法定评估，法定评估涉及国有资产或者公共利益等事项，法律、行政法规规定需要评估的，应当依法委托评估机构评估；其他资产评估为非法定评估。目前资产评估已经广泛参与各个经济领域。

2. 资产评估调查方式

现场调查的方式分为逐项调查和抽样调查。

（1）逐项调查的资产对象数量比较少，且价值较高，需要逐一地对各项资产进行比对核实，了解其目前的状况；如果被评估单位所提供的资料无法反映资产的真实情况，且从其他途径也无法获得充分而恰当的证据，也需要通过逐项调查进行取证和核对，了解资产目前的状况。

（2）抽样调查简而言之就是从整体里面按照一定程序对全体评估总体抽取一部分进行分析，调查获取相关数据，并以此对整体量作出推断。此种方法主要适用于资产数量庞大的情况，对于价值较大的、比较重要和关键的资产应进行详细的调查，抽样的误差要适度。

3.资产评估调查主要内容

在资产评估现场调查这一过程中，主要的调查内容有：

（1）了解评估对象的现实状况，是否实际存在，是否是完整且正常可用的。

（2）对象的法律权属，收集评估对象的产权证、合同、发票等能够证明其产权归属的文件和资料。

（3）通过查看企业提供的申报资料，向相关的工作人员询问企业文化、发展情况、经营状态、未来发展规划等整体企业信息。

（4）对于无法通过书面资料说明或者证明的具有不确定性的项目或者事项，可以通过对多个部门、多个专业的人员进行访谈，及时地获得最新的全面的信息，确保对评估对象作出合理的判断。

（5）按照委托方提供的申报表内容，对各项内容进行账账核实、账表核实、账实核实，盘盈盘亏等现象，需调查其原因，并在报告中披露。

（6）对资产进行监盘，参与现金、存货等资产的清查核对工作，对清查实施方案、人员安排、调查方式、调查结果等进行了解，判断清查结果能否反映实际情况；并根据清查结果对资产数量、质量、金额等作出恰当的判断。

（7）对于实物需要对其名称、数量、型号、安装地点等进行核实，同时对于实物的运行状况，保养情况等也需及时跟相关工作人员沟通，对相关的技术检测结果的收集、观察，运行记录和定期专业检测报告的收集和分析。如果遇到特殊的资产勘查，可聘请专家协助。

4.主要资产调查

机器设备：

（1）机器设备的定义。

《资产评估准则——机器设备》第二条对机器设备定义为：机器设备是指人类利用机械原理以及其他科学原理制造的（自然属性）、特定主体拥有或控制的有形资产（资产属性），包括机器、仪器、器械、装置以及附属的特殊建筑物等资产。

（2）现场勘查的主要勘查因素。

①机器设备的名称、数量、规格型号、生产厂家、购置日期、启用日期、已使用年限、安装地点、设备使用状况、设备维修状况等参数。

②观察机器设备整体外观是否完整，查看部分零部件是否有磨损和腐蚀状况，设备是否有尘垢等状况来判断机器设备的外观品相。

③通过现场观察设备是否可以正常运转，查阅维修保养记录，访谈设备管理人员和设备操作人员，了解设备功耗、使用情况。

房屋建筑物：

（1）建筑物的定义。

建筑物是指与土地组合的建设成果，建筑物有广义和狭义两种含义。广义的建筑物是指人工建筑而成的所有东西，既包括房屋，又包括构筑物。狭义的建筑物是指房屋，不包括构筑物。房屋是指有基础、墙、顶、门、窗，能够遮风避雨，供人在内居住、工作、学习、娱乐、储藏物品或进行其他活动的空间场所。建筑相关专业多是指狭义的建筑物，总体上划分为房屋和构筑物两大类。

（2）建筑物主要的勘查要点。

①如果房屋建筑物数量多，布点分散，要合理安排勘查路线和勘查日程。

②按照资产评估申报表、房屋产权证、土地使用权证、房屋总平面图，对每栋房屋的情况仔细勘查，查缺补漏，使物、账、证相对应；

③房地产现场勘察需要听取委托方或者相关人员对委托对象的介绍，核实产权资料和实体状况是否对应一致，明确评估目的，评估范围等情况。

④履行查账程序，核实账物真实性。根据我们所选用的不同评估方法，还应在现场勘察过程中有所侧重，选择不同的现场勘查表，记录不同的调查数据。

存货：

（1）存货又被称为实物形态的流动资产。按经济用途划分，存货是指企业在生产经营过程中为销售或耗用而储备的各种商品。近几年来，由于对外扩大开放的需要，存货的资产评估越来越受重视，目前正处于探索和稳步试验阶段。

（2）存货盘点的要点。

①了解盘查的具体目标和规模、存储地点和权属转移等情况。

②盘点人员需要清楚货物的种类，如果盘点的实际情况与账面汇总的情况有差异，要及时和仓库保管员沟通，了解盘盈盘亏的原因。

③对于现场盘点的存货较多且不易逐个清查时，考虑采用抽样方式进行盘查。

④现场要对存货进行拍照取证，盘点表需要仓库保管员核实后签字。

土地：

（1）概念。

土地资源是指在一定的技术经济条件下，能为人类生产和生活所利用，并能产生效益的土地。

（2）土地勘查的要点。

①了解待估宗地的位置、门牌号、面积、开发程度、周围配套设施等基本情况。

②对待估宗地周边环境的查勘，判断周边环境的优劣情况。

③了解土地的性质、权属、土地使用年限等情况。

④听取现场工作人员介绍，与现场工作人员进行沟通，了解客户的要求、评估范围、现场勘查发现的问题和与客户沟通的结果等。

现场调查能够核实评估对象的存在性和完整性，同时评估专业人员确定资产状况的调查内容，既要与资产价值的影响因素相关，支持资产价值的评定和估算，也要能系统、全面、充分地反映资产价值影响因素的实际状况，那么现场调查就占据着非常重要的位置。现场调查是估价方法技术的选择、估价因数的修正，形成工作假设等工作的重要依据，是资产真实情况的反映、数据来源的基础，对于整个资产评估有着重要的意义。以评估基准日为一定时点，对资产实际情况进行评定估算，也可以对资产未来的潜能进行预测，为资产业务提供专业化的估价意见，让资产评估发挥其最大作用。

第9章

负债尽职调查

财务尽职调查报告中应记载应付款项明细表，对每笔主要债务进行核实，如存在逾期借款、逾期未偿还债款的，报告中还应说明其未按期偿还的原因、预计还款期以及可能对生产经营造成的影响。对应付款项明细表中的主要债务进行真实性评价并对其中的大额应付账款的账龄和逾期未付款原因、大额其他应付款及长期应付款的具体内容和业务背景、大额应交税费欠缴情况等作出说明。如果有影响独立性的关联方或者内部董事会、监事会、管理人员的负债，应重点说明其负债的金额、偿还期等内容。

关注点38 短期借款

短期借款是指企业根据生产经营的需要，从银行或其他金融机构借入的偿还期在一年以内的各种借款，包括生产周转借款、临时借款等。

重点核查内容为结合判断财务风险及举债能力等。

资料包括借款合同、担保合同等。

1.核查程序

（1）取得和查阅明细表，明细表应注明利率、还款期、抵押、承诺等情况。

（2）查阅贷款合同，了解是否存在资产抵押和担保。

（3）资本借贷比例的分析（借贷比例反映财务风险以及举债能力），根据借款期限，结合经营情况，综合判断公司是否具备偿债能力。

（4）测算贷款利息是否已足额提取，并已入账。

（5）查阅是否有违反贷款合同条款的情况（违反贷款合同可导致银行要求提早还款或停止信贷，使“目标企业”出现资金周转问题）。

2.案例解析

[案例9–1]

J公司财务部不配合提供所要求的财务资料，声称平时并没有保存纸质财务资料，且财务软件一直出现故障，在尽调人员督促下财务经理联系财务软件公司相关人员对财务软件进行维修，至当天下午下班时才给尽调人员提供了部分财务资料。

尽调人员当晚核查分析后发现，J公司提供的2017—2018年财务报表为银行贷款用财务报表，2019年财务报表为报税用财务报表。所提供的日记账、序时账、科目余额表记载的金额均与所提供财务报表金额不一致，与公司真实财务状况存在较大差异，且提供所有表格均无表头，比较混乱。

经尽调人员与张某进一步沟通之后，张某称目前公司只有一个账套，但J公司同意与尽调人员一起根据J公司真实情况在现有的账套基础上进行调整。尽调人员用大量时间与J公司财务总监及张某进行沟通之后，最终根据现有账套整理出一份接近J企业真实情况的财务报表。因J公司仅对2019年数据作出调整，故未列示年初数额，简表如表9–1所示。

表9–1　　2019年J公司资产负债表（简表）

科目	原始报表余额	公司确认余额
……	……	……
资产总计	219 411 088.99	153 077 049.14
短期借款	53 600 000.28	66 200 000.00
应付账款	–104 103.40	268 349.60
应付工资	1 984 525.65	960 000.00
其他应付款	75 967 750.72	52 206 475.00
……	……	……
负债总计	233 984 377.37	119 584 885.65
所有者权益总计	–14 573 288.38	33 492 163.49
负债和所有者权益总计	219 411 088.99	153 077 049.14

基于对J公司科目分析及查阅原始凭证，尽调人员模拟出截至2019年资产负债表日J公司调整后的资产负债表，如表9–2所示。

表 9–2　　2019 年 J 公司调整后的资产负债表（简表）

科目	原始报表余额	公司确认余额
……	……	……
资产总计	153 077 049.14	140 622 784.71
短期借款	66 200 000.00	65 200 000.00
应付账款	268 349.60	268 349.60
应付工资	960 000.00	960 000.00
其他应付款	52 206 475.00	52 206 475.00
……	……	……
负债总计	119 584 885.65	119 484 885.65
所有者权益总计	33 492 163.49	21 137 899.06
负债和所有者权益总计	153 077 049.14	140 622 784.71

尽调发现，截至2019年资产负债表日，经调查J公司有6 520万元的短期借款，具体明细列示如表9–3所示。

表 9–3　　截至 2019 年资产负债表日 J 公司短期借款汇总情况

借款方	借款银行	借款金额（万元）	期限	起始日期	年利率	类型	还款情况
J公司	D银行	400	2月	2019/9/23	5.13%	担保	未还
J公司	D银行	700	12月	2018/12/12	5.50%	抵押	未还
J公司	D银行	2 800	12月	2018/12/12	5.50%	抵押	未还
J公司	D银行	800	12月	2016/4/15	6.31%	保证	已还200万
J公司	D银行	240	12月	2018/12/26	12.60%	低保	未还
J公司	D银行	90	12月	2018/12/27	12.60%	低保	未还
J公司	D银行	530	12月	2018/12/24	12.60%	低保	未还
J公司	D银行	360	6月	2017/9/18	10.53%	保证	已还100万
J公司	D银行	200	12月	2019/9/30	11.40%	保质	未还
J公司	财政局	300	12月	2018/11/12	11.86%	股权	未还
中国工商银行		400					未还

其中中国工商银行400万元借款的具体内容是，公司开具中国工商银行银行承兑汇票，银行方已经做坏账处理，J企业不用归还，但由于借款在形式上依然存在，故不应抵销。该票据担保人已破产，在借款时企业支付承兑汇票保证金54万元，已取得原始凭证。财政局的300万元为注资股权。

关注点39　应付账款

应付账款通常是指因购买材料、商品或接受劳务供应等而发生的债务，这是买卖双方在购销活动中由于取得物资与支付货款在时间上不一致而产生的负债。

重点核查入账是否完整等。

资料为大额应付账款合同、采购部门采购台账及对账单。

1.核查程序

（1）结合预付账款等往来项目的明细余额，检查有无同时挂账的项目、异常余额或与购货无关的其他款项（如关联方账户或雇员账户）。

（2）供应商分布情况，分析应付账款周期（可反映企业占用供应商资金的能力）。

（3）获取被核查单位与其供应商之间的对账单（应从非财务部门，如采购部门获取），并将对账单和被核查单位财务记录之间的差异进行调节（如在途款项、在途货物、付款折扣、未记录的负债等），查找有无未入账的应付账款，确定应付账款金额的准确性。

（4）针对资产负债表日后付款项目，检查银行对账单及有关付款凭证（如银行划款通知、供应商收据等），询问被审查单位内部或外部的知情人员，查找有无未及时入账的应付账款。

（5）复核截至审查现场工作日的全部未处理的供应商发票，并询问是否存在其他未处理的供应商发票，确认所有的负债都记录在正确的会计期间内。

（6）对本期发生的应付账款增减变动，检查至相关支持性文件，确定会计处理是否正确。检查应付账款长期挂账的原因并作出记录，注意其是否可能无须支付。对确实无须支付的应付款的会计处理是否正确，依据是否充分。

2.案例解析

[案例9–2]接[案例9–1]

尽调发现，截至2019年资产负债表日，J公司有268 349.60元的应付账款，经抽查相关凭证，情况属实，如表9–4所示。

表9–4　截至2019年资产负债表日J公司应付账款汇总情况

单位名称	企业提供余额（元）	核查后余额（元）
A公司	76 800.00	76 800.00
G公司	55 000.00	55 000.00
B公司	48 062.50	48 062.50
C公司	35 000.00	35 000.00
H公司	18 508.00	18 508.00
D公司	13 770.00	13 770.00
E公司	11 595.00	11 595.00
F公司	5 000.00	5 000.00
J公司	4 614.10	4 614.10
合计	268 349.60	268 349.60

关注点40 预收账款

预收账款是指企业向购货方预收的购货订金或部分货款。企业预收的货款待实际出售商品、产品或者提供劳务时再行冲减。预收账款是以买卖双方协议或合同为依据，由购货方预先支付一部分（或全部）货款给供应方而发生的一项负债，这项负债要用以后的商品或劳务来偿付。

重点核查存在认定、对下游客户的议价能力等。

资料为基于预收账款的项目合同及期后业务执行单据等资料。

核查程序有以下三点。

（1）结合应收账款等往来款项目的明细余额，检查是否存在应收、预收同时挂账的项目，必要时作出调整。

（2）获取或编制预收账款账龄分析表，并对期末账龄在上年账龄基础上递增的合理性进行分析，关注预收账款长期挂账的原因。

（3）抽查预收账款有关的销货合同、仓库发货记录、货运单据和收款凭证，检查已实现销售的商品是否及时转销预收账款，确定预收账款期末余额的正确性和合理性；对预收账款期后交易及12月结转收入情况进行重点检查（12月是提前确认收入的重灾区）。

关注点41 应付职工薪酬

应付职工薪酬是指企业为获得职工提供的服务而给予各种形式的报酬以及其他相关支出。职工薪酬包括职工工资、奖金、津贴和补贴；职工福利费；医疗保险费、养老保险费、失业保险费、工伤保险费和生育保险费等社会保险费；住房公积金；工会经费和职工教育经费；非货币性福利；因解除与职工的劳动关系给予的补偿；其他与获得职工提供的服务相关的支出。

重点核查应付职工薪酬的完整性等；

资料为工资表、社保公积金对账单、核心员工的劳动合同等。

1.核查程序

（1）比较被审查单位员工人数的变动情况，检查被审查单位各部门各月工资费用的发生额是否有异常波动，若有，则查明波动原因是否合理。

（2）比较本期与上期工资费用总额，要求被审查单位解释其增减变动原因，获取公司所在地平均工资水平进行比较分析，是否明显异常。

（3）结合员工社保缴纳情况，明确被审查单位员工范围，检查是否与关联公司员工工资社保混淆列支情况。

（4）比较本期应付职工薪酬余额与上期应付职工薪酬余额，是否有异常变动。

（5）检查应付职工薪酬的期后付款情况，并关注在资产负债表日至财务报表批准报出日之间，是否有确凿证据表明需要调整资产负债表日原确认的应付职工薪酬事项。

（6）抽查核心员工的劳动合同，关注核心员工的稳定性。

2.案例解析

［案例9-3］接［案例9-1］

截至2019年资产负债表日，应付工资账面余额为960 000元，经分析，包括应付2019年8月至11月4个月工资约60万元以及2018年1月至今保证金36万元。公司规定，员工每人每月按工资10%比例扣押保证金，这笔钱于年底统一发放。

关注点42 应交税费

应交税费是指企业根据在一定时期内取得的营业收入、实现的利润等，按照现行税法规定，采用一定的计税方法计提的应缴纳的各种税费。

重点核查税金计算的准确性及完整性。

资料包括纳税申报表、减免税批准文件等。

核查程序有三点。

（1）取得各项应付税金变动明细表，结合纳税申报表并查阅。

（2）了解被审查单位适用的税种、附加税费、计税（费）基础、税（费）率，以及征、免、减税（费）的范围与期限，询问各项税种是否均已如期申报、完税，是否存在漏报、虚报、少报的情况。

（3）分析所交税金是否合理（如结合收入测算增值税的合理性、结合利润测算所得税的合理性）。

关注点43 其他应付款

其他应付款是指与企业的主营业务没有直接关系的应付、暂收其他单位或个人的款项，如应付租入固定资产和包装物的租金、存入保证金、应付统筹退休金、职工未按期领取的工资等。

重点核查其他应付款的完整性等。

资料为借款合同（若有）等。

1.核查程序

（1）结合应付账款、其他应收款等往来项目的明细余额，核查有无同时挂账的项目、异常余额或与本科目核算无关的其他款项。

（2）检查其他应付款长期挂账的原因并作出记录，对确实无须支付的其他应付款的会计处理是否正确。

（3）对本期其他应付款的增减变动，检查至支持性文件，确定会计处理是否正确。

（4）检查于资产负债表日至审查现场工作日已支付的金额较大的其他应付款项，确定有无未及时入账的其他应付款。检查付款凭证、银行对账单等支持性凭证，并注意入账日期发生的合理性。

2. 案例解析

［案例9–4］接［案例9–1］

经调查，截至2019年资产负债表日，J公司的其他应付款的发生均为董事长张某个人名义进行的借款或个人名义投出的投资款。以上这些数据为张某提供，尽调人员无法核查以上数据的真实性和准确性，也无相关凭证，详细情况如表9–5所示。

表9–5　截至2019年资产负债表日J公司其他应付款汇总情况

借款事由	期末调整后余额	备注
董事长个人借款	25 950 000.00	除去6个不方便透漏的名字，都是张某个人对外借款，名单现已获取
董事长个人投资款	26 256 475.00	张某提供数据
小计	52 206 475.00	

关注点44　隐性负债

隐性负债，一般是指没有记录在资产负债表内，但是随着时间的推移或者某种因素的改变而显性化的债务。这种债务的显性化可能会造成长时间内企业盈利能力逐步下降，也可能在短期内带来企业资产的突然损失。

1. 隐性负债的原因

客户进行民间借贷的原因，主要有以下几种。

（1）经营需要。

①客户正常经营活动需要流动资金，由于达不到银行贷款要求或银行贷款满足不了其资金需求量。

②客户进行关联性或非关联性多元化投资，如投资房地产公司。

（2）非经营需要。

①借款进行归还银行贷款或归还民间借贷。

②企业主个人生活习惯问题，如涉及黄、赌、毒等，借款用于归还上述行为导致的欠款。

③企业参股投资公司、担保公司、小贷公司等，借款用于参与民间借贷活动。

④股市等市场火爆，盈利高于主业，借款用于炒股、投机等。

2.隐性负债的核实

通过对企业进行民间借贷的原因分析，我们可以通过以下方法来对隐性负债进行核实。

（1）企业借款用途的分析。

分析企业借款用途的真实性，结合行业情况、企业经营情况、上下游结算方式及账期、银行贷款数额等，核算企业借款的用途是否真实，是否用于经营活动。

（2）企业资料的核实。

企业资料主要包括企业财务报表、征信报告、流水等。

①财务报表。

A.应付账款、预收、其他应付款科目发生明细分析：

一是看是否有长期固定不变的款项；

二是看是否与其行业状况、企业经营状况不匹配的大额、整数金额发生；

三是看是否有与其主业无关的交易对手；

四是看应付股东借款、关联公司借款变动趋势。

B.实收资本、资本公积变动分析：

一是看股东构成、变化，是否有小股东的入股；

二是看资本公积是否有较大的变动，核实变动原因。

C.财务费用、销售费用、管理费用的分析。

查看财务费用的明细，是否有与其现有银行融资规模不符的费用发生。查看销售费用、管理费用变动是否与销售收入同比例变动，若费用非正常快速增长，与行业状况偏离严重，有可能将其他外部融资费用纳入其中。

D.企业资产、历年累计盈余的分析。

根据企业的发展情况，估算每年的盈利状况；根据现有负债情况，估算企业大概资产规模，与现有资产进行对比，查看是否有较大差距，继而估算其他负债规模。

②征信报告。

一是看征信报告的查询频率、原因以及查询后贷款变动情况；

二是看企业每月贷款余额的变动趋势，是否逐渐减少，核实逐渐减少的原因；

三是看查询企业征信报告的主体，是否有非银行金融机构、异地机构等；

四是看企业贷款机构变动情况，如由大银行转到股份制，然后转到地区性银行或村镇银行。

以上情况能确定企业大概的资金情况，对其借款动机也有一定的解读作用。

③银行流水。

一是看是否有每月或每季度规律性的资金流出；

二是看其交易对手是否含有以下名称，如投资、担保、典当、拍卖、小贷、民间、服务、金融、商务、理财、租赁、资产管理等；

三是流水摘要里是否有归还贷款、贷款、贷款利息、利息等信息；

四是是否有较大整数或接近整数金额的进出，交易对手是否与其业务有关；

五是查看其到期贷款还款资金的来源，贷款续贷后是否有贷款资金的转出；

六是查看频繁的个人资金的进出；

七是查看同名户资金的划转，尽可能获取客户所有的经常使用的账户；

八是查看企业每季度结息情况，确定企业日均存款余额，与其银行借款进行比较，若日均存款余额较小，远不足以归还银行借款，则表明企业自有资金较少，民间借贷的动机较强。

（3）企业主情况的分析。

一是企业主是否涉及黄赌毒，主要是通过员工、合作伙伴、门卫等信息获知；

二是企业主从业经历，以前是否涉及高风险行业或投机性行业，如是否有投资公司、小贷公司等的从业经验；

三是企业主对于企业的发展规划，是否过于激进；

四是看企业主的征信报告，通过其贷款情况、信用卡信用情况、征信报告查询情况，分析其资金紧张情况。

（4）涉诉信息查询。

通过查询Openlaw、无讼案例、中国裁判文书网、被执行人查询系统、失信被执行人信息系统、法院公告等查询企业和企业主的涉诉信息，看是否牵涉民间借贷和借贷纠纷。

（5）企业行业、经营情况的分析。

如若企业所处行业盈利能力下降，企业经营波动较大，企业经营需要垫资，在银行获取贷款可能性较少，企业有动机向民间进行借贷。

（6）关联企业、投资项目分析。

通过征信报告、工商信息等尽可能查核企业的关联企业和企业的投资项目。

一是看企业是否涉及资金需求量大的行业，如房地产行业；

二是查看企业与其关联企业的资金往来情况；

三是了解其关联企业的经营情况；

四是了解企业投资项目的资金来源、自有资金投入情况。

（7）查看企业和企业主资产抵押情况。

核实企业的资产情况，是否全部被抵押，是否有未被抵押资产，但是无法提供原件，或资产抵押有二次抵押情况。

（8）区域性因素。

关注高利贷氛围浓重的区域，如浙江温州、山东邹平、山西吕梁等，了解客户所处区域的高利贷情况。

（9）第三方打听。

向第三方打听客户情况，如员工、客户上下游、客户同行、同业圈子，了解企业的融资情况、真实经营情况。

（10）核实企业资金需求的紧迫程度。

如故意将额度降得很低，对方是否愿意接受；客户频繁打电话询问贷款进度等。

实务过程中，“隐性负债”最需要关注的包括两部分，一是“民间借贷”，二是“对外担保”。

一般而言，财务报表、银行交易流水以及贷款卡信息是整个核查过程的基础起点，但“隐性负债”之所以被称为“隐性”，就是因为其在大多数情况下，不可能在报表中简单显露于表面，但结合经验数据和企业的历史沿革仔细检查，依旧可能发现部分“民间借贷”和“对外担保”的蛛丝马迹。在此之后，更重要的工作在于进一步通过查验详细原始凭证来对“疑点”进行解释和佐证，才算完成这一路径的调查流程。

“隐性负债”是个漩涡，暗流始终潜在，对于和企业信贷往来的金融机构而言，更是如剑在悬。

之所以言其“隐性”，是因为这类债务不仅通过报表等各种表面信息渠道难以循迹，还常常通过老板的个人账户进出公司运营体系，以致根本无法查验真实数据。

而说它“危险”，则是现实生活中，被其拖至绝境的明星企业已不胜枚举，在非理性的高杠杆作用下，加之原本的经营状况不佳，“隐性负债”越来越多地扮演着“压倒骆驼的最后一根稻草”的角色。一旦企业出现重大经营性问题难以偿债，其还会在清算执行过程中占用原本就已十分有限的可分割资产。

常理而言，掌握企业整体真实负债情况并估算其偿债能力，应是金融机构给予其资金的前提和主要决策依据。但业内人士均认为，即使通过各种方式抽丝剥茧试图还原“隐性负债”的全部情况，也存在极大的技术和现实难度。

更令人遗憾的是，在业绩考核压力驱动下，亦有部分业务人士对即使能够掌握的“隐性负债”情况也不愿深究，在“乐观”的侥幸心理下，忽视了债权可能陷入的危险。

3. 识别隐性负债

对于“隐性负债”的识别，即便通过多种手段来全方位核查，也基本不可能还原出真实的负债规模数据，但依然可以借助发掘一些隐蔽信号，来对是否继续开展信贷合作提供决策依据。

首先，“隐性负债”在财务报表中往往隐匿于其他应收款、其他应付款两个科目，且通常情况下以其他应付账款的甄别为主。

往来明细中的几个观察重点包括“是否全为企业上下游客户”“客户群体分布是否与合同相符”以及“是否存在自然人的大额往来款挂账”等。

类似的方式也同样适用于核查企业的银行交易流水，应对其资金往来与日常经营情况进行对照，并发现其中存在的异常。

对于不合理的应付账款，部分企业会解释为资金来源于集团调拨等，此时则应进一步要求核查其母公司的合并报表，看是否能够“出”“入”平账，如果不能，则怀疑为民间借贷或其他资金来源。

应关注报表中是否有不合理的账期和大额整数进出款项。有所怀疑的部分，应该要求交易对手提供相关凭证、合同和财务明细，直至落实款项的真实来源和去向为止。

在查阅企业明细账和银行对账单时，正常经营往来的资金款项整数情况比较少，而民间借贷往往以整数大笔金额形式出现，若有这种情况，则可作为一项非绝对但可供观察的敏感信号。

其次，“销售收入”也是重要的观察窗口。如果报表中企业的销售收入前后出现可疑的不合理变动，也可能有“隐性负债”藏身其中。

部分房地产企业为了美化报表，常常会将社会集资采用另类的方式进行“包装”。例如，通过签订购房合同，甚至可能只是签订所谓意向型的认购协议，实际都是虚假销售，真实的目的是融资，利息也可在协议中以其他名目进行约定。类似的模式如今已并不鲜见，因此考察房地产企业的“隐性负债”也应与销售收入的真实性结合分析。

再次，通过报表对“隐性负债”的核查还应将财务费用部分与已披露负债进行比较，看利息水平能否匹配，异常的财务成本往往也是民间借贷隐匿的信号。

除了民间借贷，另一项需要重点关注的“隐性负债”，即企业的对外担保。

对外担保过多的企业应高度警惕，被担保拉下水的企业案例已经数不胜数，其中又以无任何关联关系，且行业没有相关度的对外担保风险最大，而这部分企业常常也会对金融机构进行隐瞒，可以采用的查验方法主要包括两点。

第一，尽可能利用报表、银行流水、贷款卡信息等，还原交易对手的关联公司布局，了解相关情况；第二，应关注企业自身的贷款取得方式，如果大比例为担保，鉴于“互保”规则盛行，有可能也存在诸多对外担保。此论证并非绝对，单方担保的情况也不在少数，只能作为其中一项发掘迹象的方法做以参考，若要获得具体情况仍有赖于其他途径的辅助调查。

财务报表确实有一些蛛丝马迹可循，但一般会涉及这类的均是民营公司，本身就普遍存在财务不规范的情况，使通过报表查验民间借贷的方法存在天然难度。而地方上常常会接触到部分中小企业，法律意识极为淡薄，为了拿贷款编制虚假财务报表的事早已不鲜见，对于其隐性债务的了解就更是难上加难。

相对具有一定技术难度的报表核验，一些简单基础性的调查方法，在实务过程中也常常能发挥事半功倍的效果。

首先，是对行业和地域的整体把控，对“深水区”谨慎进入。

规模化涉足民间借贷的行业通常具有一些典型特点，如行业经营特征使其普遍具有旺盛的短期垫资、周转需求等。另外整体波动性较大行业的公司，也需要高度关注，企业经营可能出现销售资金回笼困难，利润减少甚至亏损，使用民间借贷概率较高，房地产和矿产都是雷区。

除此之外，一些民间高利贷氛围浓重的地域同样需要高度关注，除了浙江温州、诸暨、山西吕梁、内蒙古鄂尔多斯、山东邹平等地区，很多其他区域也不容小觑，这就需要深入当地了解更多背景情况。

其次，是充分利用“本地”信息源。

其中既包括企业内部职工、上下游客户、政府部门，也包括当地金融机构及担保公司，应尽可能充分地了解企业及实际控制人的全部情况，不仅包括企业真实的经营情况、民间借贷情况、实际控制人的口碑，甚至包括是否存在不良嗜好。

对于小型民营机构而言，实际控制人对于企业未来走向具有决定性影响。有时尽管企业运营状况尚属正常，但因实际控制人涉案或卷入隐蔽的政商关系漩涡，都有可能对公司造成致命性打击，而这类信息通过当地走访，便可较为容易地获得“避雷”信息。

地方金融机构往往对当地企业的情况都了解得非常充分，通过他们来获取真实信息通常效率很高，而且民间借贷资金来源一般也不会在外地。除此之外，也可借助当地的会计师事务所和律师事务所，对企业进行深入调查。很多时候，绊倒外地机构的风险隐患，在本地几乎是众所周知的公开秘密。

最后，也是目前通用的常规做法，就是通过法院执行、裁判文书之类信息网站对交易对手进行查询，看其是否涉及民间借贷诉讼纠纷或其他问题。

4.“合理性判断”疑点挖掘

除了针对负债问题本身的查验方法，对于企业一些关键性整体指标作出“合理性判断”，也能为隐性负债的甄别和交易对手的选定提供一定参考。

企业资产与负债的差额，也就是传统意义上的权益，通常情况可作为一家企业“历史积累”的反映指标。可以通过权益指标，追溯企业的经营历史、经营规模，匡算合理的利润率水平，考察企业是否存在不合常理的历史积累。如果与企业提供的报表等情况难以匹配，则需要考虑其报表及主业交易背景的真实性。这也需要业务人员对于交易对手所处行业有着深刻的了解和尽调经验。需要关注权益的历史变动，如股权经过数次变更，需判断背后真实的交易背景，识别可能存在股权不实以及或有负债等问题。

除此之外，还应关注企业资本公积的形成，如资本公积数额过大，则应关注组成来源，拆包还原以判断是否存在民间借贷的可能性。把企业成立以来现金流量表的净额和资产总额作比较，如果存在差额，即存在民间借贷。但因为其中还涉及如资产重新估值等问题，被认为实务过程中非常复杂难以操作。

而另一个维度的考量则是关于“需求”与“源头”的合理性考量，如果某企业本身已经维持较高的负债水平及较大的资金链压力，但近一段时间以来如若其资金需求的旺盛程度并未有明显变化迹象，但从正规金融机构获得的贷款不断减少，则可看作需要考察民间借贷的重要信号，毕竟民营企业解决资金来源的主要方法，除了销售变现和正规融资，其余很大比例都来自民间借贷。

5.调查隐性负债的技能

（1）查看银行流水。

银行流水作为贷款提供的最基本资料，是需要调查客户经理及审贷人员仔细查验的。如何从银行流水中发现客户的隐性负债呢?

一是可以看到交易对手的信息，如果有小贷公司的贷款发放及本息的回收的，一般会在流水中体现。

二是如果交易对手是固定在某日的某个时候打出相同的数值，有可能是客户偿还私人借款的本金或者利息。

以上两点都可以有效的帮助我们发现客户的隐性负债。

值得注意的是，在实际操作中，并不是所有的银行流水的交易对手或是明细都会在银行柜台打印的纸质档中体现，因此优秀的业务员要注意以下三点：

一是养成随身携带U盘的习惯。到客户处使用网银交易，查询电子版详细交易记录时，可用U盘对交易记录进行拷贝，这些信息和数据是对客户流水分析的有力手段。

二是优秀的客户经理需要具有熟练操作各家银行网上银行、快速下载，以此在客户面前体现优质高效的专业素养，让客户对客户经理产生信任。

三是大部分银行在未开通专业版的网上银行也可通过大众版的网银工具查询流水。

（2）财务成本科目分析。

财务成本科目分析的前提是看到客户真实的内账，如何看到和甄别内账真实性就不在此处赘述。简要地说，一般银行客户经理上门调查是不会让客户事先准备好内账，但现场查看的内账才是最真实的。

现场抽查客户内账，详细分析各项费用明细，留意其中的财务成本项目，一般会计会将银行手续费、刷卡费用、利息成本等计入财务成本，一旦客户出现此类数据，且此类数据达到数万以上，则要留心是否是大额隐性负债的利息。

关于财务报表另外一点就是利润分配去向。如果在年底有大额未分配利润，却依然向银行申请贷款，那就可能说明报表不真实或者利润用于归还了隐性贷款等。

（3）第三方打听。

这个是客户经理在调查客户时最关键的一招。客户经理做尽职调查时与客户接触的时间只有短短的数小时，客户表现在客户经理面前的很可能就像刚坠入爱河的恋人，所有的优秀的品行都会表现出来，最大程度地释放其人格魅力，最大程度地掩饰其缺点。而主动暴露自己缺点和不足的客户是很少见的，所以调查了解客户，不能只听客户的一面之词。

一个人可以在短时间内伪装自己，但不能时时刻刻地伪装，更不能在所有人面前都伪装。在日常生活中经常与客户进行接触，就会非常全面、客观、准确地了解客户的品行和为人。因此，通过向他人打听客户情况，是我们调查和了解客户隐性负债的一种有效途径。而且一般人，为了和客户经理保持比较信任的关系，都会处于公正的角度来描述打听对象。更有甚者能打听得到，相关联的客户是否有融资拆借的可能性。打听的对象包含客户上下游、客户同行、同业银行客户经理等。

（4）关注征信记录。

近期如果有大额贷款到期，客户已经归还贷款资金如何而来？近期在其他金融机构申请是否频繁。

因为一般客户不会将大额资金停留在账上，或转化成应收，或扩大生产设备，或购置个人资产等，所以归还大额贷款的资金来源是需要每一位银行客户经理及审批人员仔细查阅的。

值得注意的是，由于经济形势变化较大，目前很多房地产开发商推行了首付分期的服务，客户近期批准了房贷，其中首付款是否已经付清，敏感的客户经理应该与银行流水相匹配才能确认。

（5）了解商业模式。

从客户实际资金流来看，深入分析客户资金运作情况，分析客户在最缺资金的时候是如何解决的，以此来判断客户是否含有隐性负债。

例如，贸易型客户年底是旺季，应收账款增加，库存相应需要增加，询问客户一般此时如何解决资金问题，能了解到客户是否目前还有隐性负债。

又如，服务型客户近期开了新店，开新店需要的是一次性投入，开了新店后无须再投入资金，新店稳定运作一段时间，客户的库存或资产方并未增加，即由此可推断客户可能是归还了隐性负债，至于还有多少负债是未归还的就需要客户经理与客户相互博弈了。

第10章

收入费用成本尽职调查

收入，是指企业在日常活动中形成的、会导致所有者权益增加的、与所有者投入资本无关的经济利益的总流入。

收入按企业从事日常活动的性质不同，分为销售商品收入、提供劳务收入和让渡资产使用权收入。收入按企业经营业务的主次不同，分为主营业务收入和其他业务收入。主营业务收入是指企业为完成其经营目标所从事的经常性活动所实现的收入。其他业务收入是指企业为完成其经营目标所从事的与经常性活动相关的活动实现的收入。

成本，是指生产和销售一定种类与数量产品以耗费资源用货币计量的经济价值。企业进行产品生产需要消耗生产资料和劳动力，这些消耗在成本中用货币计量，就表现为材料费用、折旧费用、工资费用等。企业的经营活动不仅包括生产，也包括销售活动，因此在销售活动中所发生的费用，也应计入成本。同时，为了管理生产所发生的费用，也应计入成本。同时，为了管理生产经营活动所发生的费用也具有形成成本的性质。

费用，是指企业在日常活动中发生的会导致所有者权益减少的、与向所有者分配利润无关的经济利益的总流出。

一定会计期间会计主体经济利益的减少，是利润表要素之一。企业发生费用的形式是由于资产流出企业、资产损耗或负债增加而引起所有者权益减少。但有例外，例如企业所有者抽回投资或企业向所有者分配利润，虽然会引起资产减少或负债增加，并使所有者权益减少，但不属于企业发生费用的经济业务。

关注点45 收入调查

在评价目标公司的销售时，通过询问目标公司财务管理人员，查阅银行存款、应收账款、销售收入等相关会计科目等方法，在报告中记载实际会计核算中该行业收入确认的一般原则以及目标公司确认收入的具体标准，其收入确认具体标准是否符合会计准则的要求。如目标公司提供的财务报表中存在延迟或提前确认收入或者虚计收入的情况，应在本报告内容中作出记载。由于会计方法的多样性，也会存在如目标公司在会计期末是否存在突击确认销售的情况、期末收到销售款项存在期后不正常流出的情况以及目标公司经营现金净流量的增减变化情况与发行人销售收入变化情况不相符情况，这部分内容也应如实记录在财务尽职调查报告中。

1.在尽职调查过程中，如果投资人或者委托人重点关注销售收入，应从目标公司收入的产品构成、地域构成及其变动情况的详细资料角度，评价分析收入及其构成变动情况，包括销售收入的季节性波动和收入的变动情况趋势，并从中判断销售收入与成本、费用等财务数据之间的配比关系是否合理，以利于投资者或委托人后期财务决策。由于销售价格变动情况及其变更基本规律，对收入的影响很大，也可以收集同行业可比企业的数据进行对比，综合分析评价目标公司是否存在异常和不合理状况而销售的变动情况，在尽职调查报告中，应提及各种如赊销、代售等销售模式对目标公司销售收入核算的影响并对目标公司销售体系中的主要经销商的业务能力、资金实力、销售网络、回款等情况作出说明。

（1）了解实际会计核算中该行业收入确认的一般原则以及公司确认收入的具体标准，判断收入确认具体标准是否符合会计准则的要求，是否存在提前或延迟确认收入或虚计收入的情况。

（2）核查公司在会计期末是否存在突击确认销售的情况，期末收到销售款项是否存在期后不正常流出的情况。

（3）分析公司经营现金净流量的增减变化情况是否与公司销售收入变化情况相符，关注交易产生的经济利益是否真正流入企业。

（4）取得公司收入的产品构成、地域构成及其变动情况的详细资料，分析收入及其构成变动情况是否符合行业和市场同期的变化情况。如公司收入存在季节性波动，应分析季节性因素对各季度经营成果的影响，参照同行业其他公司的情况，分析公司收入的变动情况及其与成本、费用等财务数据之间的配比关系是否合理。

（5）取得公司主要产品报告期价格变动的资料，了解报告期内的价格变动情况，分析公司主要产品价格变动的基本规律及其对公司收入变动的影响。

（6）关注公司销售模式对其收入核算的影响及是否存在异常，了解主要经销商的资金实力、销售网络、所经销产品对外销售和回款等情况。

（7）核查公司的产品销售核算与经销商的核算是否存在重大不符。

2. 与此同时，需要关注是否有虚增收入的情况。虚增收入是最常见的舞弊手段，公司通过虚构显失公允的交易，如企业故意高于市场价格向客户（一般为关联方，或者通过其他方式对客户进行补偿）销售产品，从而达到虚增收入、粉饰财务报表的目的。虚增了收入和利润，一般会通过虚增资产或虚减负债来消化，会对许多财务报表项目产生影响，如货币资金、应收账款/合同资产、预付款项、存货、长期股权投资、其他权益工具投资、固定资产、在建工程、无形资产、开发支出等。

（1）报税收入。通过电子申报缴税系统核查真实性，注意剔除关联方交易。非报税收入，应重点关注核实收入凭证附件是否真实，如是否有对方的收条、收款的记录（非现金）、运费的支付、仓库的出库记录、询证的回函等，还可通过大额款项支付方式估计收付款是否真实，如果大额款项通过现金方式支付，则要质疑其合理性，因为大额现金支付既不符合金融制度，也不安全。

（2）虚构销售交易。企业一般根据业务特点虚构销售交易，例如，制造企业一般通过与其他方签订虚假购销合同，虚构存货，并通过伪造发货单、装运单、签收单等单据，以及虚开商品销售发票等方式虚构收入。企业虚构销售后可能无货款回笼，也可能同时虚构货款回笼。

虚构销售后无货款回笼的，一般采用虚增的应收账款/合同资产通过日后不当计提减值准备的方法加以消化。

虚构销售后使用货币资金配合货款回笼的，企业虚构收入相应确认应收账款/合同资产，同时通过虚构存货采购、预付款项、虚增资产、虚减负债、体外资金循环等形成资金闭环。

虚开增值税发票，一般是指增加应收账款，如果该款项一直没有收回，或者说客户对该款项并不看重，那么虚开的可能性较大。

（3）挂靠收入。代开发票、代收货款，再将款项支付给对方，一般支付款项时在其他应收款中体现，或者通过报销费用的方式支付。

3.案例解析

[案例10-1]

（1）项目背景。

A公司主营智能硬件产品的研发、生产和销售，已经进行了数轮融资，根据投资协议的对赌条款：A公司报告期内T年净利润不少于某金额，若没有达到约定净利润，则降低A公司的投资估值。

（2）舞弊迹象。

①净利润：A公司T–1年净利润为负，T年净利润由负变正，并且和对赌利润基本一致，存在为达到对赌条件而调节利润的风险。

②开发支出：A公司T年突然进行研发费用资本化，而T+1年未进行资本化，存在调节利润的风险。

③收入分布：T年11—12月收入占全年收入超过60%，而T–1年同期只占30%左右，且从行业角度来看并未出现明显的需求爆发现象。

④客户情况：T年前十大客户里部分客户在T–1年和T+1年都没有收入，客户收入不持续，而且这些客户的毛利率远高于其他客户毛利率，但该些客户的业务规模并没有显著高于其他客户。

⑤产品分析：A公司的产品在T年、T+1年出现了一些特殊的产品型号，而该些特殊型号对应的正好是前面所述的“特殊客户”。

⑥银行流水：T年11—12月“特殊客户”集中回款，且每次回款之后，当天或者第二天这些回款就会马上打给对应的原材料供应商或者固定资产供应商，并且金额基本相等，存在极大的资金循环风险。

⑦合同分析：采购合同约定供应商不承担发货、安装、售后保修等任何责任，这些责任均由原厂承担，不符合一般商业条款；采购合同上没有约定设备的品牌、型号等重要配置信息，合同内容却过于简略等。

（3）案例分析。

A公司为了完成融资约定的业绩对赌条款，通过虚构交易和研发费用资本化等方式虚增收入、调节利润，为了完成资金流的闭环，通过虚构固定资产采购的方式使资金流出企业。A公司伪造了整个流程的合同和单据，并形成了资金闭环，舞弊行为较为隐蔽。我们通过对舞弊动机的判断、相关文件的查阅、异常变动的分析和相关人员的访谈以及现场查看验证等方式，确定了A公司存在财务舞弊。

【案例10-2】

（1）项目背景。

B公司主营大型设备的研发、生产和销售，经历过多轮股权转让和融资。报告期内，B公司面临较大的偿债压力。

（2）舞弊迹象。

①关联交易：B公司与关联方存在大量异常交易，交易涉及受托支付、销售、采购及银行借款，且报告期内B公司内部交易与往来余额不一致，存在利益输送和资金套取的风险。

②体外循环：B公司员工及体外个人合计占用B公司资金数千万元，B公司的关联方C公司累计向数十位个人（包括B公司的在职员工）借款数亿元，借款原因不合理，存在体外循环套取资金的风险。

③虚增收入：B公司通过售后回购再出租的方式虚增收入。

（3）案例分析。

根据现场访谈，B公司存在不同高管对同一事项表述矛盾、对于个别关键事项不清楚情况以及拒绝透露个别信息的现象。同时，B公司关联方较多，关联交易存在异常，个人对公司资金占用金额较大，部分产品通过售后回购再出租方式销售。我们通过对管理层及员工的访谈、相关文件的检查、财务数据的梳理、业务性质的分析等，基本可以断定B公司存在较大的舞弊风险。

【案例10-3】

J公司2003年成立，注册资金8 060万元，连续多年被评为中国民营企业500强，该公司位于S省L市经济开发区，公司占地14 102.20平方米，建筑面积9 275.49平方米。公司是一家集生产、研发、销售藏药为主的藏药生产企业。公司拥有各种设备96台，拥有治疗消化系统疾病、免疫系统疾病、内分泌系统疾病、心脑血管疾病等四大系列共十多个品种的设备，具备年生产藏成药1 900吨的生产能力。2014年9月，“ZJH”被国家工商行政管理总局商标局认定为中国驰名商标。

J公司于2015年3月23日取得生产药品所需的“药品生产许可证”；2015年12月10日取得生产卫生消毒产品所需的“消毒产品生产企业卫生许可证”。公司于2005年5月26日取得了国家卫生部保健食品GMP认证（有效期截至2019年6月17日，现已到期）。2006年1月21日取得了药品生产GMP认证（有效期截至2019年6月17日，现已到期）。

公司主营业务为生产和销售金银花胶囊、银黄颗粒、三七胶囊、抑菌液及其他食字号产品等。目前公司拥有国药准字号产品有：金银花胶囊、银黄颗粒；卫消字号产品有：抗菌喷洗剂；国健字号产品有：茗绿牌三七胶囊；食字号产品有：黄精散、沙棘胶囊、玛咖胶囊、余甘子胶囊、枳椇子胶囊、佛手胶囊、藿香胶囊、乌蛇胶囊、木瓜胶囊、百合胶囊、益智仁胶囊、普洱茶等系列产品。

J公司当前有通过代理商和零售两种销售模式：（1）国药字号产品主要通过代理商（通过GSP认证的医药公司或医药代表）将产品销售到医院、药店等市场；（2）国健字号产品、卫消字号产品和食字号产品主要通过代理商或零售进行对外销售。

公司产品分国药字号、国健字号、卫消字号、食品字号四大品种，公司2017年、2018年及2019年四大品种销售情况统计如表10–1所示。

表10–1　2017年、2018年及2019年J公司销售情况统计

年份 / 占比	国药字号	国健字号	卫消字号	食字号
2017年（元）	1 266 911.20	820 800.00	98 000.00	9 253 500.00
占比（%）	11.08	7.18	0.86	80.89
2018年（元）	336 000.00	2 947 800.00	252 000.00	21 174 700.00
占比（%）	1.36	11.93	1.02	85.69
2019年1—11月（元）	584 618.20	912 122.00	280 000.00	19 227 915.50
占比（%）	22.26	3.47	1.07	73.20

通过对2017年、2018年及2019年各品种产品统计对比分析，发现各品种销售额占比变化比较大，尤其是国药字号和食字号，数据是否真实有待考量。分产品统计2017年、2018年和2019年的销售收入情况如表10–2、表10–3、表10–4所示。

表 10-2　　2017 年 J 公司销售收入情况

品名	药号	金额（元）	占比（%）
小黄精散	食字号	1 935 000.00	16.92
小百合胶囊	食字号	1 584 000.00	13.85
大黄精散	食字号	1 438 200.00	12.57
余甘子胶囊	食字号	1 400 600.00	12.24
佛手胶囊	食字号	1 254 700.00	10.97
金银花胶囊	国药字号	1 266 911.20	11.08
三七胶囊	国健字号	820 800.00	7.18
木瓜胶囊	食字号	654 000.00	5.72
藿香胶囊	食字号	546 000.00	4.77
乌蛇胶囊	食字号	304 200.00	2.66
金银花胶囊（食）	食字号	109 200.00	0.95
总计		11 439 211.20	

表 10-3　　2018 年 J 公司销售收入情况

品名	药号	金额（元）	占比（%）
小黄精散	食字号	4 701 500.00	19.03
大黄精散	食字号	4 417 500.00	17.88
金银花胶囊（食）	食字号	3 625 000.00	14.67
三七胶囊	国健字号	2 947 800.00	11.93
乌蛇胶囊	食字号	2 888 500.00	11.69
木瓜胶囊	食字号	2 360 700.00	9.55
小百合胶囊	食字号	1 310 000.00	5.30
余甘子胶囊	食字号	1 067 500.00	4.32
大百合胶囊	食字号	720 000.00	2.91
金银花胶囊（食）	国药字号	336 000.00	1.36
抑菌液	卫消字号	252 000.00	1.02
总计		24 710 500.00	

表 10-4　　2019 年 J 公司销售收入情况

品名	药号	金额（元）	占比（%）
金银花胶囊	国药字号	5 846 818.20	22.26
佛手胶囊	食字号	4 957 475.00	18.87
余甘子胶囊	食字号	3 280 385.00	12.49
大黄精散	食字号	2 703 775.00	10.29
小黄精散	食字号	2 141 480.00	8.15
乌蛇胶囊	食字号	2 100 864.00	8.00
木瓜胶囊	食字号	1 802 092.50	6.86
三七胶囊	国健字号	912 122.00	3.47
小百合胶囊	食字号	807 500.00	3.07
藿香胶囊	食字号	751 119.00	2.86
益智仁胶囊	食字号	384 000.00	1.46
百合胶囊	食字号	299 225.00	1.14
抑菌液	卫消字号	280 000	1.07
总计		26 266 855.7	

通过对2017年、2018年及2019年各单项产品统计与四大品种产品对比分析，发现各单品销售额占比变化比较大，尤其是国药字号和食字号，J公司的产品销售情况比较不正常，数据是否真实有待考量。

J公司2017年、2018年和2019年的销售收入分别为11 439 211.20元、24 710 500.00元和26 266 855.70元，其产品构成为国药字号、国健字号、卫消字号和乐食字号四种品种。目前主营产品有胶囊系列，金银花胶囊和三七胶囊；卫生类产品抑菌液及食字号系列产品。对J公司2017年、2018年及2019年销售收入统计，公司销量前五大产品分别为金银花胶囊、小黄精散、佛手胶囊、大黄精散和余甘子胶囊。

J公司受2017年传销事件负面影响重大，自该事件后公司销售额大幅减少。

关注点46 费用调查

通常企业因融资需要提供的财务报表中的费用要比真实的小，如果有报税报表，报税报表中的费用一般比较真实，两者不一致时应选取较大值。另外，有些费用没有反映出来，如业务员的提成、给客户的回扣等大额费用，一般是挂在其他应收款中，应分情况进行处理。

报告内容应有营业费用明细表，针对目标公司的行业销售网络，销售特点、方式、流程、回款要求，售后承诺如无条件退货等业务事项，评估判断目标公司营业费用的完整性、合理性。其财务尽职调查报表中还应对照目标公司各年营业收入的环比分析，说明与营业收入直接相关的营业费用变动趋势是否与前者一致，如有重大不一致还应重点进行说明。在实际财务尽职调查流程中，目标公司提供的财务费用明细表，如有较大的银行借款或付息债务的，应在报告内容中对利息支出的情况进行趋势预测并给出大额利息资本化的合理性理由。对于管理费用明细表中所列异常的管理费用项目如控股股东、实际控制人或者关联方占有资金的相关费用情况，也应一并说明。

1.取得营业费用明细表，结合行业销售特点、公司销售方式、销售操作流程、销售网络、回款要求、售后承诺（如无条件退货）等事项，分析公司营业费用的完整性、合理性。

2.对照各年营业收入的环比分析，核对与营业收入直接相关的营业费用变动趋势是否与前者一致。两者变动趋势存在重大不一致的，应进行重点核查。

3.取得公司管理费用明细表，分析费用明细项目占总费用的比率，查看比率是否合理，分析变动原因。

分析是否存在异常的管理费用项目，如存在，应通过核查相关凭证、对比历史数据等方式予以重点核查。

（1）分析近几年的费用变动趋势及费用占收入的比率，查看是否合理；

（2）将折旧摊销费用与固定资产、无形资产的折旧摊销情况匹配；

（3）将工资福利费用与应付职工薪酬变动情况匹配；

（4）了解企业是否存在费用跨期情况，企业是否存在买票等情况。

4.关注控股股东、实际控制人或关联方占用资金的相关费用情况。

5.取得财务费用明细表，对公司存在较大银行借款或付息债务的，应对其利息支出情况进行测算，结合对固定资产的调查，确认大额利息资本化的合理性。

关注点47 成本调查

关注成本的计算方法是否正确，如品种法、分步法、分批法的选用是否正确，完工产品与在产品的分配是否合理，商业企业采用毛利率法是否根据期末存货盘点调整成本，成本结转是否存在随意性。

1.在进行财务尽职调查报告过程中，任务负责人应当通过访谈、实践、咨询等方法对目标公司的商业流程或生产流程进行基础学习，在充分熟悉目标公司的商业生产各环节成本核算方法和步骤的情况下，在报告中确认目标公司报告期内成本核算的方法是否与业务流程保持一致。报告中应记载主要产品或者服务的成本明细表，了解产品或服务的单位成本及构成情况，包括直接人工、直接材料、燃料和动力、制造费用等。由于行业属性不同、生产或服务流程不同、生产周期不同，在销售成本中应客观评价如出现期末存货中有余额巨大等异常情况或者是否存在应转未转成本的情况。在报告中应计算目标公司利润率指标，并在报告中评价产品毛利率、营业利润率的变化情况并预测未来变动趋势，如在报表中发现有存在重大异常的销售毛利，还应在报告中记载在进行多因素分析并进行重点核查后的结论性意见。

根据公司的生产流程，搜集相应的业务管理文件，了解公司生产经营各环节成本核算方法和步骤，确认公司报告期成本核算的方法是否保持一致。

2.获取报告期主要产品的成本明细表，了解产品单位成本及构成情况，包括直接材料、直接人工、燃料和动力、制造费用等。

报告期内主要产品单位成本大幅变动的，应进行因素分析并结合市场和同行业企业情况判断其合理性。

3.对照公司的工艺流程、生产周期和在产品历史数据，分析期末在产品余额的合理性，关注期末存货中在产品是否存在余额巨大等异常情况，判断是否存在应转未转成本的情况。

4.计算公司报告期的利润率指标，分析其报告期内的变化情况并判断其未来变动趋势，与同行业企业进行比较分析，判断公司产品毛利率、营业利润率等是否正常，存在重大异常的应进行多因素分析并进行重点核查。

【案例10-4】

某化工企业，采取“顺酐法”生产BDO（二羟基丁烷）产品，它有较好的区位优势，拥有该区域内唯一的化工品港口，并在该港口发展沿海型石化工业。

但调查人员发现：不同工艺路线生产BDO的成本差异较大。而在国内，用“电石法”生产的成本，每吨要比“顺酐法”低3 000—4 000元（主要是由原材料电石与顺酐的价格差所致）。这令人怀疑，竞争对手的低成本，能完全覆盖该企业的区位优势。加上中国整体的BDO产能扩张迅速，可能导致该企业预计的销售目标或利润率无法实现。

【案例10-5】

JL公司计划引入股权投资，DH公司为其在接触的其中一个意向投资方。

DH公司为深圳证券交易所创业板上市公司，主要围绕公司主业所处的地理信息行业，投资布局与主业相关的产业，近几年该上市公司在传统测绘装备主业以外进行了多次投资并购，主要投资的领域包括旅游产业、空间信息产业、自动驾驶产业等。传统的测绘装备当前的市场空间有限，而地理信息数据的应用空间极广，因此DH公司近几年通过外延并购，寻找地理信息数据在旅游、自动驾驶、测绘工程等新的应用和增长空间。JL成立于2013年，主营业务是电子导游地图产品，电子导游地图的产品形态可以通过APP、Html5、微信小程序等方式进行展示，其电子导游产品主要为消费者提供某个景区或区域内的手绘地图、当地文化及历史的语音讲解、语音导航、路线规划、周边服务引导推荐等功能。JL公司总部位于广州，主要通过国内OTA（线上旅游服务平台）平台销售电子导游地图等产品，游客在OTA上付费后，通过下载APP，或者扫描二维码链接进入H5页面或小程序等方式，获得电子导游地图服务。

在本案例中，DH公司对JL公司进行成本分析时履行了以下几个分析程序。

1.梳理对电子导游产品的生产环节、了解成本核算方法和步骤。DH公司财务尽调小组根据公司的生产流程，搜集相应的业务管理文件及采购合同，了解公司生产经营各环节成本核算方法和步骤，确认公司报告期成本核算的方法是否保持一致。

JL公司财务部在每个月末电子导游产品完工当月，根据电子导游产品的外包制作成本，并加上完工产品对应投入的人力工时计算内部制作成本，在完工当月月末进行入账，计入无形资产。后续按照5年时间，采用直线法摊销，分期计入营业成本。因此无形资产在JL公司的账面占比较高，且未计提减值损失。财务尽调小组发现，JL公司营业成本皆为无形资产的摊销，其他管理部分的人力成本等计入管理费用、利息等计入财务费用，营销相关的人员工资及差旅费等支出等计入市场费用，而内部开发平台及工具的投入计入研发费用。2019年6月末JL公司账面无形资产金额6 965万元，预计2019年12月末账面无形资产总额将超过1亿元，且预计未来两三年内随着电子导游产品开发投入的加大，无形资产将持续保持增长。因此无形资产是否满足资本化要求，摊销年限的确定，都将极大地影响JL公司报表呈现的当期净利润，成本与收入匹配性存疑。

2.分析成本构成。DH公司财务尽调小组获取报告期JL公司主要产品的成本明细表，对成本明细的构成进行了分析，计算包括直接材料、直接人工、外发采购的占成本的比例。了解主要成本构成、变动趋势及驱动因素。按主要产品/主要供应商分析采购金额、数量及单价，分析开发投入，了解历史投入、研发进度和未来计划。

从财务收集的制作成本数据判断大致的成本构成：制作来看成本主要包括绘图、文稿、配音、兼职、录入、设计、审核、综合和数据采集成本。

DH公司财务尽调小组对JL公司产品成本发生相关的内部工时计算情况进行抽查，并对制作部门内部工时计算进行了核对，同时查阅了外部采购的合同、结算凭证、付款流水，并对重要外包机构进行了电话访谈，了解外包单位的作业流程及与JL公司的结算情况，认为成本结算情况基本准确。

3.查证JL公司无形资产使用寿命及摊销年限的合理性。

我国财务会计准则规定如无形资产的寿命总是有限的，其摊销期限应取决于该无形资产受益期的长短。对于使用寿命有限的无形资产，其摊销期并无固定的参考年限标准。

对于非生物医药、高新科技等行业企业，在国内申请IPO时，投行一般建议企业采用保守策略，尽可能把研发支出费用化，不做或少做资本化处理。

尽调小组认为电子导游作为JL公司的主要产品，产品制作方法已经基本成熟，在制作完成后，可明确预期会给JL公司带来持续的收入，根据直线法摊销计入营业成本较为符合JL公司的客观情况。但该支出是否会在IPO时被要求费用化处理或调整摊销年限，项目小组审阅了行业参考公司的情况，也无法给出准确的意见和判断。摊销年限的变化及是否要求当期费用化处理，对JL公司的净利润影响非常大，同时也会对纳税有所影响。

第11章

非经常性损益尽职调查

根据《公开发行证券的公司信息披露解释性公告第1号——非经常性损益》（2008），非经常性损益是指与公司正常经营业务无直接关系，以及虽与正常经营业务相关，但由于其性质特殊和偶发性，影响报表使用人对公司经营业绩和盈利能力作出正常判断的各项交易和事项产生的损益。在进行尽职调查时，应关注企业非经常性损益，取得经注册会计师验证的公司报告期加权平均净资产收益率和非经常性损益明细表，逐项核查是否符合相关规定，调查非经常性损益的来源、取得依据和相关凭证以及相关款项是否真实收到、会计处理是否正确，并分析其对公司财务状况和经营业绩的影响。并结合业务背景和业务资料，判断重大非经常性损益项目发生的合理性和计价的公允性。计算非经常性损益占当期利润比重，分析由此产生的风险。

关注点48 非经常性损益明细及真实性

1.非经常性损益定义与披露要求

非经营性损益是指公司发生的与生产经营无直接联系，以及虽与生产经营相关，但由于其性质、金额或发生频率，影响了真实、公允地评价公司当期经营成果和获利能力的各项收入、支出。非经常性损益通常包括的项目有：

（1）非流动性资产处置损益，包括已计提资产减值准备的冲销部分；

（2）越权审批，或无正式批准文件，或偶发性的税收返还、减免；

（3）计入当期损益的政府补助，但与公司正常经营业务密切相关，符合国家政策规定、按照一定标准定额或定量持续享受的政府补助除外；

（4）计入当期损益的对非金融企业收取的资金占用费；

（5）企业取得子公司、联营企业及合营企业的投资成本小于取得投资时应享有被投资单位可辨认净资产公允价值产生的收益；

（6）非货币性资产交换损益；

（7）委托他人投资或管理资产的损益；

（8）因不可抗力因素，如遭受自然灾害而计提的各项资产减值准备；

（9）债务重组损益；

（10）企业重组费用，如安置职工的支出、整合费用等；

（11）交易价格显失公允的交易产生的超过公允价值部分的损益；

（12）同一控制下企业合并产生的子公司期初至合并日的当期净损益；

（13）与公司正常经营业务无关的或有事项产生的损益；

（14）除同公司正常经营业务相关的有效套期保值业务外，持有交易性金融资产、交易性金融负债产生的公允价值变动损益，以及处置交易性金融资产、交易性金融负债和可供出售金融资产取得的投资收益；

（15）单独进行减值测试的应收款项减值准备转回；

（16）对外委托贷款取得的损益；

（17）采用公允价值模式进行后续计量的投资性房地产公允价值变动产生的损益；

（18）根据税收、会计等法律、法规的要求对当期损益进行一次性调整对当期损益的影响；

（19）受托经营取得的托管费收入；

（20）除上述各项之外的其他营业外收入和支出；

（21）其他符合非经常性损益定义的损益项目。

对企业的非经常性损益，监管的披露要求如下：

①公司在编报招股说明书、定期报告（年度报告）或发行证券的申报材料时，应对照非经常性损益的定义，综合考虑相关损益同公司正常经营业务的关联程度以及可持续性，结合自身实际情况作出合理判断，并作出充分披露。

②公司除应披露非经常性损益项目和金额外，还应当对重大非经常性损益项目的内容增加必要的附注说明。

③公司对“其他符合非经常性损益定义的损益项目”以及根据自身正常经

营业务的性质和特点将本规定列举的非经常性损益项目界定为经常性损益的项目，应当在附注中单独作出说明。

④公司计算同非经常性损益相关的财务指标时，如涉及少数股东损益和所得税影响的，应当予以扣除。

⑤注册会计师为公司招股说明书、定期报告、申请发行证券材料中的财务报告出具审计报告或审核报告时，应对非经常性损益项目、金额和附注说明予以充分关注，并对公司披露的非经常性损益及其说明的真实性、准确性、完整性及合理性进行核实。

2.非经常性损益的判定方法与常见界定情形

在对企业进行尽职调查时，应探究企业非经常性损益明细并判断其真实性，可从以下几方面对非经常性损益进行界定。

一是判断某项损益的性质。应主要分析产生该项损益的事项或交易是否为公司的持续经营所必须，是否为公司发生的特殊业务。从公司所处的经营环境看，特殊性的事项或交易具有高度的反常性，而且与企业正常典型的活动明显地不相关或仅仅偶然相关。如果产生某项损益的事项或交易是公司持续经营不可或缺的，则该项损益就不能作为非经常性损益来处理。例如，公司为了保证设备的正常运转，每隔几年要对设备进行一次大修理，因而不是公司的特殊业务，所发生的大修理费用就是公司为维持正常的生产经营能力所必须发生的费用，由此而产生的损益也就应该是公司的经常性损益；又如，上市公司由于向关联企业借用资金而支付的资金占用费如果明显高于同期银行贷款利率，则此项资金借入业务就不是公司持续经营所必需的业务，而是一项特殊的业务，因此多支付的资金占用费就应该属于公司的非经常性损益。

二是考虑损益项目发生的频率。产生非经常性损益的事项或交易应该是公司发生的偶发性事项或业务，也就是公司在可以预见的将来不能合理预计是否会发生的业务。正是因为这些事项或交易发生的偶然性，由此而产生的损益就应该归属于公司的非经常性损益。例如，公司于本年度获得了当地政府给予的一次性财政补助500万元，使公司避免了出现亏损的不利局面，但公司对于以后年度能否继续获得此类补助则无法进行合理的预计。因此，本年获得的500万元一次性财政补助就应该作为非经常性损益处理。

三是强调制定以原则为导向的披露标准。加大了注册会计师的审计责任，为了降低执业风险，注册会计师有必要提高自身的职业水准，从而从外部保证了企业的利益相关者获取值得信赖的决策依据。

非经常性损益多出现在投资收益、资产减值损失、营业外收入、营业外支出等科目中。

（1）出售非流动资产。

这里的非流动资产主要是固定资产和长期股权投资。固定资产方面常见的是卖房、卖地，得益于我国房价的一路飙升，很多上市公司账面上的房屋及土地价值和实际价值差异巨大，在上市公司效益不好的时候，特别是面临保壳压力的时候，上市公司经常会出售一些房屋或者土地来获取一笔大额的收益，一举扭亏为盈，起死回生。

另一种常见的办法是出售长期股权投资，其原理跟出售固定资产一样，但跟卖房卖地不同的是，要特别注意一下接盘方的背景。因为长期股权投资的价值不像房子和土地那样容易评估，所以这个环节容易出现舞弊。例如，找一家关联公司来接盘，人为拉高长期股权投资的资产价值，达到虚增利润的目的，从而实现保壳的目标；而有时候又相反，他们会故意压低长期股权投资的资产价值，把利益转移到关联方手中，损害了广大中小股东的权益。总而言之，这个法子可以翻手为云覆手为雨。

其他的办法还有卖股票（可供出售金融资产），有时候上市公司为了保壳，不得不出售子公司，以卖子求生。

（2）改变房地产的会计核算方法。

改变房地产的会计核算方法，是上市公司用来粉饰财报利润非常绝妙的一招。一般来说，上市公司持有的房屋和土地是用来生产经营的，用成本法核算，也就是购置时花了多少就是多少，后续升值不在账面上反映。

而上市公司面临困境时，它既想美化一下利润表，又不想出售固定资产，便将持有的生产经营用房地产变成投资性房地产，会计核算方法从成本法改成按公允价值法，这时候，账面金额和公允价值之间的差异，就可以名正言顺地变成上市公司的“利润”，从而达到美化利润表的目的。

根据最新的会计准则，自用房地产或存货转换为采用公允价值模式计量的投资性房地产，转换当日的公允价值大于原账面价值，其差额记入其他综合收益，不再影响当期损益了。

（3）长期股权投资里的魔术。

要想从长期股权投资里面弄点利润，有很多种玩法。第一种情况：上市公司A拥有B公司20%股权，用权益法核算。A公司可以以一个比较高的价值再收购B公司10%的股份，这时候它原先持有的20%股权价值要重估，升值部分可以计入投资收益。

第二种情况：上市公司A拥有B公司51%的股权，B公司是A公司的控股子公司，但是B公司业绩亏损，拖累上市公司业绩，这时候如果上市公司出售部分股权，如2%，持股49%，B公司不再是其子公司，转用权益法核算，出售股份估值时，可以高估一些，评估出来的所谓公允价值跟账面价值之间的差异，计入投资收益。

第三种是通过进一步收购，把非子公司变成子公司，原来的股权价值评估增值，增值部分计入投资收益。这种方法的核心只有一个，那就是让手中的长期股权投资增值。当然，现在这种方法也难以为继了，根据最新的会计准则，这种股权投资的增值计入其他综合收益，不影响当期损益了。

（4）债务重组。

当上市公司面临财务危机时，债权人为了减少损失，跟债务人达成债务重组协议，常见的有债转股、豁免部分债务等。

在现金或非货币性资产偿债的情况下，债务人将重组债务的账面价值与支付的现金之间（或转让的资产的公允价值）的差额确认为债务重组利得，作为营业外收入，计入当期损益。

如果是债转股，债务人将重组债务的账面价值与股份的公允价值总额之间的差额作为债务重组利得，计入当期损益（营业外收入）。

（5）政府补贴。

政府补贴是最常见的非经常性损益，在部分上市公司的利润中，政府补贴占比很高，这种高度依赖于政府补贴的公司，基本上不具备投资价值。

当然，不是所有的政府补贴都是非经常性损益，与公司正常经营业务密切相关，符合国家政策规定、按照一定标准定额或定量持续享受的政府补助，属于经常性损益。但这就像没断奶的孩子，长期依靠政府哺乳，自己无法自力更生，这种上市公司也很难评估其投资价值。所有我们在看目标公司利润表时，光看净利润是远远不够的，还要去仔细分析其利润结构，才能避开目标公司的财务陷阱，避免被套路。

常见的根据“实质重于形式”的原则界定非经常性损益的情形有：

①增值税退税款。

根据《公开发行证券的公司信息披露解释性公告第1号——非经常性损益》列举项目包括：计入当期损益的政府补助，但与公司正常经营业务密切相关，符合国家政策规定、按照一定标准定额或定量持续享受的政府补助除外。在判断增值税退税款是否为非经常性损益的关键是：是否与公司正常经营业务密切相关；是否属于定额定量持续享受。

是否与公司正常经营业务密切相关（这个问题比较明确，如主营业务是软件销售，那与软件销售相关的增值税退税与公司正常经营业务密切相关），是否属于定额定量的政府补助判断标准；侧重于此项政府补助是否属于国家持续的产业政策扶持，是否具有可持续性。

②股份支付费用。

中国证监会在2018年8月31日发布的《对十三届全国人大一次会议第4907号建议的答复》中提及，公司在《公开发行证券的公司信息披露解释性公告第1号——非经常性损益》（以下简称《解释性公告第1号》）界定框架下，可结合公司实际经营特点和股份支付计划运作方式进行综合判断股份支付费用的处理。

目前，对增资或受让的股份立即授予或转让完成且没有明确约定服务期等限制条件的，原则上应当一次性计入发生当期，并作为偶发事项计入非经常性损益。对设定服务期等限制条件的股份支付，股份支付费用可采用恰当的方法在服务期内进行分摊，并计入经常性损益。证监会在《2018年上市公司年报会计监管报告》中也进一步明确，股权激励计划等待期内摊销确认的相关费用应作为经常性损益披露，取消股权激励计划确认的加速行权费用应作为非经常性损益披露。

关于股份支付费用，实务中有些公司认为：从其历史来看，公司并没有推出过类似计划，未来公司可能也不会频繁推出类似激励计划，故认为股份支付具有一定的偶发性并且性质也具有一定的特殊性，将相关费用确认为非经常性损益。

笔者认为，虽然在支付对价的方式上，股份支付与常见的工资、奖金等职工薪酬的形式存在差异。但是，无论是职工薪酬还是股份支付都仅是为了同一目的而采取的不同形式，根本上还是企业为获取职工服务支付的对价，是与企业人工相关的费用，与企业正常经营密切相关，并不符合非经常性损益的定义。因此，不应因股份支付采取的对价形式而将相关费用作为非经常性损益。但是对于一次性计入发生当期或加速行权费用，股份支付不是为了获取职工未来提供的服务，没有设置业绩条件，主要是考虑公司历史的因素同时兼顾未来的，这部分费用实际与当期损益是不完全配比的，更符合非经常性损益的涵义。

③业绩补偿及商誉减值。

根据《中国证监会会计部2017年会计监管协调会——具体会计问题监管口径》，并购重组交易中，标的资产的出售方一般会对交易完成后标的资产在一定期间的利润作出承诺。在标的资产未按预期实现承诺利润时，出售方会以股份或现金方式给予上市公司补偿。由于补偿仅针对并购重组交易完成后的特定期间，企业取得业绩补偿款不具有持续性，根据《解释性公告第1号》的规定应确认为非经常性损益。同时，因并购重组产生的商誉，其减值与企业的其他长期资产减值性质相同，属于企业日常经营活动产生，除非是由于自然灾害等不可抗力因素导致，一般应作为企业的经常性损益。也有读者认为商誉减值计入经常性损益，但是业绩补偿款计入非经常性损益，二者不对称，但是非经常性损益的认定带有监管政策导向，即鼓励公司通过正常经营活动为股东创造稳定的收益。所以对不同事项的性质认定并不是完全对称的。

④非金融企业收取资金占用费。

尽管在《解释性公告第1号》非经常性损益的规定中，举例提及“计入当期损益的对非金融企业收取的资金占用费”，但并不意味着资金占用费性质的收入必然属于非经常性损益，在对非金融企业收取资金占用费是否属于非经常性损益的判断过程中，公司自身的企业性质并不是决定性的判断因素，而仍应当从非经常性损益的定义出发，结合相关收入的具体情况进行分析和判断，业务并非临时性、偶发性并与公司生产经营相关可以作为经常性损益列报。

⑤房地产企业出售项目公司股权。

《解释性公告第1号》在非经常性损益包含项目中列示了“非流动性资产处置损益，包括已计提资产减值准备的冲销部分”，但是不能简单地认为，房地产企业以转让子公司股权的形式转让资产时，相关损益就一概列为非经常性损益。公司应穿透该股权形式，根据项目公司所开发基础资产的性质和类别，分析该项转让是否与公司常规业务相同。

一般情况下我们认为，如果公司常规业务是房地产项目开发完成后出售，则通过转让股权方式把一项待开发的土地使用权和部分开发成本一次性出售所取得的投资收益，应当作为非经常性损益。这与处置固定资产或者投资性房地产等长期资产适用的判断类似。但是，如果转让股权所对应的基础资产实质上是已开发完成的房屋存货，则股权处置损益应列为经常性损益，且公司能提供充足的证据（例如，近些年出售类似项目子公司股权的频率足够高、金额足够大）证明其为常规业务，此情况下可作为经常性损益。

3. 非经常性损益判断的特殊情形案例及总结

2008年证监会发布了《公开发行证券的公司信息披露解释性公告第1号——非经常性损益》(2008)。修订版的非经常性损益规定，相对于原有关规定，在两个方面作了改进：

（1）非经常性损益定义为"与公司正常经营业务无直接关系，以及虽与正常经营业务相关，但由于其性质特殊和偶发性，影响报表使用人对公司经营业绩和盈利能力作出正常判断的各项交易和事项产生的损益"。

与原有定义相比，第一，新定义中措辞更严谨，以"正常经营业务"取代了"主营业务和其他经营业务"，既反映新会计准则下利润表列报要求，也考虑了公司经营业务的多样性；第二，强调了非经常性损益的特点是"性质特殊和偶发性"；第三，强调了非经常性损益的性质，即不应将其作为判断公司经营业绩和盈利能力的考虑因素。

（2）在列举非经常性损益项目时，将原规定中"非经常性损益应包括以下项目"相应修改为"非经常性损益通常包括以下项目"，提高了结合公司情况进行判断的自主权。在具体项目上，修订版的非经常性损益增列了"对外委托贷款取得的损益"等六项非经常性损益项目，补充、完善了"非流动资产处置损益"等八项列举的非经常性损益。

经过一段时间的执行，实务中仍存在非经常性损益认定和披露方面的问题。在认定非经常性损益方面，我们认为，应以非经常性损益的定义为依据，同时关注交易的性质、发生的频率以及对报表使用者决策的影响。第一，应关注交易是否具有"非正常"的性质，即同公司的正常业务不相关；第二，要关注交易的发生频率，即在发生频率上具有偶发性；第三，要考虑非经常性损益的性质，即该项目是否能够作为判断公司持续性经营业绩和盈利能力的考虑因素。

由于非经常性损益的认定，是采用定义和列举并用的方法，在上市公司实际执行过程中，存在重形式轻实质的问题：公司在判断某项目是否属于非经常性损益时，只是简单对照规则中列举的各项目认定，凡是规则中列举的项目，就认定为非经常性损益项目，凡是规则中未列举的项目，就认定为经常性损益项目，而不考虑这些项目的性质、发生频率及其与公司经营业务的关联程度。

【案例11-1】募集资金定期存款利息是否属于非经常性损益？

（1）案例背景。

近年来，新上市公司因募集资金产生的利息收入普遍较上市前有较大增长，并且对公司当年利润贡献也较大。公司财务费用利息收入来源有两个途径：一是银行存款，二是资金拆借。创业板严格的监管杜绝了拆借资金的可能性，募集资金存款成为利息收入大涨的主要原因。由于对存量募集资金高风险投资的监管限制，新上市公司纷纷采用定期存款、协定存款和通知存款（以下简称“定期存款”）等形式予以存放，其目的是在合规前提下，获取尽可能高于活期存款利息的收益。募集资金定期存款利息为一些创业板新公司带来了一笔“外快”收入。

问题：募集资金定期存款利息是否属于非经常性损益？

（2）案例解析。

如果公司把规则中列举项目认定为经常性损益的，应当在附注中披露规则中已列举但未被公司认定为非经常性损益项目的名称、金额及原因。

如果公司把规则中未列举的项目认定为非经常性损益的，若金额不重大，应将其计入“其他符合非经常性损益定义的损益项目”列报，若金额重大，则应单列其项目名称和金额；同时，还应在附注中披露该项目名称、金额及原因。

本案例中，单独从募集资金产生定期存款利息的性质来看，的确与上市公司日常经营活动无关，从募集资金利息的发生频率来看，也确实存在偶发性的特点。

但是，上市公司发行股份募集资金，本质上属于一种融资行为，一方面增加上市公司的资产，另一方面增加其股本和资本公积。在募集资金投入使用之前，以定期存款的方式产生利息收入，其收益率为定期存款利率；在募集资金被用于募投项目并投产之后，带来项目投资收益。两者只是资产以不同的形态存在从而带来不同的收益。而且，相比之下，定期存款的利率还很可能相对较低。

此外，从净资产收益率、每股收益等指标来看，在上市公司发行股份募集资金之后，作为分母的净资产账面价值与股份数都有所增加，如果将募集资金产生的存款利息收入从分子中扣除，反而会导致不匹配的结果。

综上所述，募集资金的利息在使用之前产生的定期存款利息不属于非经常性损益。

【案例11-2】增值税退税款是否属于非经常性损益。

（1）案例背景。

A公司为上市公司，主营业务收入主要来自电子信息数据软件销售和服务。根据国家税务总局于2×11年10月印发的《关于软件产品增值税政策的通知》（财税〔2011〕100号）的相关规定，经国家有关税务部门审核批准，A公司享受如下的增值税优惠政策：销售自行开发生产的软件产品按13%的法定税率征收增值税后，对增值税实际税负超过3%的部分实行即征即退。A公司已于报告期内收到2×11年软件产品增值税退税款5 000万元，作为政府补助计入2×11年营业外收入，作为经常性损益。

问题：A公司收到的增值税退税款是否属于非经常性损益？

（2）案例解析。

增值税退税是否属于非经常性损益，由于在非经常性损益的列举项目中，仅仅排除了“与公司正常经营业务密切相关，符合国家政策规定，按照一定标准定额或定量持续享受的政府补助”，所以这里判断的关键是：①增值税退税是否与公司正常经营业务密切相关；②是否属于定额定量的政府补助。

增值税退税是否与公司正常经营业务密切相关，这个问题比较明确。由于A公司的主营业务就是软件销售，因此与软件销售相关的增值税退税与公司正常经营业务密切相关。

其次，是否属于定额定量的政府补助。非经常性损益判断标准中的定额定量标准侧重于此项政府补助是否属于国家持续的产业政策扶持，是否具有可持续性。

A公司所收到的增值税退税与其主营业务密切相关、金额可确定（当期已经收到）且能够持续取得，应该能够体现公司正常的经营业绩和盈利能力，因此应属于经常性损益。

【案例11-3】汇兑损失是否属于非经常性损益。

（1）案例背景。

A公司为上市公司，2×10年A公司为进口设备而发生了日元借款，该日元借款按照期末汇率折算产生汇兑损失400万元。A公司将其作为非经常性损益，理由是汇率变动与公司的经营业务无直接关系。

A公司年报显示，该公司取得的4年期日元借款年利率为4%，而同时取得的4年期人民币借款年利率为5.7%。

问题：A公司上述汇兑损失是否属于非经常性损益？

（2）案例解析。

非经常性损益的定义为“与公司正常经营业务无直接关系，以及虽与正常经营业务相关，但由于其性质特殊和偶发性，影响报表使用人对公司经营业绩和盈利能力作出正常判断的各项交易和事项产生的损益”。

A公司因进口设备发生日元借款，属于公司正常经营过程中的固定资产投资和筹资行为，很难界定为与公司正常经营业务没有直接关系。此外，我们知道，汇率波动在理论上主要是由于两个国家的利率差造成的。

本案例中，A公司日元借款的年利率明显低于人民币借款，日元借款带来的利息费用也就相应偏低，而汇率波动带来的汇兑损失从理论上和实际结果上都是对日元借款利息在一定程度上的调整，不能将二者剥离开来，简单地因为日元借款汇兑损失的性质特殊就将其作为非经常性损益。

【案例11-4】与取得政府补助直接相关的费用是否应计入非经常性损益。

（1）案例背景。

2×13年1月，A公司受邀参与国家某科研项目，国家因此给予A公司一定补助，金额为100万元，用于补偿其以后发生的相关费用，假设符合政府补助定义，A公司将这100万元计入递延收益。2×13年，A公司因从事该科研项目的研发活动而发生相关费用120万元，计入当期损益。按照《企业会计准则第16号——政府补助》的相关规定，A公司将相关政府补助从递延收益转入当期损益（营业外收入），并作为非经常性损益项目。A

公司参与该科研项目所发生的相关费用仅为该项目的专项支出，如果A公司无须实施该项目，则不会发生上述费用。

问题：A公司因从事上述科研项目的研发活动而发生的相关费用120万元，是否应作为非经常性损益项目？

（2）案例解析。

公司在判断某事项是否属于非经常性损益时，不仅需参考《公开发行证券的公司信息披露解释性公告第1号——非经常性损益（2008）》中所列举的示例，还应结合该事项的具体情况，根据非经常性损益的定义作出判断。

据A公司介绍，该科研项目与A公司的日常经营活动无密切关系，其可能形成的研究成果也无法直接应用于A公司的日常经营活动中。

由于A公司所参与的该科研项目与其日常经营活动无密切关系，所发生的相关费用仅为该科研项目的专项支出，如果A公司无须实施该项目，则不会发生上述费用。因此，相关费用符合《公开发行证券的公司信息披露解释性公告第1号——非经常性损益（2008）》中非经常性损益的定义，应作为非经常性损益项目。

此外，由于《公开发行证券的公司信息披露解释性公告第1号——非经常性损益（2008）》中所列举的示例中没有关于上述费用的专门项目，因此，应作为“其他符合非经常性损益定义的损益项目”，并根据相关规定在附注中单独作出说明。

【案例11-5】金融资产在持有期间取得的利息或现金股利以及其他债权投资所计提的信用减值损失是否属于非经常性损益。

（1）案例背景。

随着经济环境的变化，上市公司参与金融证券投资的活动越来越多。证监会2008年发布的《公开发行证券的公司信息披露解释性公告第1号——非经常性损益（2008）》提出，非经常性损益通常包括：除同公司经营业务相关的有效套期保值业务外，持有交易性金融资产、交易性金融负债产生的公允价值变动损益，以及处置交易性金融资产、交易性金融负债和可供出售金融资产取得的投资收益。

问题：交易性金融资产和其他债权投资在持有期间取得的利息或现

金股利以及其他债权投资所计提的信用减值损失是否作为非经常性损益项目？

（2）案例解析。

《公开发行证券的公司信息披露解释性公告第1号——非经营性损益（2008）》在非经列举项目上，对于金融资产产生的损益只明确了公允价值变动以及处置所确认的损益，一般而言应作为非经项目，对于金融资产在持有期间取得的利息、股利以及计提减值并未明确规定。因此，在分析交易性金融资产和其他债权投资在持有期间取得的利息或现金股利以及其他债权投资所计提的信用减值损失是否作为非经常性损益项目时，我们认为，应首先根据非经常性损益的定义分析企业持有这些金融资产是否属于其日常经营活动之一，如果是，还需要分析是否属于偶发性事项。

以商业银行为例，银行是经营货币资金的企业，其业务经营范围受金融法律的监管。根据现行的《中华人民共和国商业银行法》第三条，商业银行可以经营的业务包括吸收公众存款；发放短期、中期和长期贷款；办理国内外结算；买卖政府债券、金融债券等十四类业务。

商业银行投资有价证券的主要目的包括：

①业务多元化，降低风险。证券投资为银行分散资产提供了一种选择，以避免银行资产过于集中在贷款上。

②获取利润。银行投资有价证券产生的收益包括在证券持有期间获得的利息收入以及证券的增值收入。

③保持流动性。有价证券可以克服现金缺乏盈利的弱点，又具有较高的流动性，因此是商业银行进行日常流动性管理的重要工具。

综上分析，对于商业银行而言，其持有交易性金融资产和其他债权投资产生的损益一般与其正常经营业务直接相关，且交易性质并不特殊，也不是偶发性事项，一般属于经常性损益。

【案例11-6】资金占用费作为营业收入是否属于经常性损益。

（1）案例背景。

A公司为上市公司，根据A公司自身业务性质和营业执照范围，A公司属于非金融企业。A公司的子公司B的核心业务包含保理业务，即向客户提供一系列的销售融资、应收账款融资等综合金融服务。保理业务收入主要包括应收保理款的利息收入，实质上是向客户收取的资金占用费，一般按照融资规模的一定比例收取，因此保理服务费也作为与应收款项直接相关的费用。在B公司的财务报表中，B公司将保理业务收入作为营业收入列报。在A公司的合并财务报表中，A公司认定子公司B的保理业务属于集团日常经营活动的组成部分，也将保理业务收入列报为营业收入。

问题：非金融企业收取资金占用费作为营业收入，是否可以作为经常性损益？

（2）案例解析。

在对相关收入是否属于非经常性损益的判断过程中，上市公司自身的企业性质并不是决定性的判断因素，而仍应当从非经常性损益的定义出发，结合相关收入的具体情况进行分析和判断。同时，尽管在非经常性损益的规定中，举例提及“计入当期损益的对非金融企业收取的资金占用费”，但并不意味着资金占用费性质的收入必然属于非经常性损益，公司仍可以依据自身情况作出具体判断。

本案例中，如果保理业务构成A集团子公司B的核心业务，且该业务并非临时性、偶发性，则在A公司合并财务报表中，子公司B从事保理业务取得的收入，可以作为经常性损益列报。

【案例11-7】企业集团中关于非经常性损益的判断。

（1）案例背景。

A公司是一家以生产制造为主业的上市公司。2×16年，A公司向独立第三方非金融企业提供银行委托贷款并按照市场利率收取资金占用费。在个别报表中，A公司将相关资金占用费作为非经常性损益进行了披露。A集团中包括一家持有金融牌照的子公司，可以提供贷款等金融服务，相关利息收入作为经常性损益进行披露。

问题：A公司的资金占用费在合并报表中是否可以作为经常性损益？

（2）案例解析。

根据证监会发布的《公开发行证券的公司信息披露解释性公告第1号——非经常性损益（2008）》中的定义，非经常性损益是指与公司正常经营业务无直接关系，以及虽然与正常经营业务相关，但由于其性质特殊和偶发性，影响报表使用人对公司经营业绩和盈利能力作出正常判断的各项交易和事项产生的损益。同时，解释性公告第1号结合非经常性损益的定义，对常见的非经常性损益项目进行了列举，其中也包括本案例对非金融企业收取资金占用费的情况。《企业会计准则》要求，在编制合并财务报表时，应当将整个企业集团视为一个会计主体，按照统一的会计政策，反映企业集团整体财务状况、经营成果和现金流量。然而，在进行非经常性损益的判断中，对于企业集团内的损益项目应基于单独公司进行。

本案例中，子公司持有金融牌照从事常规性金融业务，收取的贷款利息等收入与其正常经营业务相关，可以作为经常性损益。从A公司自身业务性质来看，委托贷款业务与公司日常经营业务并无直接关系，应被划分为非经常性损益。在合并报表中，A公司向非金融企业收取的资金占用费并不能因为合并范围内有子公司存在相关经营范围而被重新划分为经常性损益。

【案例11–8】股权激励费用是否为非经常性损益。

（1）案例背景。

A公司为上市公司。2×16年A公司通过并实施了股权激励计划。根据企业会计准则关于股份支付的规定，A公司将当期取得的服务计入成本或费用，在年报披露中，相关费用被披露为非经常性损益。

问题：A公司的股权激励费用确认为非经常性损益是否合理？

（2）案例解析。

对于很多实施股权激励的公司而言，从其历史来看，公司并没有推出过类似计划；另外，由于单项股权激励计划涵盖一定期间，未来公司可能也不会频繁推出类似激励计划。由于上述原因，实务中有些公司认为股权激励计划具有一定的偶发性并且性质也具有一定的特殊性，将相关费用确认为非经常性损益。

虽然在支付对价的方式上，股权激励计划是以股权工具或基于股权工具而确定的金额支付，与常见的工资、奖金等职工薪酬的形式存在差异。但是，无论是职工薪酬还是股权激励都仅是为了同一目的而采取的不同形式，根本上还是企业为获取职工服务支付的对价，是与企业人工相关的费用。企业雇佣员工，产生相应人工费用属于企业正常经营所必需的，并不符合非经常性损益的定义。因此，不应因股权激励采取的对价形式而将相关费用作为非经常性损益。

【案例11-9】商誉减值是否属于非经常性损益？

（1）案例背景。

A公司以2×13年6月30日为收购基准日，非同一控制下收购标的公司80%股权，转让款分两期支付，A公司以现金支付了第一期价款，第二期股权转让价款的金额根据未来盈利状况确定的最终交易总金额计算。并购日，公司基于对标的公司未来业绩的预测，确认了第二期股权应付款。由于标的公司2×13年和2×14年利润未达到承诺，第二期股权转让价款无须支付。2×14年年末A公司将第二期股权应付款结转至损益，此外计提了商誉减值准备。

问题：因重组标的业绩未达承诺计提的商誉减值是否属非经常性损益？

（2）案例解析。

并购重组实务中，交易标的出售方一般会对交易完成后交易标的在一定期间的利润作出承诺。在标的资产未按预期实现承诺利润时，出售方会以股份或现金方式给予上市公司补偿。由于补偿仅针对并购重组交易完成后的特定期间，正常经营情况下，企业取得业绩补偿款不具有持续性，根据解释性公告第1号的规定应确认为非经常性损益。同时，因并购重组产生的商誉，其减值与企业的其他长期资产（如固定资产、无形资产等）减值性质相同，属于企业日常经营活动产生，应作为企业的经常性损益。

【案例11-10】房地产企业出售项目公司股权是否构成非经常性损益。

（1）案例背景。

A地产公司（以下简称“A公司”）于2×17年年度发生了以下两项交易。

交易一：

2×17年3月3日与B信托公司（以下简称“B信托”）签署股权转让协议，将全资子公司C公司100%股权转让给B信托公司。C公司的主要资产为持有D公司65%的股权并拥有实际控制权。D公司主要资产为北京某商业大厦，其中部分出租部分自用（合并报表层面，自用部分作为固定资产和无形资产核算，出租部分作为投资性房地产核算）。

A公司与B信托公司于2×17年7月3日完成C公司100%股权交割。A公司出售C公司100%股权形成投资收益2.03亿元。

A公司把与商业大厦项目中自用部分的固定资产及无形资产相关的股权投资收益金额0.26亿元作为非经常性损益列示，将与出租部分的投资性房地产（以公允价值计量）科目相关的股权处置损益1.77亿元作为经常性损益列示。

交易二：

2×17年5月15日，A公司与甲公司签订股权转让协议；将其所持乙公司的100%股权转让给甲公司。乙公司主要资产为天津市某住宅项目100%权益，该项目包含M和B两地块。M地块一期已基本售罄，M地块二期已经取得土地使用权证，尚未开始建设。B地块已经取得土地使用权证、工程规划许可证和施工许可证，但自2×13年停工至今。

本次股权出售于2×17年8月15日完成交割，A公司获得投资收益3.06亿元。A公司将出售乙公司100%股权取得的投资收益3.06亿元作为经常性损益列示。

问题：A公司对于上述交易产生的损益是否属于非经常性损益?

（2）案例解析。

房地产企业以转让子公司股权的形式转让一项物业资产时，在个别财务报表层面，相关处置损益会体现为股权处置损益在投资收益中反映，该投资收益是作为经常性还是非经常性损益项目，目前实务中有两种处理观点：

观点一：由于处置的是项目公司股权，属于《公开发行证券的公司信息披露解释性公告第1号——非经常性损益（2008）》所列举的非经常性损益项目的“非流动性资产处置损益”，因此应当作为非经常性损益。

观点二：不能简单地认为，只要处置公司股权，相关损益就一概列为非经常性损益，而应视具体案例结合非经常性损益定义具体分析。

就房地产行业而言，出于税收或者其他一些因素的考虑，通过转让股权的方式实现对房地产存货或物业资产的转让，在实务中也很常见。

公司应穿透该股权形式，根据项目公司所开发基础资产的性质和类别，分析该项转让是否与公司常规业务相同。通常而言，基础资产在合并财务报表可能的资产类别包括存货（原材料、半成品和产成品）、固定资产/无形资产、投资性房地产。

如果公司常规业务是房地产项目开发完成后出售，则通过转让股权方式把一项待开发的土地使用权和部分开发成本一次性出售所取得的投资收益，应当作为非经常性损益。这与处置固定资产或者投资性房地产等长期资产适用的判断类似。

但是，如果转让股权所对应的基础资产实质上是已开发完成的房屋存货，并且出售开发完的房屋属于公司的常规业务，则股权处置损益应列为经常性损益，且公司能提供充足的证据（如近些年出售类似项目子公司股权的频率足够高、金额足够大）证明其为常规业务，公司均是通过这种方式来获利，此情况下可作为经常性损益。

上述观点二更符合解释性公告第1号的原则。

【案例11-11】重组费用（如中介机构服务费）能否作为非经常性损益。

（1）案例背景。

T公司拟向某企业发行股份购买资产实施重大资产重组。T公司委托一家会计师事务所对重组期间的财务报表进行审计，委托一家证券公司作为本次重组的独立财务顾问。

问题：券商、会计师等中介机构服务费能否作为非经常性损益?

（2）案例解析。

解释性公告第1号在非经常性损益项目中所列举的企业重组费用，主要包括安置职工的支出、整合费用等，并不包括上述重大资产重组的中介机构费用。判断一项损益是否为非经常性损益，除了关注相关规定中列举的项目以外，还需紧密围绕非经常性损益的定义，考虑该项损益与企业的正常经营业务有无直接关系。

并购重组是企业的正常经营活动，涉及的资产也属于经营性资产，券商、会计师等中介机构的费用是发生此类交易的必要合理支出，列为经常性损益项目更为合适。

非经常性损益判断的特殊情况总结如表11-1所示。

表 11-1　　非经常性损益判断的特殊情形总结

序号	情形	判定	简要分析
1	募集资金定期存款利息是否属于非经常性损益？	否	（1）存款利息收入与投入募投项目产生投资收益，只不过是以不同的形态存在从而带来不同的收益；（2）计算净资产收益率时，分子扣除存款利息收入，导致与分母不匹配
2	增值税退税款是否属于非经常性损益？	否	（1）与公司正常经营业务密切相关；（2）属于国家持续的产业政策扶持，具有可持续性
3	汇兑损失是否属于非经常性损益？	否	日元借款的年利率明显低于人民币借款，汇率波动带来的汇兑损失从理论上和实际结果上都是对日元借款利息在一定程度上的调整，不能将二者剥离开来
4	与取得政府补助直接相关的费用是否应计入非经常性损益？	是	该科研项目与其日常经营活动无密切关系，形成的研究成果也无法直接应用于公司的日常经营活动中，应作为“其他符合非经常性损益定义的损益项目”
5	金融资产在持有期间取得的利息或现金股利以及其他债权投资所计提的信用减值损失是否属于非经常性损益？	具体分析	（1）首先根据非经常性损益的定义分析企业持有这些金融资产是否属于其日常经营活动之一，如果是，还需要分析是否属于偶发性事项；（2）对于商业银行而言，一般属于经常性损益
6	非金融企业收取资金占用费作为营业收入，是否可以作为经常性损益？	是	（1）资金占用费性质的收入不必然属于非经常性损益，公司可以依据自身情况作出具体判断；（2）业务并非临时性、偶发性，可以作为经常性损益列报
7	企业集团中关于非经常性损益的判断？	具体分析	（1）在进行非经常性损益的判断中，对于企业集团内的损益项目应基于单独公司进行；（2）在合并报表中，A公司向非金融企业收取的资金占用费并不能因为合并范围内有子公司存在相关经营范围而被重新划分为经常性损益
8	股权激励费用是否为非经常性损益？	否	（1）股权激励的目的是为获取职工服务，人工费用属于企业正常经营所必需的，不符合非经常性损益的定义；（2）不应因股权激励采取的对价形式而将相关费用作为非经常性损益
9	商誉减值是否属于非经常性损益？	否	（1）企业取得业绩补偿款不具有持续性，根据解释性公告第1号的规定应确认为非经常性损益；（2）并购重组产生的商誉，其减值与企业的其他长期资产（如固定资产、无形资产等）减值性质相同，属于企业日常经营活动产生，应作为企业的经常性损益

续表

序号	情形	判定	简要分析
10	房地产企业出售项目公司股权是否构成非经常性损益?	具体分析	(1)如果公司常规业务是开发完成后出售，则通过转让股权方式把一项待开发的土地使用权和部分开发成本一次性出售所取得的投资收益，应当作为非经常性损益；(2)如果转让股权所对应的基础资产实质上是已开发完成的房屋存货，并且出售开发完的房屋属于公司的常规业务，则股权处置损益应列为经常性损益；(3)应穿透该股权形式分析
11	募集资金定期存款利息是否属于非经常性损益?	否	(1)存款利息收入与投入募投项目产生投资收益，只不过是以不同的形态存在从而带来不同的收益；(2)计算净资产收益率时，分子扣除存款利息收入，导致与分母不匹配

注：以上分析结论基于本中具体案例中的内容，切莫应用不当。

第12章

股利分配尽职调查

股权投资尽职调查内容一般是投资标的公司的如下事项：公司设立及存续、历史投资情况、公司治理与组织结构、附属公司与分支机构、经营业务情况、公司重大经营合同及履行情况、主要资产、劳动人事、关联方及关联交易、借款和担保、税收及财政补贴、诉讼和守法情况等。笔者就其中部分内容——历史投资情况、公司治理与组织结构、经营业务情况、公司重大经营合同及履行情况、主要资产、关联方及关联交易进行阐述。

关注点49 公司股利分配政策

1.股利分配目的

针对股权激励目的的尽职调查，主要是帮助企业经营者明确股权激励所要达成的目的。尽职调查主要以访谈了解为主，其调查的操作步骤主要有：

（1）通过公开信息渠道了解本行业其他企业的股权激励情况；

（2）向公司的实际控制人及关键人员发送访谈清单，请实际控制人和相关人员及时作出反馈；

（3）律师根据反馈情况与相关人员进行面谈；

（4）整理面谈的结果、分析并确定股权激励的目的。

在实践中，决定股权激励目的的主要因素是公司控制者的意愿。尽职调查过程中，通过资料搜集及审查，帮助公司的控制者梳理目的，并了解激励对象和其他股东的意愿。针对股权激励目的的尽职调查内容比较多，针对公司情况的调查包括：

（1）各种经营资质、证照；

（2）是否存在超经营范围及超资质的不合规情形；

（3）公司的风控体系和规范措施的完善情况；

（4）公司主要产品的市场前景、技术优势及后继研发能力；

（5）公司主营业务、行业特点（一般是通过梳理重大业务合同、了解审计财务报告，以及梳理主营业务上下游客户情况来了解）；

（6）公司的人员结构、组织架构；

（7）公司的战略目标；

（8）公司融资情况；

（9）公司目前遇到的发展问题；

（10）是否收到过行政处罚以及诉讼仲裁；

（11）其他情况。

针对股权激励目的的尽职调查审查的资料内容涵盖公司管理的方方面面，一般我们是以尽调清单列举的方式呈现。初创企业需要资金，由于业务还在起步，资产还在筹建，往往通过股权融资方式获得资金。制定股权激励方案，必须考虑企业融资情况的影响。

如果公司还没拿到最基本的天使轮融资，那么股权激励的首要目标，可能就是想让公司存活下来，绑定创业团队。如果公司已经拿到了融资，就必须在尽职调查中明确投资协议的要求。

例如，为了保证创业团队的人力资本稳定性，有的投资人会要求公司要完成或者正在实施股权激励。这样，律师就需要按照投资人的要求，帮助公司搭建符合要求的股权激励架构。如果已经实施的架构存在问题，则应当进行调整，以免违约。同时还要为将来的融资预留股权空间。

2. 股利分配对象

合伙创业中，“人和”是股权激励最重要的目标。把能够帮助企业实现股权激励目标的人员都纳入股权激励的范围，充分利用好公司股东、高管及员工的人力资源。

针对股权激励对象的尽职调查主要侧重于了解企业所有员工的情况。包括其所在岗位、层级，所在部门、对公司的贡献等。因此对公司人员的尽职调查需要以了解企业组织架构为基础。

律师在此阶段工作中，需要了解公司现有的人员结构，并且了解公司未来的人员规划并对未来人力资源结构提出建议，然后协助公司选出最适合的激励对象。

我们还必须明确，股权激励的目的是实现某一特定阶段公司的战略目标。例如，有些股权激励方案中，公司希望把公司上下游的合作方也作为股权激励对象。为什么不仅限于公司内的人员呢？因为实质上，激励是为了促成公司战略目标的实现，而这些上下游的合作方，对于公司战略目标的达成有关键作用，因此需要激励。

如果股权激励的目标是为了留人，则需要关注哪些人才与公司的战略目标契合，哪些人才缺乏；如果其目标是通过激励面向员工融资，那激励对象范围可适当扩大，在满足公司控制权要求的前提下，激励数量可以更多些。

股权激励对象的尽职调查，和一般的尽职调查类似，都是通过向公司发出尽职调查清单，访谈实际控制人、股东和人力资源负责人等对公司人员情况比较了解的关键人物，进而根据公司的清单反馈结果，调阅相关调查资料进行统计分析整理，如员工岗位、花名册、职称、学历证明等，对有疑问的部分进行针对性的沟通。最后结合公司的战略目标，通过分析确定股权激励对象。

在这种尽职调查中，我们侧重的是与岗位和人员信息密切相关的各种信息。其中尤其关注相关人员对于公司主营业务及公司发展的贡献程度。

股权激励对象的尽职调查过程中，律师主要查阅以下文件资料：

第一是公司制度，如企业的劳动人事规章制度、人员考核和管理文件，并结合企业劳动用工的制度沿革及现状。

第二是人员情况，如全体员工名册，详细载明职位、级别、工龄、学历、特殊贡献历史等可能对持股产生影响的因素。还有董事会监事会高管成员的组成和简介，如经理级以上管理人员及核心岗位人员的情况。

第三类是各种文件，如劳动合同、聘用合同等用工类文件，企业劳动合同范本和签署的样本；参保情况，查阅相关社保登记证；各类职业许可或职称证明。

第四类是公司内部组织，如工会人员及财务状况等。

第五类是关联方情况调研。

3.股利分配模式

股权激励的模式，常见是分为“实股”和“虚股”两大类，所谓实股就是受激励对象可以获得真实股权，获得股东身份；所谓虚股就是受激励对象不能获得真实股权，不能取得股东身份，但可以享受股权上的一些财产性权利，如分红权等。具体的股权激励模式非常多样，可以参阅图12-1。

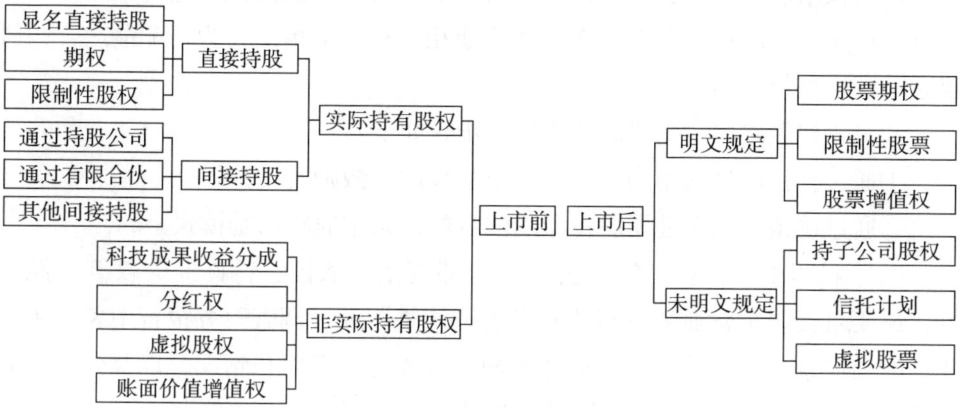

图12-1　股权激励模式

（1）实股模式。

股权激励的实股模式，是指被激励对象获得的股权，具备与股权数量相对应的、完整的自益权和共益权等完整权能，并且能够对相关权利进行转让、继承和处置。

常用的股权激励实股模式有显名持股、期权、限制性股权等直接持股方式，还有通过持股公司或者通过有限合伙，或者另外通过其他的间接方式持股。

被激励对象要获得以上实股，可通过出资购买、赠与、技术入股、期股、延期支付、分红支付等方式实现。为了达到激励的实际效果，建议被激励对象要为获取相关股权支付一定的对价，可以支付现金，也可以设置某些必须达到的目标条件，在其达成后获得相应股权。

（2）虚股模式。

股权激励的虚股模式，是相对实股而言的概念，是公司为了激励对象专门设置的一种“模拟”股权，往往是被激励对象可以因此获得分红权和股权升值的收益，但却不具备股权的完整权能，如不具备表决权和提案权等股东权益。虚股还可以设置条件，不能转让或出售，在持有人离开企业时自动失效等。

常用的股权激励虚股模式有科技成果收益分成、分红权、股权增值权、虚拟股权等功能，其最重要的就是分钱的功能，让被激励对象切切实实享受到财产权利，却非实际持有股权。这种模式一般适用于现金流比较充裕的企业。

在股权激励的尽职调查阶段，暂时不需要对股权激励模式进行确定，要是通过对相关内容的尽职调查，对照同行业相近企业的情况，为匹配最适合的股权激励模式奠定基础。

针对股权激励模式的尽职调查操作步骤如下：

①通过公开信息搜集同行业相近企业采用的激励模式；

②通过访谈，结合公司股权激励的目的，确定股权激励模式。

在尽职调查中，要了解的公司的全部资质、认证、特许经营权等证照许可，还要对公司主营业务及行业特点进行调查。通过调查财务报告中关于主营业务的描述，并结合公司重大业务合同、主要上下游客户情况，以及公司控制人及核心管理人员对于主营业务的陈述获得相关行业特点的信息。

此外，对于公司是属于初创期还是成长期、稳定期还是持续发展期，这需要根据公司的盈利预测报表、公司访谈、公司现金流量变化情况来判断。另外同行业其他企业实施股权激励的模式，对公司的股权激励计划有非常好的参照作用，这些也需要大量的数据材料收集。

4.股利分配的股权数量

股权激励的数量是指公司拟用于股权激励的股权数额，包括总量和个量两个层面。总量是指公司股东用于股权激励的股权在公司股权总额中的占比，即准备用来进行股权激励的股权数额总量。个量是指每个股权激励对象获得的股权数量，即分配给每一位激励对象的个体持股比例。

主导“总量”核心是股东的意愿。在尽职调查中，需要了解公司股东准备用多少股权来进行股权激励，准备花多少钱来进行股权激励。

主导“个量核心，还涉及股权激励方案的公平和合理性。股权激励的最终效果与个体激励持股数量息息相关。

总量和个量的设置，除了股东意愿与潜在被激励对象的意愿以外，必须考虑企业的股权结构、注册资本、出资情况及员工岗位数量、收入情况等，这必须在尽职调查阶段进行深入了解。

针对股权激励数量的尽职调查操作步骤如下：

（1）资料收集，包括公司的注册资本、股权结构、股东出资情况等；

（2）与公司的创始股东进行沟通，了解其愿意用于股权激励的总量和个量的分配，了解创始股东对控制权的要求；

（3）了解员工收入情况，了解其承受程度。

5.股利分配的股权来源

股权激励的股权来源，包括股权转让或者增资。在方案设计前，必须了解转让和增资这两种形式中，哪种更适合公司的实际情况，为此要在尽职调查中主要关注企业股权结构和股东意愿。

在有限责任公司中，如果采用转让方式，要核实股权有无质押或者股权纠纷等转让限制，而且要处理好股东优先购买权问题，如提前获得其他股东放弃优先购买权的声明。如果采用增资，如用同比例稀释的方式进行时，要确认有没有反稀释条款。另外还需要关注是否存在股权代持的情况及原因，以免因此影响股权激励计划的实施。针对股权激励的股权来源的尽职调查操作步骤如下：

（1）通过访谈了解股东意愿；

（2）提供律师意见，通过转让或者增资的形式进行股权变更；

（3）其他股东承诺放弃优先购买权（主要是针对有限责任公司）。

关注点50　近两年分配情况

1.股利分配的价格

通过对公司财务数据、经营状况的分析以及交谈，全面了解与股权激励价格相关的信息，为股权激励方案设计环节确定股权价格提供依据。

确定股权激励的价格需要审查公司注册资本、财务报表净资产值、上半年经审计的净资产值、最近一期经评估的净资产值，以及最近一次对外融资估值等。

如果能获取在市场上采用相同股权激励模式的同类企业所确定的股权激励价格，也具备很好的参照性。如深入了解参照股东、被激励对象、投资方对于能够接受的股权激励价格的访谈记录。针对股权激励的价格的尽职调查操作步骤如下：

（1）与员工进行访谈，了解员工对价格的接受程度以及对价格的预期；

（2）收集上述与股权激励价格有关的资料；

（3）了解采用相同股权激励模式的同类企业确定的股权激励价格。

2.股利分配的载体

股权激励方式分为直接持股和间接持股，其中，直接持股的载体为自然人，间接持股的载体为持股平台。股权激励持股平台主要包括有限责任公司、有限合伙企业。

在尽职调查阶段，需要了解清楚公司的股权架构和治理结构，了解公司股东对控制权的要求，还需要关注税收筹划方面的要求、被激励对象数量及其重要性。

如果选择有限合伙企业作为持股平台，公司控制权一般就会通过合伙协议的约定，集中在GP（普通合伙人）身上。而如果选择有限责任公司作为持股平台时，各股东就会按照持股比例享有表决权、分红权等股权权利，在这种情况下，如果要进行控制权的集中，还需要另外进行额外约定或者将特定的股东权利授予董事会集中行使。

根据规定，有限责任公司要缴纳企业所得税，有限合伙企业要缴纳个人所得税，两者税负差别比较大。对于股权激励模式的选择，一般都会结合企业税收筹划要求进行综合考虑。在企业希望控制权集中且税负较低时，可以推荐使用有限合伙作为股权激励的载体，并且可以在某些税收优惠政策比较好的地区设立。

另外，被激励人员的数量以及在企业中的重要性也会影响持股载体模式选择，有些人数特别众多的企业，可以选择合适的金融产品作为载体，同样可以达到激励的目的。

针对股权激励载体尽职调查的操作步骤主要是对公司实际控制人进行访谈，并解释不同载体之间的区别。

3.股利分配的时间

不同的股权激励模式所涉及有几个时间期间，如期权模式中有行权期、禁售期、锁定期等，而每种股权激励方案持续的时间区间对激励效果影响不同。影响这些时间的要素包括回款周期、人员流动性，以及设定的战略目标预期实现时间。

一般重资产行业的回款周期一般较长，轻资产行业的回款周期通常较短，假如公司需要较长的业务回款周期才能实现盈利，那么在方案中我们设置的激励周期就不能太短，否则激励对象还没机会等到公司盈利或者估值增长，行权期就到了，无法体现激励效果，因此股权激励行权期要覆盖业务回款周期。

我们需要通过审查公司财务报表、分析营业状况，了解公司回款周期。然后需要审查公司劳动合同，就劳动用工了解人员的流动性情况，并结合整个行业的人员流动性进行考虑。

对于战略目标的实现时间，需要与公司控制人进行交流，如果控制人对战略目标不清晰，可以帮助其梳理，如查看同行业上市公司历史沿革来参考和判断。针对股权激励时间的尽职调查操作步骤如下：

（1）就公司的业务回款周期、人员流动性以及战略目标实现的时间筹划等内容，对公司的实际控制人以及财务人力资源负责人进行访谈；

（2）调阅与股权激励时间有关的资料。

4.股利分配的规则

股权激励的规则，包括了行权时间规则、行权条件规则以及绩效考核规则。这些规则与企业本身原有的制度应当是互相适应、共成体系。因此，在尽职调查期间需要了解清楚企业的内控制度，薪酬制度、绩效考核制度、奖金制度等与员工收入及福利密切相关的制度，并且结合劳动人事规章及管理制度，从而设定最适合公司的股权激励规则。

一方面，我们访谈公司实际控制人及人力资源负责人，另一方面审查相关的管理及考核制度文件，获得第一手的资料。在设计股权激励方案时，利用公司原有的制度，来设计股权激励的方案退出、强制转让等规则。针对股权激励的规则的尽职调查操作步骤如下：

（1）访谈公司实际控制人以及人力资源负责人，了解公司的薪酬制度、绩效考核制度等；

（2）收集公司的人事管理、考核等文件和资料。

股权激励采用的规则与公司原有的制度应当保持一致性，不能自相矛盾。最好能够充分地利用公司原有的规则，实现股权激励方案落地后的执行工作。公司员工手册中的纪律类的规定，这些规定可以与股权激励方案的退出、激励股权的强制转让等挂钩。

企业内部控制环境的好坏对于公司经营及股权激励的成败至关重要。内控环境的要素包括公司治理、机构设置和权责划分、人力资源管理、企业文化、内部审计等，以及公司治理是否规范、组织架构设置是否合理规范和健全。在尽职调查过程中，重点审查是否存在机构重复、岗位重叠、岗位职责不清的问题。

第13章

合并财务报表尽职调查

合并财务报表，是以母公司及其子公司组成会计主体，以控股公司和其子公司单独编制的个别财务报表为基础，由控股公司编制的反映抵消集团内部往来账项后的集团合并财务状况和经营成果的财务报表。合并报表包括合并资产负债表、合并损益表、合并现金流量表或合并财务状况变动表等。对合并财务报表开展尽职调查，能够反映企业母公司所控制的企业集团整体财务风险、合格状况，是财务尽职调查的关键。

关注点51 合并范围及确定依据

1. 以“控制”为基础，确定合并范围

合并财务报表的合并范围应当以控制为基础予以确定。

控制，是指投资方拥有对被投资方的权力，通过参与被投资方的相关活动而享有可变回报，并且有能力运用对被投资方的权力影响其回报金额。

投资方在判断能否控制被投资方时，具体判断有七点。

（1）被投资方的设立目的和设计。

当判断对被投资方的控制时，投资方应考虑被投资方的设立目的及设计，以明确哪些是相关活动，相关活动的决策机制；谁拥有现时能力主导这些活动；以及谁从这些活动中获得可变回报。

（2）判断通过涉入被投资方的活动享有的是否为可变回报。

①可变回报的定义。

享有控制权的投资方，通过参与被投资方相关活动，享有的是可变回报。可变回报是不固定且可能随着被投资方业绩而变化的回报，可以仅是正回报、负回报，或者同时包括正回报和负回报。

②可变回报的形式。

投资方在评价其享有被投资方的回报是否可变以及可变的程度时，需基于合同安排的实质，而不是法律形式。例如，投资方持有固定利息的债券投资时，由于债券存在违约风险，投资方需承担被投资方不履约而产生的信用风险，因此投资方享有的固定利息回报也可能是一种可变回报。又如，投资方管理被投资方资产而获得的固定管理费也是一种变动回报，因为投资方是否能获得此回报依赖于被投资方是否获得足够的收益以支付该固定管理费。

③判断投资方是否对被投资方拥有权力，并能够运用此权力影响回报金额。

A.权力的定义

投资方能够主导被投资方的相关活动时，称投资方对被投资方享有“权力”。在判断投资方是否对被投资方拥有权力时，应注意以下几点：

（a）权力只表明投资方主导被投资方相关活动的现时能力，并不要求投资方实际行使其权力。即如果投资方拥有主导被投资方相关活动的现时能力，即使这种能力尚未被实际行使，也视为该投资方拥有对被投资方的权力。

（b）权力是一种实质性权利，而不是保护性权利。

（c）权力是为自己行使的，而不是代其他方行使。

（d）权力通常表现为表决权，但有时也可能表现为其他合同安排。

B.相关活动

（a）识别相关活动。

相关活动是指对被投资方的回报产生重大影响的活动。这些活动可能包括但不限于：商品或劳务的销售和购买；金融资产的管理；资产的购买和处置；研究与开发活动；确定资本结构和获取融资。同一企业在不同环境和情况下，相关活动也可能有所不同。

（b）分析相关活动的决策机制。

就相关活动作出的决策包括但不限于：对被投资方的经营、融资等活动作出决策，包括编制预算；任命被投资方的关键管理人员或服务提供商，并决定其报酬，以及终止该关键管理人员的劳务关系或终止与服务提供商的业务关系。

④两个或两个以上投资方能够分别单方面主导被投资方的不同相关活动

时，如何判断哪方拥有权力。

在具体判断哪个投资方对被投资方拥有权力时，投资方通常需要考虑的因素包括：

（a）被投资方的设立目的；

（b）影响被投资方利润率、收入和企业价值的决定因素；

（c）各投资方拥有的与上述决定因素相关的决策职权的范围，以及这些职权分别对被投资方回报的影响程度；

（d）投资方对于可变回报的风险敞口的大小。

（3）"权力"是一种实质性权利。

①实质性权利。

实质性权利，是指持有人在对相关活动进行决策时，有实际能力行使的可执行权利。通常情况下实质性权利应当是当前可执行的权利，但在某些情况下目前不可行使的权利也可能是实质性权利。

②保护性权利。

保护性权利旨在保护持有这些权利的当事方的权益，而不赋予当事方对这些权利所涉及的主体的权力。

仅持有保护性权利的投资方不能对被投资方实施控制，也不能阻止其他方对被投资方实施控制。

（4）权力的持有人应为主要责任人。

权力是能够"主导"被投资方相关活动的现时能力，可见，权力是为自己行使的（行使人为主要责任人），而不是代其他方行使权力（行使人为代理人）。

在评估控制时，代理人的决策权应被视为由主要责任人直接持有，权力属于主要责任人，而非代理人。

（5）权力的一般来源——来自表决权。

直接或间接持有被投资方半数以上表决权：

①直接拥有半数以上；

②间接拥有半数以上；

③直接和间接合计拥有半数以上。

（6）权力源自表决权之外的其他权利——来自合同安排。

在某些情况下，某些主体的投资方对其的权力并非源自表决权（如表决权可能仅与日常行政活动工作相关)，被投资方的相关活动由一项或多项合同安排决定，如证券化产品、资产支持融资工具、部分投资基金等结构化主体。结构化主体，是指在确定其控制方时没有将表决权或类似权利作为决定因素而设计的主体。主导该主体相关活动的依据通常是合同安排或其他安排形式。

（7）权力与回报之间的联系。

投资方必须不仅拥有对被投资方的权力和因涉入被投资者而承担或有权获得可变回报，而且要有能力使用权力来影响因涉入被投资者而获得的投资方回报。只有当投资方不仅拥有对被投资方的权力、通过参与被投资方的相关活动而享有可变回报，并且有能力运用对被投资方的权力来影响其回报的金额时，投资方才控制被投资方。

2. 纳入合并范围的特殊情况——对被投资方可分割部分的控制

投资方通常应当对是否控制被投资方整体进行判断。但在少数情况下，如果有确凿证据表明同时满足下列条件并且符合相关法律法规规定的，投资方应当将被投资方的一部分视为被投资方可分割的部分，进而判断是否控制该部分（可分割部分）：

（1）该部分的资产是偿付该部分负债或该部分其他利益方的唯一来源，不能用于偿还该部分以外的被投资方的其他负债；

（2）除与该部分相关的各方外，其他方不享有与该部分资产相关的权利，也不享有与该部分资产剩余现金流量相关的权利。

3. 合并范围的豁免——投资性主体

（1）豁免规定。

母公司应当将其全部子公司（包括母公司所控制的被投资单位可分割部分、结构化主体）纳入合并范围。但是，如果母公司是投资性主体，则只应将那些为投资性主体的投资活动提供相关服务的子公司纳入合并范围，其他子公司不应予以合并，母公司对其他子公司的投资应当按照公允价值计量且其变动计入当期损益。

一个投资性主体的母公司如果其本身不是投资性主体，则应当将其控制的全部主体，包括投资性主体以及通过投资性主体间接控制的主体，纳入合并财务报表范围。

（2）投资性主体的定义。

投资性主体的定义中包含了三个需要同时满足的条件：

①该公司是以向投资方提供投资管理服务为目的，从一个或多个投资者处获取资金；

②该公司的唯一经营目的，是通过资本增值、投资收益或两者兼有而让投资者获得回报；

③该公司按照公允价值对几乎所有投资的业绩进行计量和评价。

【提示】投资性主体与非投资性主体的一个区别是投资性主体不打算无限期持有其投资。

（3）投资性主体的特征。

①拥有一个以上投资；

②拥有一个以上投资者；

③投资者不是该主体的关联方；

④该主体的所有者权益以股权或类似权益方式存在。

4.因投资性主体转换引起的合并范围的变化

当母公司由非投资性主体转变为投资性主体时，除仅将为其投资活动提供相关服务的子公司纳入合并财务报表范围编制合并财务报表外，企业自转变日起对其他子公司不再予以合并，其会计处理参照部分处置子公司股权但不丧失控制权的处理原则。

当母公司由投资性主体转变为非投资性主体时，应将原未纳入合并财务报表范围的子公司于转变日纳入合并财务报表范围，原未纳入合并财务报表范围的子公司在转变日的公允价值视同为购买的交易对价，按照非同一控制下企业合并的会计处理方法进行会计处理。

5.控制的持续评估

控制的评估是持续的，当环境或情况发生变化时，投资方需要评估控制的两个基本要素中的一个或多个是否发生了变化。如果有任何事实或情况表明控制的两项基本要素中的一个或多个发生了变化，投资方应重新评估对被投资方是否具有控制。

6.合并财务报表调查

通过查阅公司及其子公司经审计的财务报告，结合对公司投资事项的调查，了解公司与其子公司的股权关系；调查公司合并范围的确定及变动是否合理；公司与其子公司会计期间和会计政策是否一致，不一致时的处理是否符合相关规定；尽职调查所涵盖期间内合并范围是否发生变动；评价公司合并财务报表合并抵销的内容和结果是否准确。

为了查明企业真是经营状况，建议收集企业最近两年一期的所得税纳税申报表和内账财务报表。例如，对于两年一期的所得税纳税申报表，收集2015年度、2016年度汇算清缴的所得税纳税申报表及2017年一期的所得税纳税申报表（直接扫描税务局盖章的纳税申报表）；对于两年一期的内账财务报表，如若企业因保密等考虑不愿提供，可以先行通过签订保密协议的方式处理。另外，是否有虚增业绩还需要进一步的分析，可以从人工、电费、运费等指标去对比分析，企业是否有如账上描述的体量。

关注点52 子公司情况

子公司是指在国际商务中由母公司投入全部或部分股份，依法在世界各地设立的东道国法人企业。子公司在法律上独立于母公司，并拥有独立而完整的公司管理组织体系，因而在经营方面具有较大的独立性和一定的灵活性。同时，子公司的经营活动也要受到母公司的控制，要服从母公司的总体战略和总体利益的需要。但这种控制是间接的，也与母公司拥有股权的比例相关。子公司的经营情况是否并入合并报表，采取的会计政策等都需要重点关注。

对于拥有子公司的企业，建议收集最近两年一期的合并财务报表和母公司财务报表，若企业未编制合并报表，则需要收集母公司及重要子公司最近两年一期的财务报表，包括最近两年一期的所得税纳税申报表及内账财务报表。有的时候子公司尤其是海外子公司会有财务陷阱，所以尽调不能只关注母公司，还需要关注子公司尤其是税务优惠地或者海外的子公司情况。

对于子公司的尽职调查有以下几个关注点需要关注：

1.建议调查对象先从资金流向的角度，整理出公司及其全部各层级子公司的结构，包括公司全称、所有股东姓名及名称、注册资本、股权结构、实际业务。最好能以股权结构图的方式，方便律师现场对调查对象的整体情况的了解，抓住尽职调查的重点。如果子公司过于庞杂，以表格形式，一级一级列出来，将律师希望获得的信息，分门别类地填写进去。律师在审阅股权结构图及表格后，可迅速对需要单独尽职调查的对象，如全资及控股公司作出判断，或按子公司业务的重要性，给予各子公司程度不同的尽职调查。在特定情况下，股权结构图及表格反映的基本信息，可帮助律师知悉需要重点审阅的方面，以及需要获得的文件。以境外投资所设立的企业为例，需主要关注其境内审批的合法性，对于不熟悉的领域，还可尽早开展相关法律研究。

2.在具体的文件审阅上，对于全资、控股公司，尽职调查的细致程度不亚于本部，需要将其按照本部的审慎原则，去开展相关工作，涉及历史沿革、业务经营、资产、税务、人力等方方面面。对全资、控股公司风险的任何问题，都应该视为调查对象本身的问题，不因隔着一个股权投资关系，就避而不谈。有些时候，子公司的设立是迫不得已。例如，本部在广东省的公司，如果业务要拓展到浙江省，那么问题来了，当地可能会有一些优惠政策，但前提是企业必须落地在本省，即必须在本省有全资的、独立法人实体的子公司，而不是分公司，因为涉及税收的缴纳、社保等各方面。如果不考虑利用当地浙江省的优惠政策，设立分公司，跨省管理、结算等都存在一定程度的不便。因此，可能独立法人实体的子公司更适合业务推广和实际的经营。作为尽职调查的律师，对于这一点在认同的基础上，更应该全面地将该类子公司等同于本部对待。

3.出于某种考虑，调查对象也可能通过各种手段处置其对外股权投资企业，如将其解散、清算并工商注销，转让所持有的股权，公司制改制等。对于该类情况，尤其要关注处置过程的合法性，如企业清算是否合法进行、是否存在损害债权人利益的情形、是否合法办理工商注销手续；调查对象转让的股权是否已转让完成，在执行中是否存在纠纷等。为获取该类信息，防止并购方接手调查对象后，因该等以往对外股权投资企业处置中的不合法，而由调查对象承担相应的损失。为此，律师也需相应调查对外股权投资的处置情况，如审阅处置方案，处置过程中的决议、协议等文件，以及处置方案的执行情况等。但要注意的是，毕竟调查对象已不再拥有该等对外股权投资，对其处置情况的尽职调查，要有一个时间限度，通常律师以诉讼时效为基准，如对过往两年、三年对外股权投资企业处置情况的尽职调查。

4.调查对象除对外进行股权性质的投资，还可能在不具有法人资格的合伙企业或事业单位等享有权益，因该等权益也构成调查对象的一项资产，律师也应对其持有该等资产的状况作出调查，并对其是否存在法律问题作出分析和判断。例如，近年来，基金投资非常盛行，通过设立合伙企业，将资金投入该基金内，再进行对外股权投资。此时，调查对象享有的是投资收益，一般不会存在对被投资企业的管理、决策，律师审核的重点不再是被投资企业，而是投资协议中对调查对象投资资产的保护力度。

第14章 关联交易尽职调查

所谓关联交易，是指公司与其关联人之间发生的一切转移资源或者义务的法律行为。其特征是：交易双方中一方是公司，另一方是公司的关联人；交易双方的法律地位名义上平等，但交易实由关联人一方所决定；交易双方存在利益冲突，关联人可能利用控制权损害公司的利益。

关注点53 公司关联方情况

一方控制、共同控制另一方或对另一方施加重大影响，以及两方或两方以上受同一控制、共同控制的构成关联方。关联关系的关联方主要包括：控股股东；其他股东；控股股东以及其他股东控制或参股的企业；对控股股东及主要股东有实质影响的法人或自然人；发行人参与的合营企业；发行人参与的联营企业；主要投资个人、关键管理人员、核心技术人员或与上述关系密切的人士控制的其他企业；其他对发行人有实质影响的法人或自然人。下面依次介绍。

1.对（法人）控股股东（或主要股东）情况调查

（1）要求控股股东填报控股股东基本情况调查表，取得控股股东的营业执照、工商登记表及其他相关文件，取得经当地税务部门和财务部门书面确认为上报的三年一期的财务报告（或审计报告），对调查表内容进行核实验证。

（2）与控股股东的管理层进行会谈（会谈记录），重点关注控股股东是否存在人员、历史包袱过重，财务状况不良，盈利能力不足及发展前景暗淡等问题，取得控股股东拟采取措施和发展规划的说明，确认其独立生存能力。

（3）调查控股股东组织机构设置及对外投资情况，了解其控股子公司和参股公司（公司除外），以及通过托管、输出管理、意向收购或投资的企业的基本情况。

（4）若控股股东存在实际控制人（政府除外），调查其基本情况。

（5）调查其他股东的基本情况。

（6）了解公司的合营企业、联营企业情况。

（7）了解关联个人情况。

（8）关联关系：

①根据以上调查情况，并取得公司董事会关于关联方关系的书面说明，明确各关联方与公司的实质关联关系，包括但不限于与关联方存在的股权关系、人事关系、管理关系及商业利益关系；

②通过上述调查，并与公司管理人员会谈（会谈记录），共同确认上述关联方对公司进行控制或重大影响的方式、途径及程度；

③根据以上调查情况，编制关联交易关联方及关联关系表。

调查文件主要有法人控股股东基本情况调查表（见表14-1）、自然人基本情况调查表（见表14-2）、自然人对外投资或经营其他单位情况表（见表14-3）、配偶情况调查（见表14-4）、子女及其配偶情况调查（见表14-5）、父母及配偶父母情况调查（见表14-6）、兄弟姐妹及其配偶情况调查（见表14-7）。

表14-1　　被调查法人（合伙企业）股东基本情况调查表

法人名称		营业执照注册号	
经营范围			
法定代表人		注册资本（元）	
控股股东名称			
实际控制人名称			
是否为国有独资公司			
国有资产产权占有登记证号			
是否依法有效存续			
根据《公司法》等法律、法规及公司章程的有关规定，是否有解散或终止的情形出现			
是否存在直接或间接投资或经营与公司存在相同或相似业务的其他企业的情形			

续表

是否属于私募投资基金管理人或私募投资基金，是否按照《证券投资基金法》《私募投资基金监督管理暂行办法》及《私募投资基金管理人登记和基金备案办法（试行）》等相关规定履行了登记备案程序			
直接持有公司股份情况			
持股数量（股）	持股比例（%）		抵押冻结情况
间接公司股份情况（另请提供间接持股结构图作为本调查表附件）			
持有人名称	持股数量（股）	持股比例（%）	抵押冻结情况
填表人现任董事、监事、高级管理人员组成			
董事		监事	高级管理人
所持有的公司股份是否为自身真实享有的股权			
是否存在以委托、信托等方式代他人持有公司股份和其他任何通过协议或安排而存在他人利益的情形			
所持有的公司股份是否存在质押、保全、冻结及其他权利受限等情形，是否存在权属纠纷或者潜在纠纷			
与公司其他股东、公司现任董事、监事及高级管理人员是否存在关联关系			
公司的股东、公司现任董事、监事及高级管理人员是否在填表人或填表人投资的企业任职			
是否存在尚未了结的或可预见的重大诉讼、仲裁及行政处罚案件			

表 14-2 自然人基本情况调查表

姓名		性别		出生年月	
国籍		民族		现在公司任职	
现在公司领薪					
身份证号码					
是否用境外永久居留权（如有，请填写国家名称）					

续表

直接持有公司股份情况					
持股数量		持股比例		抵押冻结情况	
间接持有公司股份情况					
持有人姓名	持股数量（换算后）	持股比例（换算后）	抵押冻结情况		
在外兼职单位名称	兼职职务	在该单位领薪情况	兼职方公司关联关系		

注：关联关系可理解为投资参股关系或任职关系。

参股：其股东身份一般以有工商登记记录为准，代持的也予以说明。

任职：担任其董事、监事或高级管理人员。

表 14–3　　自然人对外投资或经营其他单位情况表

序号	投资或经营单位名称	注册资本	本人持股比例	在投资或经营单位任职情况
1				
2				
3				
4				

与被调查人关系密切的家庭成员包括：配偶、年满18周岁的子女及其配偶、父母及配偶的父母、兄弟姐妹及其配偶、配偶的兄弟姐妹、子女配偶的父母。

表 14–4　　配偶情况调查

姓名	与被调查人关系	现任职单位名称及职务（包括其所有任职单位）	投资单位名称和股权比例（包括所有其投资单位）	与 ×× 公司实际控制人或高管及其近亲属等（包括但不限于配偶、配偶父母、兄弟姐妹及配偶的兄弟姐妹、子女配偶的父母等）是否有关联关系（如有，请详细描述）	诉讼情况

表 14-5 子女及其配偶情况调查

姓名	与被调查人关系	现任职单位名称及职务（包括其所有任职单位）	投资单位名称和股权比例（包括所有其投资单位）	与 ×× 公司实际控制人或高管及其近亲属等（包括但不限于配偶）	

表 14-6 父母及配偶的父母情况调查

姓名	与被调查人关系	现任职单位名称和股权比例（包括其所有任职单位）	投资单位名称和股权比例（包括所有其投资单位）	与 ×× 公司实际控制人或高管及其近亲属等（包括但不限于配偶、配偶父母、兄弟姐妹及配偶的兄弟姐妹、子女配偶的父母等）是否有关联关系	诉讼情况
	父亲				
	母亲				
	配偶父亲				
	配偶母亲				

表 14-7 兄弟姐妹及其配偶情况调查

姓名	与被调查人关系	现任职单位名称和股权比例（包括其所有任职单位）	投资单位名称和股权比例（包括所有其投资单位）	与 ×× 公司实际控制人或高管及其近亲属等（包括但不限于配偶、配偶父母、兄弟姐妹及配偶的兄弟姐妹、子女配偶的父母等）是否有关联关系	诉讼情况

关注点54 关联方交易

1.相关概念

关联交易（Connected Transaction）可以解释为企业关联方之间的交易，包括业务及资金的交易、往来。根据规定，在企业财务和经营决策中，如果一方控制、共同控制另一方或对另一方施加重大影响，以及两方或两方以上同受一方控制、共同控制或重大影响的，构成关联方。这里的控制，是指有权决定一个企业的财务和经营政策，并能据以从该企业的经营活动中获取利益。所谓重大影响，是指对一个企业的财务和经营政策有参与决策的权力，但并不决定这些政策。参与决策的途径主要包括：所持有的股份在股东会中产生实质性的影响；在董事会或类似的权力机构中派有多数代表，参与政策的制定过程，互相交换管理人员等。凡以上关联方之间发生转移资源或义务的事项，不论是否收取价款，均被视为关联交易。

关联交易是公司运作中经常出现的而又易于发生不公平结果的交易。关联交易在市场经济条件下广泛存在，关联交易本身具有两面性，从积极的角度看可以节约大量商业谈判等方面的交易成本，具有高效、优质、持续、稳定等优点；而从消极的角度看，由于关联交易方可以运用行政力量撮合交易的进行，从而有可能使交易的价格、方式等在非竞争的条件下出现不公正情况或财务扭曲，易导致债权人利益受损，又往往沦为利润转移、粉饰业绩、侵害中小股东权益、影响公司独立性的工具，这也直接导致无论是对上市公司还是非上市公众公司的关联交易的总体要求是规范而非绝对禁止。

根据财政部颁布的《企业会计准则——关联方关系及其交易的披露》中，关联方交易是指在关联方之间发生转移资源或义务的事项，而不论是否收取价款。

2.调查内容

根据证监会颁布的《公开发行证券的公司信息披露内容与格式准则第1号——招股说明书》中，发行人应披露的关联交易主要包括：

（1）购销商品；

（2）买卖有形或无形资产；

（3）兼并或合并法人；

（4）出让与受让股权；

（5）提供或接受劳务；

（6）代理；

（7）租赁；

（8）各种采取合同或非合同形式进行的委托经营等；

（9）提供资金或资源；

（10）协议或非协议许可；

（11）担保；

（12）合作研究与开发或技术项目的转移；

（13）向关联方人士支付报酬；

（14）合作投资设立企业；

（15）合作开发项目；

（16）其他对发行人有影响的重大交易。

根据中国证券业协会颁布的《股份转让公司信息披露实施细则》中，关联交易是指公司及其控股子公司与关联人之间发生的转移资源或义务的事项，包括但不限于下列事项：

（1）购买或销售商品；

（2）购买或销售除商品以外的其他资产；

（3）提供或接受劳务；

（4）代理；

（5）租赁；

（6）提供资金（包括以现金或实物形式）；

（7）担保；

（8）管理方面的合同；

（9）研究与开发项目的转移；

（10）许可协议；

（11）赠与；

（12）债务重组；

（13）非货币性交易；

（14）关联双方共同投资。

3.调查程序

（1）关联交易调查。

①要求公司填报关联交易调查表，并取得关联交易协议、定价依据决议等相关文件和资料；

②抽查公司各类合同，并与审计师沟通（口头交流，笔记），检查是否存在未报或遗漏的关联交易；

③审查关联交易的必要性、合理性：审核关联交易发生的背景资料（包括可行性研究报告、独立财务报告等），品种、内容，了解协议内容及履行情况，判断该等关联交易的必要性、合理性，是否存在替代方案；

④审查关联交易的公允性：审查关联交易协议的条款，审查其定价的依据、标准，参照同类产品或服务的市场价格，审查其内容是否公允合理，有无侵害公司利益的条款；

⑤检查关联交易是否履行了法定批准程序：检查上述关联交易是否按公司章程、规章制度履行相应规定的决策程序、审批程序，重点关注需股东大会批准关联交易的决议内容，及向关联方累计年度购买量占其同类业务采购量5%以上或对关联方年度销售收入占其同类业务销售收入5%以上的关联交易，是否存在董事会或管理层越权现象，关联股东是否在作出股东大会决议时是否回避；

⑥对发生的重大关联交易（指公司与其关联方达成的关联交易总额高于人民币一定金额或高于最近经审计净资产值的5%的关联交易）。

（2）调查公司为控股股东及其他关联股东提供担保的情况：审查公司章程中关于对外担保的条款和规定，审查公司对外担保是否通过股东会决议，关联方是否回避；获取所有担保合同，检查为控股股东及其他关联股东提供担保的有关协议，审查其是否存在不合理、不合规的条款。

（3）获取公司与关联方为避免或减少关联交易所签订的协议、承诺和采取措施的说明，检查该等协议、承诺和措施的可行性和实际履行情况。

（4）查阅公司就与各关联方签订的且仍然有效的重大协议或合同期满后的处理方式所作出的说明，与公司负责人会谈（会谈记录），讨论其可行性及可能给公司造成的影响。

（5）取得公司书面承诺（全体董事签字），确认公司对关联交易进行了充分的披露，不存在重大的遗漏或重大隐瞒。

4.关联交易调查中需要关注的问题

（1）关联交易的金额及占比情况；

（2）关联交易发生的原因、真实性及必要性；

（3）关联交易的决策权限、程序及定价机制；

（4）关联交易的合规性和公允性，是否对关联方存在重大依赖，未来关联交易是否可持续，是否有减少和规范关联交易的具体安排等；

（5）关联交易对企业业务独立性及财务状况的影响；

（6）是否存在关联交易非关联化的问题；

（7）关联交易的内部决策程序、内部控制措施及规范关联交易所采取的措施是否充分、有效，相关内部控制是否完善，是否有健全的内部交易关联制度，关联交易的决策和表决程序是否有瑕疵。

5.三大审核理念

三大审核理念是指从业人员在核查关联交易问题时应从实质性审核、风险导向审核及多因素综合考量这三个维度出发。

从实质性审核的角度来看，关联方的认定过程本就是一件复杂的事情，在实践中有企业会通过多层嵌套的手段使得实质上的关联方变为形式上的非关联方。因此，在实际的核查、判断过程中，应遵循实质重于形式的原则来确认关联方。同时，在对关联交易的公允性及对企业独立性方面的判断更要遵循此原则。

从风险导向审核的角度来看，基于A股IPO的风险导向审核理念，发行审核委员会对于关联交易对发行人在报告期内乃至上市后的独立性影响特别关注，再加上近年来利用关联交易来粉饰财务数据甚至进行财务造假的行为屡禁不止，因此，企业的关联交易规模应尽可能减少。

从多因素综合考量，由于关联交易与企业的业绩真实性、业务的独立性及内控的有效性密切相关，实际审核时应结合多方面的因素综合评估，客观、准确地核查关联交易事项，并最终给出结果。

6.尽调要点及方法

（1）以企业提供的关联方名单为出发点进行核查。

尽调人员需要调查名单上的人员和公司是否与企业的客户或供应商存在关联关系或进行过关联交易，尤其应注意是否存在人员兼职、互相持股、共同投资及其他利益关联。

在取得关联方名单、申明书或承诺函、关联方工商登记资料等相关资料后，应通过电话访谈、函证等形式进行核查，必要时还需进行实地调研及约谈，甚至可以通过第三方的渠道来进行核查。

例如，可以走访供应商及客户、访谈企业高管、获取重要访谈的申明及承诺。同时也可以通过企查查、天眼查等客户端查询公司的注册信息、股权结构、高管人员等信息，并且大多数客户端都支持股东查询及高管查询，能够更方便查询个人所关联公司。此处应针对异常交易进行深入调查，企业可能会通过多层嵌套的手段来规避形式上的关联关系。

（2）以重要客户及供应商为导向进行重点核查。

在对客户及供应商进行核查时，首先应关注其与企业之间的交易金额及占比情况，列出重要的客户及供应商的名单，然后在通过企业提供的信息及第三方系统查询到的信息，如股东情况、高级管理人员情况、业务规模及办公地点等信息，通过电话、邮件、函证、实地走访、约谈、资料核实及获取第三方证明资料等形式进行详细核查，同时也可以通过直接询问参与交易的基层员工的方式来获取最直接的信息进行核实。

（3）对重大及异常交易进行重点关注。

重大及异常交易通常具有两个特征：①交易所涉及的金额较大且频次较低，或与自然人发生大额交易及资金往来；②交易不通过银行转账，而是采用现金结算或多方债权债务抵销方式结算等。

因此尽调人员不能只关注企业通过银行结算的大额交易，同时也要关注与未披露为关联方的第三方企业之间是否存在重大金额的往来互抵事项。对该部分的核查需要尽调人员有很强的专业度和执业敏感度，现整理以下几个核查方法：

查阅企业明细账及股东会和董事会的会议纪要、复核大额及异常交易、关注接近报告期末确认的交易等审计手段识别出潜在的关联交易；

访谈企业高管并与具体交易经办人进行交流；

调阅企业工商信息、查阅企业重要会议记录及重大合同；

实地走访与企业发生重大及异常交易的公司，并结合互联网对交易公司背景、高管人员等重要信息进行核查，印证核实是否存在未披露的关联关系。

7.对隐性关联交易的核查方法

上述三种尽职调查方法普遍通用，但是实际工作中往往会存在一些企业通过某些手段故意隐瞒关联交易，那么就需要独特的方法对隐性的关联交易进行核查。现整理以下几种核查维度。

（1）从公司高级管理人员（董、监、高）关联的企业入手。

这一阶段可以通过互联网工具调查企业的董监高及其亲属担任高管或股东及法定代表人的公司，尤其关注担任高管和股东的董监高及其亲属。因为这方面具有一定的隐蔽性，企业可能会通过一些手段利用这些隐蔽性的公司做关联交易，达到虚构利润或利益输送的目的。

（2）关注被尽调企业董监高及股东的变化被尽调企业往往会在关联交易发生之前，把关联方的股份转让给关联第三者，从而达到不构成关联交易的目的，使关联交易非关联化。此时，就要关注被尽调企业关键人员的变化情况，检查是否有代持股份等情况。

（3）查阅被尽调企业的资金流水。

查阅被尽调企业的账户流水，关注是否有异常的资金进出，有些公司会将一进一出的关联方资金往来不记账，从而避免披露关联方的资金往来。如果不能取得资金流水，也可以从被尽调企业的往来科目着手，重点关注是否有新增的客户或供应商的往来，或者是交易额较大的资金往来单位。

（4）关注交易对手的注册地址和联系地址。

有些交易对手的董监高及股东从表面上看虽然与被尽调企业没有关联关系，但其注册地址或联系地址与被尽调企业一致或很近，那么就需要对这类的交易对手进行核查，关注是否存在隐性关联交易。

例如被尽调企业与某咨询公司签订了许多咨询合同，且该咨询公司的一位股东为被尽调企业实际控制人的侄子，且两公司注册地址相距很近。这种情况就有可能存在该咨询公司实际为被尽调企业实际控制人所控制的情况，因此就会有潜在的关联交易未披露和利益输送的问题。

（5）从交易的合理性判断被尽调企业与交易对手是否为关联交易。

关注交易对手的规模、成立时间与交易金额是否匹配，重点关注交易对手成立时间不久且交易金额较大的交易与被尽调企业是否有实质性关联关系。同时还要关注被尽调企业与新增客户、供应商发生的交易，尤其是偶发性与被尽调企业主营业务相关性不大的交易。

（6）关注被尽调企业与两家有关联关系的企业同时存在销售、采购的情况。

如果交易是虚构的，那么销售所收到的金额往往会通过采购交易返还给交易对手，从而完成资金的闭环，如果被尽调企业与两家存在关联关系的公司同时存在销售、采购的情况，在尽调过程中需要重点关注交易的真实性和被尽调企业与交易对方是否存在实质性关联方关系。

8.企业常用的几种隐藏关联交易的手段

（1）分解交易。

人为地找一家或者多家非关联的过桥公司作为直接交易对手，被尽调企业与过桥公司之间发生交易，使该交易行为不构成关联交易，再让被尽调企业的关联方与过桥公司进行交易。

例如，A公司将某笔资产以明显高于市场价的价格出售给不关联的B公司，再让与A公司有关联关系的C公司以同等价格买回该资产，从而达到A公司虚增利润的目的。

这种方式由于操作简单，可操作性强，在现实中被频繁使用，甚至实际操作中会存在多层交易的方式来隐蔽关联交易，这就需要尽调人员有针对性地对重大或异常的交易进行穿透核查。

（2）隐匿关联交易。

有些公司在重组过程中，将交易时点选择在成为关联方之前，与关联方发生现时非关联化交易，按照非公允价格进行交易，待交易完成后正式加盟成为关联方。通过这种方式导致交易发生时该交易还不是法律意义上的关联交易，因此可以避免对关联交易的监管与披露。实践中，也存在企业通过多重参股的形式与法律意义上的非关联方之间产生交易，那么同样需要尽调人员依据实质重于形式的原则来确定其是否构成关联交易。

（3）解除关联关系。

一些企业会通过转让关联方股权的形式，达到法律上的非关联关系，将关联关系非关联化。但此时需要注意的是，受让股权方是否与被尽调企业有间接的关联关系，或该股权转让的行为仅仅是股份代持行为，而实质上仍然由被尽调企业的关键人物实际控制着关联方，仍然对以后的交易有重大影响。

这种形式的不关联而实质上关联的交易在尽调过程中确实很难查清楚，因而有许多尽调人员仍然需要依赖被尽调企业的坦白意愿。在无法核实、拿不准的情况下，一般要求被尽调企业建立完美的内控制度、关联交易与对外担保关联制度，另一方面也需要求被尽调企业、实际控制人及高管出具相应承诺。

第15章

审计意见尽职调查

审计意见是指审计师在完成审计工作后，对于鉴证对象是否符合鉴证标准而发表的意见。对于财务报表审计而言，则是对财务报表是否已按照适用的会计准则编制，以及财务报表是否在所有重大方面公允地反映了被审计者的财务状况、经营成果和现金流量。对于注册会计师发表的审计意见进行尽职调查，能够从侧面反映出企业经营的合规和风险状况。

关注点55 审计报告调查

针对企业的财务尽职调查，对其审计报告的调查同样也十分关键。作为都是对企业状况进行调查的程序或者手段，两者有不同也有相似之处。财务尽职调查在进行时，一方面在一定程度上可以参考审计报告对于各财务报表的调查并最终出具的审计意见，另一方面也需要对出具审计报告及审计意见的事务所及其是否更换以及注册会计师等信息进行进一步调查。

下面先对财务尽职调查和审计的区别进行一个区分（见表15–1）。

表15–1 尽职调查与审计的差异

	财务尽职调查	审计
内容	财务报表的评析	出具审计报告，对财务报表是否真实与公允发表审计意见
	提示买方注意或在交易前必须处理的事项	
	建议买方注意或在交易前必须处理的事项	财务报表主要包括资产负债表、损益表、现金流量表以及附注，无须财务报表的评析
	建议需要买方与卖方谈判的事项	
	没有审计意见或审阅意见	

续表

	财务尽职调查	审计
方式	一般情况下不需要进行任何系统测试、审查凭证或发函询证，也无须进行存货盘点，仅需询问，作出分析及作出有限度的查阅	需要进行各种审核工作，包括系统测试、审查验证、寄询证函、存货盘点、询问和分析等
报告	强调报告内容仅基本上是根据口头查询获得，并未进行任何审计或者验证，因此内容的可靠性不及审计	审计报告必须出具是否“真实与公允”的意见，可靠性比尽职调查高
调查机构	基本上是聘请独立的专业机构进行，也可以不聘请专业机构，由投资者的财务人员进行	必须聘请专业的审计机构进行
工作量	工作量较小	工作量较大
失误承诺	一般情况下专业机构会要求聘请方（即买方、投资者）给予承诺，对尽职调查过程中专业机构因非故意的失误所承担的赔偿责任给予补偿	专业机构责任由有关法律、审计准则规定，不会要求被审计企业或其股东对专业机构因审计的失误所承担的赔偿责任给予补偿

对于企业审计意见调查，尽职调查人员应该从以下几个层面进行。

1. 审阅债权档案

（1）审阅贷款资料：贷款原因、用途、经营状况、所投项目、形成不良的原因、被催收过程、还款措施和意愿、还款记录、固定资产投资、应收债权、对外投资、账户、关联企业（人）或分支机构。

（2）审阅主体资料：主体资格、企业性质、经营状态、经营范围、股东构成、股权比例、上级单位、实际控制人、历史名称变更、公章样式演变等。

（3）审阅财务资料。

①股东的出资方式、金额、时间，出资是否完成；

②验资账户；

③财务数据（存货、固定资产、对外投资、长期投资、应收账款、长短期负债、应付账款、所有者权益、营业收入）。

（4）审阅其他资料。

①有否恶意处分、减损、影响财产和抵押物及其价值；

②之前提供的各种资料是否有重大虚假；

③有否在债务人分立、合并、改制、重组后新旧企业均不予确认原借贷债务的情形；

④有否逃避、拒签债权人的催收资料；

⑤有否通过非正常关联交易抽逃、转移利润资产；

⑥股东、法定代表人有不正常变更。

2.查阅工商档案

（1）审阅设立材料。

①债务人的主体资格、股权构成、法定代表人及高管人员等基础信息；

②债务人的出资数额、方式以及出资是否到位等信息；

③债务人用于注册的场地的权属情况、使用性质；

④其他如资金来源证明、银行账户、实物出资明细等信息；

⑤经营范围是否有场地（物业）出租等。

（2）审阅年检资料。

①财务报表；

②财务人员名称及变化；

③分支机构；

④关联债务人；

⑤应收债权、对外投资项目、银行账户等财产线索。

（3）审阅歇业资料。

①歇业或吊销营业执照的时间和原因；

②有否承担债权债务的主体；

③注销手续是否齐全、合法，有否承责声明；

④有否无偿接收、调拨债务人财产的情形；

⑤债务人解散后有否恶意行为。

（4）审阅整个档案及结合其他证据，判断债务人是否存在。

①人格混同嫌疑；

②股东有无滥用权利损害债权人利益的嫌疑。

3.查找关联企业（人）

风险预警网服务于企业风险发现，基于投资关系、司法涉诉关系、股东关系以及行政处罚类等多类信息，剖析目标企业的关联信息，发掘标的企业潜在风险；通过监控标的企业的工商变更、裁判文书、关联企业动态、失信信息等异常情况，提升全面风险管理体系对创新业务的覆盖面，完善全业务、全流程、全口径风险管理，增强信贷类、非信贷类的全资产管理能力，提高风险管理全覆盖水平，加强基于大数据和互联网的风险管理体系建设，以大数据分析、智能化判断、精准化管控的新型风险管理方式转变，实时掌握标的企业风险信息。

4.走访现场

如条件允许，可通过灵活方式继续核查债务人以下情况：

（1）经营情况。

①债务人是否正常经营；如经营业务的类型；近年经营情况及盈利情况。

②债务人的设备或部分物业是否出租给第三人经营；如有，则了解租期、租金标准、何人收取租金及收取方式。

③债务人有否承包给第三人经营；如有，则了解期限、承包金标准、何人收取承包金及收取方式。

④债务人有否重组、改制。

⑤债务人对未来发展有何打算。

（2）员工情况。

①债务人员工人数，在岗人数，离、退休人数。

②员工是否已经安置好；如未安置，有无安置方案。

③有无拖欠员工的集资款。

④有无拖欠员工的社保费用。

⑤有无拖欠员工的工资和经济补偿金。

（3）资产负债情况。

①大致的负债情况；

②大致的资产情况；

③大致的诉讼（被追债）情况。

（4）还款意愿：债务人及其上级部门对偿还债务的态度及意愿。

5.调查诉讼情况

风险预警网收录海量各级人民法院判决文书、企业/个人案件信息、法院执行信息、税务信息、行政执法信息、催欠信息等并每日更新。实时查询企业的工商变更、经营异常、开庭公告、裁判文书、失信信息、网贷逾期信息、环保执法信息、股权出质、动产抵押、股权冻结等信息，帮助用户及时掌握企业异常情况。

（1）查明债务人的欠债情况。

①债权人名称、金额；

②有无抵押物、查封物；

③诉讼或执行的进展等。

（2）查明债务人的欠债性质。

①自身之债；

②担保之债；

③民间借贷。

6.弄清三个模式（业务模式、盈利模式、营销模式）

业务模式是指企业提供什么产品或服务（干什么），工作流程如何（怎么干），企业本身的人才、技术、资金、其他资源能否支持。

盈利模式是指企业如何挣钱，通过什么手段或环节挣钱，为什么能赚到钱。

营销模式是企业如何去销售自己的产品或服务，有哪些渠道、激励机制等。

好的企业，它的这三种模式应该是相互促进而不能有冲突。

7.查看四个指标（营业收入、营业利润、毛利率、增长率）

私募股权投资机构看重的就是被投资企业的盈利能力和成长性，往往是希望被投资企业能够尽快改制上市，因此被投资企业近三年的财务数据比较重要。主营业务的毛利率反映了一个企业的盈利能力和抗风险能力，而增长率可以反映企业的成长性，便于在资本市场更好地发展。

8.弄清五个结构（股权结构、高管结构、业务结构、客户结构、供应商结构）

任何一个企业的运营都是很复杂的，所以尽调报告要让投资人对被投资企业的具体结构有一个很清晰的了解，便于其判断企业的好坏优劣，这是一个基本要求。

（1）股权结构：主次分明、主次合理，创始人的股份不能太少，要有一个核心；

（2）高管结构：结构合理，专业背景、工作经历要有各自的优势，有互补性，有团队精神，运作协调高效；

（3）业务结构：主营业务要突出，产品结构要合理，明星类产业、现金牛类产品都要具备，要在技术、产品创新上有适当投入；

（4）客户结构：要有大客户，但不能过于侧重，结构要合理，客户有诚信、有实力，拖欠货款问题不严重；

（5）供应商结构：要有一定数量的优质供应商，在供货可靠性、原材料质量、价格方面都能保证。

9. 考察六个层面（历史合规、财务规范、干净纳税、产权清晰、劳动合规、安全环保）

目的是要对待投企业有一个深度了解，任何一个层面如果存在严重问题，都有可能使得企业的改制上市被搁浅。如果是一些细小的瑕疵，可以规范改正。

（1）历史合规：企业的发展历史比较清楚，没有太多的原罪，在设立验资、股权变更等方面没有重大的瑕疵；

（2）财务规范：财务制度比较健全，审计公正，依法做账；

（3）干净纳税：没有偷税漏税的情况，做到依法纳税；

（4）产权清晰：各项财产的产权清晰，权属转移手续完备（含专利、商标、房产等），不存在可能导致诉讼、仲裁的纠纷；

（5）劳动合规：严格执行劳动法规，与员工都签订劳动合同；

（6）安全环保：安全生产，环保达标，没有被勒令搬迁、处罚等隐患。

10. 关注七项重点（规范汇编、例会制度、企业文化、战略规划、人力资源、公共关系、激励机制）

这是对目标企业的进一步关注，侧重于企业的相对细小环节。如果当中存在一些问题，可以及时规范改正，是我们判断目标企业经营管理水平的重要依据。

（1）规范汇编：查看企业的管理规范汇编，我们可以直观了解企业管理的制度化水平，很多企业都没有建立一个系统的企业管理规范；

（2）例会制度：询问企业是否定期召开各项例会（总经理周会、董事会定期会议、股东会例会），能够了解企业运营是否规范正常，也能看出股东、企业管理层之间关系是否正常，彼此尊重，互相协调；

（3）企业文化：企业是否通过自身的文化建设，来形成企业的凝聚力和向心力，推动企业长远发展；

（4）战略规划：了解企业的战略规划情况，可以知道企业的发展有无目标，查看其目标是否符合行业经济发展的实际方向；

（5）人力资源：了解企业对员工培训、激励计划、使用办法，可以了解企业是否能充分调动全体员工发展业务的积极性和能动性，考察企业的综合竞争力；

（6）公共关系：了解企业的公共关系策略和状况，可以知道企业是否具备社会公民意识，是否注重企业形象和品牌，是否具有社会责任意识；

（7）激励机制：一个优秀的现代企业应该有一个激励员工、提升团队的机制或计划，否则，企业难于持续做强做大。

11.深入分析八个数据（总资产周转率、资产负债率、流动比率、应收账款周转天数/应收账款周转率、销售毛利率、净值报酬率、经营活动净现金流、市场占有率）

分析待投企业的财务报表时，我们很应该去分析这八个财务指标，深入判断企业的财务状况。

（1）资产周转率：是指多少的资产创造了多少销售收入，反映资产总额的周转速度，周转得越快，销售能力就越强，可以通过薄利多销的办法来加速资产的周转，增加利润。可以看出这企业是轻资产型还是重资产型。计算公式为：总资产周转率＝销售收入 ÷ 平均总资产

（2）资产负债率：资产负债率是负债总额除以资产总额的百分比。反映出总资产中有多少是通过借债来筹集的，体现一个企业的资本结构是否合理。也可以知道企业在破产清算时债权人利益的保护程度。计算公式为：资产负债率＝（负债总额 ÷ 资产总额）×100%

（3）流动比率：流动比率是流动资产除以流动负债的比例，反映企业的短期偿债能力。流动资产是最容易变现的资产，流动资产越多，流动负债越少，则短期偿债能力越强。计算公式为：流动比率＝流动资产 ÷ 流动负债

（4）应收账款周转天数（应收账款周转率）：反映应收账款的周转速度，也就是每个会计年度内应收账款转为现金的平均次数，也叫平均收现期，一般来说，应收账款周转率越高、平均收账期越短，说明应收账款回收快，否则企业的营运资金会过多地被应收账款拖累，影响正常的资金周转。计算公式为：应收账款周转率＝销售收入 ÷ 平均应收账款；应收账款周转天数=360 ÷ 应收账款周转率

（5）销售毛利率：表示每一元的销售收入扣除销售产品成本后，有多少钱可以用于支付各期间费用、形成利润，是企业销售净利率的最初基础，也可以

看出企业的竞争能力。计算公式为：销售毛利率=（销售收入-销售成本）÷销售收入×100%

（6）净值报酬率：净值报酬率是净利润与所有者权益的百分比，反映股东权益的收益水平，计算公式为：净值报酬率=（净利润÷平均股东权益）×100%

（7）经营活动净现金流：是企业在一个会计年度经营活动产生的现金流入与现金流出的差额，说明经营活动产生现金的能力，企业要筹集的资金应根据实际生产经营需要，通过现金流量表来确定。企业财务状况越好，现金净流量越多，所需资金越少，反之所需资金越多，经营净现金流量如果为负，说明企业需筹集更多的资金满足生产经营所需。

（8）市场占有率，是企业的产品在市场上所占的份额。当一个企业获得25%的市场占有率时，一般被认为控制了市场。该指标是企业的市场地位最直观的体现，综合反映了企业的技术水平、营销能力和品牌形象。

12.九个程序要执行好（收集资料、高管面谈、企业考察、竞争调查、走访供应商、走访客户、走访协会、拜访政府、咨询券商）

要做好一个投资项目，要依照有关程序规定做好调研，要坚决贯彻群众路线，一切从群众中来，到群众中去。

（1）收集资料：通过多种方式，多方面地收集企业的各种数据资料。

（2）高管面谈：是非常重要的环节，往往能很快得出对目标企业的发展前景、团队人员素质的印象。第一印象往往很重要，也比较可靠。

（3）企业考察：一定要实地考察企业的研发、生产、日常管理等情况，对企业的普通员工进行随机或不经意的访谈。

（4）竞争调查：了解市场中的各种竞争对手的实力情况及其优势、劣势。对竞争对手的信息掌握得越充分，投资的判断就会越准，同时也可以从其对手那里得到对待投企业的情况。

（5）走访供应商：走访企业的上游原材料和辅料的供应商，了解采购情况、数量、价格、供货信用，既可以帮助我们判断待投企业声誉、真实产量，也从侧面了解了行业的竞争格局。

（6）走访客户：知道企业产品质量情况和受欢迎的程度，弄清楚企业真实的销售情况，了解其竞争企业的情况；同时，从受访客户的档次水平也可以判断待投企业的市场地位，以及市场需求和可持续发展程度。

（7）走访协会：能知道该企业在行业的地位和声望，以及整个行业的发展态势。

（8）拜访政府：知道该企业在政法中的地位，以及政府对该企业的支持程度。

（9）咨询券商：了解上市可行性和预期上市时间，判断企业和行业的发展前景。

13.报告要包含十方面内容

做好一份尽职调查报告是投资经理的基本功，既是对前期工作的总结，也是作为创投机构最终决策的依据。一般而言，要包含以下十个方面的内容：

（1）企业历史沿革：创立背景、期间股东变动情况，所发生的重大历史事件等；

（2）企业产品与技术：公司产品情况、技术来源、研发创新能力；

（3）行业分析：行业概况、行业发展前景、竞争对手情况；

（4）优势和劣势：企业有哪些优势，核心竞争力如何，有哪些不足或缺陷，有无解决或改进的办法；

（5）发展规划：企业的近期、中期、远期的发展规划、战略、可行性；

（6）股权结构：股东构成、合理性情况；

（7）高管结构：高管人员和技术人员的专业和工作背景分析；

（8）财务分析：近几年的各项财务数据分析；

（9）融资计划：融资计划、融资条件是否与企业的发展计划相匹配；

（10）投资意见：投资经理对项目的总体性意见。

关注点56 关键审计事项说明

作为针对审计意见的尽职调查，同样应该对于关键审计事项给予相应的关注。ISA701要求在审计报告的关键事项段中增加引言段，对关键事项的性质和背景进行界定。关键审计事项是指审计师根据职业判断，认为在当期财务报表审计中至关重要的事项。这些事项是在对财务报表整体进行审计并形成意见的背景下进行处理的，审计师不对这些事项提供单独的意见。通过这种标准化的描述，告知审计报告的使用者，在审计报告中沟通的关键审计事项：

（1）不暗示此事项在形成审计意见时尚未得到满意解决；

（2）不包含或暗示对单独财务报表项目表示独立的意见。

因此，对于财务尽职调查人员也需要对关键审计事项进行关注调查。

在对相应关键审计事项进行调查时，需要索引至所涉及的财务报表相关附注，并调查以下内容：

（1）审计师为何认为该事项对于审计至关重要，构成了关键审计事项；

（2）在审计中对该事项是如何处理的。

关键审计事项针对被审计单位的具体情况，向报告使用者提供相关、有用的信息，这需要审计师运用ISA701中的判断框架作出判断。对每个关键审计事项，描述的详略程度属于职业判断，取决于审计业务的具体环境，这是为了尽可能提高所描述的关键审计事项的针对性，并减轻投资者和其他相关方对关键审计事项将来很快演变为套话的顾虑。

审计报告中，各关键审计事项段的先后顺序是否按照相对重要性，或相关事项在财务报表附注中的披露顺序。

除此之外，财务尽职调查人员同样应该对公司董事会和监事会对非标准无保留意见相关事项的说明以及最近两年更换会计师事务所的原因、审批程序履行情况及前后任会计师事务所出具的专业意见情况进行调查说明，并最终反映在尽职调查报告上。

第16章

企业的融资借贷尽职调查

关注点57 债券发行与承销

企业通过发债的方式进行融资，是企业直接融资的方式之一。目前发债的种类有企业债、公司债、短期融资券、中期票据、中小企业私募债等十多种常用形式，发行的方式分为公开发行和非公开发行两种，两者的要求存在一定的差别，相对来说，公开发行的监管及要求更高一些。

发债的安全性来自债务人的还款能力及还款保障，为此，对债券发行人进行尽职调查目的就是了解企业是否符合关于债券发行的基本条件，譬如企业的发行人资格、经营规模、利润、资金用途、利率等。

1.发行人的企业工商登记资料、企业信用报告（人民银行或企业开户行）

（1）企业注册所在工商局。企业工商档案信息（由律师在企业人员的陪同下前往查询，首页应加盖工商局章+骑缝章）。

主要内容包括：

①公司成立资料（股东协议、公司章程、股东名单、董事名单、资产评估报告、出资及验资报告）；

②历史沿革（历届股东、董事、法定代表人、注册资本等的变更，股东会决议，验资报告等）；

③最近三年的企业年度报告。

（2）企业信用报告（由律师在企业人员的陪同下携带贷款卡到人民银行或

开户行打印）。

（3）土地登记信息（由律师在企业人员的陪同下到当地土地局查询，如需以土地提供抵押）。

（4）当地法院、税务局、海关、质监部门、环保部门、消防部门等。

2.发行人基本情况（发行人提供，须加盖企业公章，由企业保证其真实性）

（1）企业营业执照、税务登记证（正副本）贷款卡、银行开户许可证、机构信用代码证、企业征信报告、企业信用评级报告、年度报告、土地使用权证。

（2）公司治理结构（三会一层设立及运作情况、公司组织结构图、董事长、总经理、副总经理及财务负责人等的分工）。

（3）法定代表人学历及工作简历、身份证复印件、签字样本（在身份证复印件上签名）。

实际控制人学历及工作简历、身份证复印件、签字样本（在身份证复印件上签名）。

财务负责人学历及工作简历、身份证复印件、签字样本（在身份证复印件上签名）。

（4）公司股东名单、身份证复印件、签字样本（在身份证复印件上签名）公司设有董事会的，董事会成员名单、身份证复印件、签字样本（在身份证复印件上签名）。

（5）最新的公司章程（和/或章程修正案）。

（6）发行人与其母公司、子公司等投资关系的完整结构图（从最上游直至最下游的所有企业）；结构图应标明控股/持股/控制关系、持股份额、其他持股人的详情。

（7）公司拥有的主要子公司的详细清单，该清单的内容包括：下属企业的名称、成立时间、注册地址、注册资本、股权状况（股东名称、出资额、持股比例，或控制关系）、企业性质、经营范围、主营业务、最近一期财务情况、是否有合并报表。

（8）有关发行人及其下属企业主体资格的法律文件。

（9）发行人现阶段和以往享受过的优惠政策。

（10）发行人在过去3年内进行的（境内和境外）投资、出售、收购、兼并、增资、减资、合并、分立、重大改组、变更情况。

（11）企业与股东、高管的关联交易（如有，需详细说明）。

（12）公司现有对外股权质押、抵押及提供担保的合同及说明；相应股东会或董事会决议（如有）。

（13）公司现有银行贷款、对外借款及还款情况。

（14）内部审批程序（发行企业债、同意对外抵押担保等的股东会或董事会决议）及相关文件。

3.发行人业务情况

（1）公司所处的行业现状，包括市场集中度、主要竞争对手及潜在竞争者，市场份额、市场份额变动情况及趋势，在行业中所处的地位（提供行业研究报告）分析、公司在行业中的地位及优势说明，主要竞争对手分析。

（2）竞争优势及劣势分析。

（3）公司的发展规划，包括发展战略、整体经营目标及主营业务的经营目标、产品研发计划、人员扩充计划、技术开发与创新计划、市场开发与营销网络建设计划、再融资计划、收购兼并及对外扩充计划、深化改革和组织结构调整的规划、国际化经营的规划等。

（4）公司业务目标的主要经营理念或模式。

（5）公司本次募集资金运用对实现上述业务目标的作用。

（6）公司经营范围及业务的构成情况、资产状况、债权债务情况、最近3年公司主要业务收入及盈利构成及变化情况、近3年公司的主要业务及其生产能力。

（7）最近3年或更长时间内公司主要业务市场分布及市场占有率的变化情况、公司目前的营销现状及主要策略、公司主要业务的市场前景预测。

（8）主要原材料的来源及供应情况。

（9）未来3年主营业务调整及发展计划。

4.发行人对外投资情况

（1）公司最近3年的主要投资项目及完成情况。

（2）未来3年内的主要投资项目及回报预测。

（3）公司最近3年内兼并、收购、资产重组等方面的情况说明。

（4）公司未来3年内兼并、收购、资产重组等方面的计划及方案。

5.财务状况（3年一期审计报告）

（1）公司财务制度，流动资金管理办法，信用政策，应收账款回收政策。

（2）公司及其主要子公司最近3年经审计的年度会计报表（包括：资产负债表、利润表、现金流量表及报表附注）及最近一期未经审计的财务报告。

（3）公司及其主要子公司上年和本年（截至最新一期）的月度或季度财务报表（如为季度报表，应至少提供最近连续5期）。

（4）最新一期资产负债表流动资产及流动负债主要项目明细（存货、应收账款、应付账款、预收账款、预付账款、其他应收/应付款、短期投资）及流动性分析。

（5）公司长期、短期债务明细（余额、期限、偿还计划）及以往偿还记录。

（6）公司未来1年内融资计划（贷款、发行债券等）。

（7）公司未来1年内股权变动计划（增资扩股、股票回购等）。

（8）公司未来1年内股利、分红计划。

6.其他

（1）公司有关的法律诉讼、仲裁及行政处罚等事项的声明书及承诺与保证书。

（2）股东或实际控制人对公司的支持情况。

（3）公司及下属子公司担保、抵押及其他或有负债情况说明。

（4）银行授信额度。

（5）政府优惠政策。

（6）拟用于担保的土地的使用权证（若选择多种方式担保）。

（7）拟用收费权质押进行担保的高速公司的基本资料（若选择多种方式担保）。

（8）市财政局持有股权的商业银行的基本资料（若选择多种方式担保）。

7.本期债券发行情况

（1）本期募集资金拟投资项目的可行性研究报告及其立项批文（包括批准机关的权限如何，项目可行性研究报告的编制单位，以债还贷情况，如果募集资金不足，需说明弥补资金缺口的途径）。

（2）本期募集资金拟投资项目的简介、募集资金使用计划及管理制度。对于募集资金拟投项目，如果该项目是由公司下属独立的项目公司负责管理运营，需说明公司拟以何种方式（如股权投资、贷款或其他合法的方式）将募集资金投入项目，并提供相关的文件。

如果募集资金投向中含替换银行贷款，拟替换贷款的相关贷款合同，提前还款需银行同意提前偿还贷款的证明。

（3）本期企业债券募集说明。

（4）本次发债募集资金拟投项目的资金来源构成及实施情况。

（5）发行企业债的可行性分析报告。

（6）资金使用计划及有关偿债计划。

（7）本期债券提供情况，如办理抵押，请提供抵押手续办理资料。

募投项目涉及土地、环境等有关报批事项的，提供有关主管部门批准的文件（如土地证和符合环境保护要求的证明文件等）。

8.担保情况

（1）物的担保。

①担保物（抵押物、质押物）名称、种类及基本情况如地理位置、面积；

②担保物产权证明：如国有土地使用权证、产权证书等；

③担保物价值评估报告：有公开市场交易价格的（如上市公司股权），提供担保物数量说明和其60个和20个交易日交易平均价格；

④担保物权属人与融资人非同一机构的，提供担保物权属单位同意以担保物进行抵押或者质押为融资提供担保的股东会或董事会决议；

⑤政府主管部门办理担保手续。

（2）保证担保（参照发行人提供有关证照资料）。

9.关于非公开发行公司债券项目承接负面清单

为做好非公开发行公司债券的承销业务风险控制管理工作，根据《公司债券发行与交易管理办法》等相关法律法规及规则，2015年4月17日中国证券业协会第五届常务理事会第三十四次会议表决通过并于2015年4月23日发布了《非公开发行公司债券项目承接负面清单指引》，明确了承销机构项目承接不得涉及负面清单限制的范围，内容主要涉及：

明确了承销机构项目承接不得涉及负面清单限制的范围，内容主要涉及：

（1）存在以下情形的发行人。

①最近24个月内公司财务会计文件存在虚假记载，或公司存在其他重大违法违规行为。

②对已公开发行的公司债券或者其他债务有违约或延迟支付本息的事实，仍处于继续状态。

③存在违规对外担保资金或者被关联方或第三方以借款、代偿债务、代垫款项等方式违规占用的情形，仍处于继续状态。

④最近12个月内因违反公司债券相关规定被中国证监会采取行政监管措施，或最近6个月内因违反公司债券相关规定被证券交易所等自律组织采取纪律处分，尚未完成整改的。

⑤最近两年内财务报表曾被注册会计师出具保留意见且保留意见所涉及事项的重大影响尚未消除，或被注册会计师出具否定意见或者无法表示意见的审计报告。

⑥因严重违法失信行为，被有权部门认定为失信被执行人、失信生产经营单位或者其他失信单位，并被暂停或限制发行公司债券。

⑦擅自改变前次发行公司债券募集资金的用途或违反前次公司债券申请文件中所作出的承诺，尚未完成整改的。

⑧本次发行募集资金用途违反相关法律法规或募集资金投向不符合国家产业政策。

⑨除金融类企业外，本次发行债券募集资金用途为持有以交易为目的的金融资产、委托理财等财务性投资，或本次发行债券募集资金用途为直接或间接投资于以买卖有价证券为主要业务的公司。

⑩本次发行不符合地方政府债务管理规定或者本次发行新增地方政府债务的。

⑪本次发行文件存在虚假记载、误导性陈述或重大遗漏。

⑫存在严重损害投资者合法权益和社会公共利益情形。

（2）以下特殊行业或类型的发行人。

①主管部门认定的存在“闲置土地”“炒地”“捂盘惜售”“哄抬房价”等违法违规行为的房地产公司。

②典当行。

（3）未能同时满足以下条件的担保公司。

①经营融资担保业务满3年；

②注册资本不低于人民币6亿元；

③近三年无重大违法违规行为；

④担保责任余额符合融资担保公司相关管理规定。

（4）未能同时满足以下条件的小额贷款公司。

①经省级主管机关批准设立或备案，且成立时间满2年；

②省级监管评级或考核评级最近两年连续达到最高等级。

采用国际通行的负面清单管理模式，进一步实现了我国债券发行的科学化、合理化和规范化的管理，有利于提高债券发行的效率。

关注点58　对外担保

对外担保既是专业的担保公司的一项经营业务，也是很多公司为了获得银行贷款、融资而必须提供的一项增信措施，目的是发放贷款的银行或者提供融资的出资方获得一种资金安全的保障。

为了银行顺利地发放贷款，或者是公司能顺利获得贷款方、资金出借方的融资，担保公司需要为其提供保证担保，根据《中华人民共和国担保法》第16条之规定，保证担保的方式有一般保证和连带责任保证，两者在保证人承担责任的顺序上和保证生效的条件上存在差别，从而在法律风险上也有所不同。而一般贷款方都会要求担保公司提供连带责任保证担保。

从专业的担保公司角度，担保作为其一项经营业务，公司须最大限度地规避相应的信用风险；而作为其他公司融资提供担保的非专业公司来说，也要最大限度地减少作为担保方承担的代偿风险，这就需要对被担保方进行尽职调查，以明确其所提供信息的真实性及担保风险所在和大小。

担保公司对被担保方进行尽职调查，一般从以下几个方面进行调查。

1. 被担保方的基本情况

如公司名称、成立时间、地址、注册资本、经营范围；工商登记信息（企业沿革，包括企业近三年主营业务、股权、注册资本等企业基本情况的变动及变动原因简述）；企业类型（高新技术企业/劳动密集型企业）；股权结构；近年主要业绩及大事记等。

其他还有企业发展方向及战略，经营资质获取情况、企业获得技术和其他证书、荣誉等。

2. 被担保方经营管理情况

包括但不限于管理层人员组成、学历、资历、素质、管理现状评价（对内部组织架构、决策程序、人事管理、财务管理、激励机制、管理薄弱环节等作简要分析说明）。

3. 被担保方产品市场及行业状况

（1）企业产品及制造方法介绍：主要介绍企业产品种类、产品用途，属于自主生产或是委托加工或其他形式。

（2）企业生产状况：主要说明企业生产设备状况、生产管理基本模式和产能状况。

（3）产品技术状况：主要说明产品技术来源、技术的先进性表现、生产工艺先进性、技术人员构成、有无产品的技术研发机构等。

（4）市场需求及产品发展前景：包括产品的市场占有率、市场发展空间、市场需求状况等，以及企业研究开发成果、新产品生产能力、安全生产状况、环保问题等。

（5）产品所在行业分析：行业发展趋势，进入该行业的政策限制、基本条件，行业的周期分析及预测。

（6）产品竞争分析：包括企业的主要竞争对手的说明，该企业所在的行业地位，质量管理体系实施情况，企业的主要竞争优势表现。

（7）营销策略：主要说明本企业在产品的销售体系的建立、价格政策的确立、售后服务模式等方面所采取的措施。

（8）主要客户群体分析：说明企业的前十大供应及销售商的情况，分析客户变动原因对企业的影响力。

4. 企业信用情况

可以到所在地人民银行或企业开户行打印企业征信报告及股东个人征信报告的方式获得企业信用情况、股东信用情况、现有贷款记录。

5. 财务分析

偿债能力分析：分析偿债能力时，不要忽略未在报表中反映的或有负债，如各种赔款、诉讼未决事项及对外担保等责任引起的负债。

经营能力分析：分析时注意剔除企业非正常经济业务带来的收益，应着重分析企业的主营业务的获利能力。

成长能力分析：分析时应区分企业增长是由于经营管理水平的提高带来的，还是由于外部经济环境变化或其他原因而产生的。

销售收入分析：核实销售收入真实情况、涉及销售收入的其他重要情况说明等。

除此之外，还有上下游情况分析、现金流分析、财务分析综合结论等。

6. 风险性分析

主要包括政策性风险分析、技术性风险分析、经营管理风险分析、市场风险分析、财务风险分析、道德风险分析等方面。

7. 贷款用途及还款来源

8. 信用结构方案

9. 结论

对于被担保人又称债务人的担保，应当着重从债务人的还款能力角度出发，全面考察构成其还款能力的诸方面的要素及其组合，所以现实中还应结合债务人企业的生产经营情况、债权债务、资产状况等各方面的情况进行综合判断。

关注点59 企业的资产重组

企业开展资产重组，首先需要对企业真实的经营状况、财务状况及资产状况有个比较明确、清楚的了解，这样才能有针对性地制订资产重组方案。资产重组的尽职调查应当包括以下主要内容。

1. 明确重组资产的范围

（1）机器设备。

机器设备是每一资产并购案中必然包括的主要资产。随着时间的推移，企业会不断地调整产品结构以适应市场及消费者的需要，从而在满足市场需求的过程中获得自身的发展，逐渐形成自己的主营业务、次营业务，并且发现新的市场需求，发展出新的产品和业务；同时，对一些没有市场竞争力的产品就要逐步压缩、减产，甚至逐渐淘汰、不再生产，有时行业的替代及调整也会迫使企业及时、果断地调整自己的产品结构，否则就要被市场淘汰。在此过程中，企业一些不再需要的机器设备就成了鸡肋，一方面无法再为企业带来收益，另一方面还在不断折旧，甚至时间久了成了一堆废铁；而如果企业能抓住产业集中所带来的机会，及时对这些冗余的机器设备处理，则可以盘活这部分资产将其变现，或者通过资产置换的方式获得自己所需的其他机器设备或资源。因此，应对企业目前的机器设备使用及折旧状况进行详尽的调查，为制订企业资产重组方案提供依据。

（2）房屋建筑物。

公司根据自己未来的发展规划及业务结构采购生产设备，同时，也应根据业务发展的需要拟制购买、建造房屋建筑及租赁房产的范围、面积及结构。拟购买、建造及租赁的房屋建筑物的范围、面积及结构应当满足利用所购置机器设备进行生产经营活动的需要，包括厂房建筑物、经营场所、办公室等。因此，应对现有的建筑物的状况进行全面的调查、登记、列表，包括目前所有租赁的房屋、建筑物的详细状况，是否能满足目前的生产需要及未来若干年发展的需要，做好提前规划，为资产重组提供依据。

（3）公用工程。

根据拟购买的机器设备而并购后拟生产的产品、从事的业务及规模拟制购买公用工程的范围。公用工程应当满足生产规模的需要，包括上下水供变电、污水或污染物的处理、场地、道路、通信、其他辅助设施等。

（4）土地使用权。

根据拟购买的房屋和公用工程的占地情况拟制购买土地使用权的范围。同时查明目标公司取得所有权的方式、用途、剩余年限以及是否存在被政府收回、征收、搬迁的情况，进行相应的成本核算。

（5）知识产权。

根据资产并购后投资公司拟安排生产产品或从事业务的需要，在了解目标公司知识产权总体情况的基础上拟制购买知识产权的范围。这里的知识产权包括目标公司的专利权、商标权、著作权、技术诀窍等，也包括目标公司拥有的用电权、取水权、用水权、排污权、用气权等许可权利。对于那些自己所有的知识产权进行全面的梳理，特别是那些自身不用且又具有一定市场价值的，应及时通过许可他人使用、转让的方式实现其价值。

（6）存货。

一般情况下，投资公司会根据自己并购后拟生产的产品或拟从事的业务确定购买存货的范围，并会坚持与生产或经营无关的存货不能纳入转让的范围，确定需要采购的原材料范围及品种。存货包括原料、材料、燃料、在制品、产成品、低值易耗品、办公家具等。

（7）债权。

从原则上说投资公司会排斥受让目标公司的债权资产。但是有时为了维护并购后与经销商的渠道关系，对目标公司的销货应收款会进行有条件的受让，但应对目标公司的债权进行评估。同时，也对自身的债权经过评估后通过出售资产包的方式变现，以免长久不处理变成呆账、坏账。

（8）拟制三项资产明细表。

在尽职调查阶段应当根据目标公司资产的具体情况和双方关于转让范围的意见制作固定资产、土地使用权、知识产权三项资产的转让明细表，作为并购及重组谈判和起草相关合同的基础。

（9）拟制存货资产单价明细表。

在尽职调查阶段应当提出存货转让单价明细表，列明存货的名称、预估数量、单价、作为双方进一步谈判存货资产转让单价的基础。

资产并购交易的标的是资产，因此投资公司在尽职调查阶段首先必须搞清楚目标公司全部有形资产和知识产权的范围和用途，即目标公司的资产都是用来生产哪些产品或从事什么业务的，并根据了解的情况和自己的并购目的，拟制出并购资产的范围。从企业并购的实务来看，关于并购资产的范围，有时在尽职调查前的意向协议中就会作出原则性的约定，并通过尽职调查阶段进一步明确，最终在并购合同或协议中确定。在实务中之所以要首先就目标公司资产的范围进行尽职调查，并在调查的基础上尽早确定，是因为并购资产的范围不仅直接关系到以后尽职调查的范围，而且也是双方谈判并购价格的基础。

2.确定资产的权属

资产并购中双方交易的是资产的所有权，因此，投资公司在尽职调查阶段必须查清并购资产的权属，核查相应的权属证书。由于资产并购是大宗交易，投资公司为了防避风险，关于资产权属问题不能单单依靠出让方的承诺，还要在尽职调查阶段进行实地查验。如果双方已经就交易资产的范围达成一致，有关资产权属的尽职调查可限制在该范围之内。关于资产权属的尽职调查可根据需要围绕以下几个方面开展。

（1）查验资产的证照。

根据我国有关法律的规定，土地所有权、房屋建筑物的所有权、船舶航空器、车辆、商标、专利的权属已登记为权属凭证。因此，在尽职调查阶段可以查验这些资产证照的方法确认其权属。

（2）厘清企业改制中的产权关系。

在中国企业并购活动中许多目标企业是从国企改制而来的，企业资产是从国企原始取得的，但在一些企业中，改制往往不彻底或产权不够清晰。如在改制中企业的部分资产和业务通过作价民营化，但还有剩余部分没有作价民营化；某些资产企业只有经营管理权或者托管权，尚未取得所有权。还有的改制文件用词不准确，并未提及或明确产权的转移和转移后的权属。投资公司应当在尽职调查阶段根据目标企业资产原始取得的情况，要求目标企业披露企业改制的有关资料，研读这些文件和资料，如果需要还应当向企业改制的负责部门和国有资产管理部门进行查验并取得相关确认文件。

（3）厘清企业分立、合并中的产权关系。

有些目标企业几经合并分立，而分立合并必然会涉及企业资产权属的变更，但是由于这些企业往往由一方所控制或存在其他关联关系，因而往往不重视资产权属的界定。凡是在尽职调查中发现目标公司曾经发生过合并分立的，应当认真厘清分立合并中的产权关系。

（4）租赁资产及融资租赁的资产。

有关租赁资产尽职调查的内容包括两项：

①目标公司正在使用的资产中是否有从他人租赁或者融资租赁及相关合同；

②目标公司的资产是否有租赁他人使用或者无偿提供他人使用的及相关合同。

目标公司租入的资产，其产权为出租人所有的，不能作为转让资产；目标公司出租的资产为目标公司的资产，依法可以转让，但是需要相关合同。而融资租赁则要明确是否到期，租赁费支付情况，取得所有权的条件如何，对价支付是否完成及违约条款。

（5）股东出资资产的权属。

在有些目标公司中，股东以非货币性资产向公司缴付出资，特别是控股大股东以房地产、机器设备等作价向公司出资。对此投资公司原则上无须过问作价的高低，但是应当通过尽职调查确认其是否有产权不清或界定不明及是否已经过户的情况。

（6）母子公司、兄弟公司资产分属情况。

在有些情况下，目标公司一个大院里分别注册登记几家母子公司或兄弟公司，交易双方初步拟定的并购资产，有的可能登记为甲公司所有，有的可能登记为乙公司所有。在这种情况下，投资公司需要在尽职调查阶段厘清并购资产的登记权属，与不同的资产所有者分别订立资产转让合同。有的目标公司一部分并购资产登记在其分公司的名下，在这种情况下，投资公司可以视全部资产为目标公司所有，与目标公司订立一份资产转让合同受让全部资产。

（7）动产的权属问题。

从企业并购的实务看，目标公司动产资产的权属问题主要包括如下五项内容：

第一，目标公司接受委托为委托方加工产品或修理设备，委托方提供的原料、材料、半成品、产成品和修理物等；

第二，目标公司为委托加工商品而交付在外的原材料或委托修理的机器设备；

第三，目标公司购买原材料带进来的尚未返还的包装物；

第四，目标公司为销售产品赊出在外的包装物；

第五，目标公司投入渠道的资产，产权仍属目标公司所有。

在实务中对这类资产多采用目标公司披露、投资公司作相应核查的办法予以确认。

（8）是否有产权争议或者诉讼的问题。

一方面通过询问的方式，了解目标公司资产是否存在争议或诉讼；另一方面，应通过网络查询、法院实地了解的办法了解其是否存在争议或诉讼。

3. 鉴定资产的品质和效能

资产并购交易的标的是资产，并购资产的品质和效能直接关系到投资公司投资的目标能否实现；同时也关系到并购后技术改造的投入和资产转让价格的谈判和确定。因此，关于并购资产品质和效能的尽职调查最好由投资公司的相关专家完成，这是因为投资公司的专家对本行业的设备、技术、工艺最了解。同时最好落实调查的责任人，明确其在调查中承担的责任。

4. 知识产权的价值

从企业资产并购的实践来看，多数情况下并购资产中包括目标公司的知识产权。为此，需要投资公司在尽职调查阶段对目标公司的各项知识产权在并购后的使用价值作出判断，以确定哪些知识产权是业务所依赖的，哪些没有太大的价值，哪些根本不需要，从而确定购买的范围。

知识产权是一种无形资产，跟企业业务密切相关并具有实用性的才有价值，并不是越多越好。譬如，投资公司准备在并购后生产自己品牌的产品，目标公司的商标的使用价值就不大。投资公司应当在尽职调查阶段掌握目标公司全部知识产权的信息，并在此基础上进行筛选，对是否受让这些资产、以何等价格受让这些资产、并购后如何使用这些资产作出明智的选择。

5.供销渠道及产品销售情况

资产并购交易的标的虽然是资产，但是取得资产并不是投资公司的根本目的，投资公司的目的是借助这些资产从事经营活动，并通过经营活动占领市场获取利润。因此，在资产并购的尽职调查阶段，投资公司有必要进一步了解目标公司的原料、能源、运输资源及渠道和价格；有必要了解目标公司产品的销售渠道和产品在目标市场的销售情况，从而在并购前最终确定并购后的经营方案，最大限度地继承和利用目标公司的供销渠道及产品市场份额。

6.目标企业出让资产的有效程序

目标企业出让资产的有效程序直接关系到投资公司并购交易的安全，所以投资公司应当在尽职调查阶段掌握目标公司出让资产的有效程序，并在操作中督促目标公司履行相关程序。目标公司出让资产的程序问题主要根据资产权属的性质以及企业章程的规定确认。如果目标公司为国有或集体所有制企业，或者国家持有目标公司10%以上的股份，转让资产应当报经当地政府的国有资产管理部门批准，并且其价格应当通过评估并经国有资产管理部门确认，以招拍挂的方式操作；如果目标公司为国有或集体所有制企业，转让资产应当经本企业职工大会或职工代表大会通过；如果目标企业既非国有也非国家持股，转让资产应当根据目标公司章程的规定经公司股东会批准即可；如果投资公司为外国企业除履行上述程序外，并购价格应当经过评估，并购合同应当报经当地商务部门批准。并购程序的有效性关系到并购行为的有效性，进而直接影响到投资公司的并购安全。

7.固定资产的账面净值情况

固定资产的原值减去累计折旧为净值，从原则上来是说并购资产的净值多少与投资公司无关，投资公司关注的是以转让价格登记取得的初始成本。但是投资公司在尽职调查阶段一定程度上了解并购资产中固定资产的净值，对双方协商并购资产中固定资产的价格、判断目标公司对资产转让价格的预期、了解固定资产的构建时间及使用情况等都有所帮助。

8.并购资产是否设立抵押或质押

从企业并购的实践来看，大多数目标企业的土地使用权和固定资产都因向银行贷款而抵押给银行。对此，投资公司应当在尽职调查阶段掌握目标公司资产抵押的情况，贷款抵押合同的内容、贷款的数额及还款余额，特别是必须明确是为目标公司自己的债务抵押还是为第三人的债务抵押。根据《中华人民共和国物权法》的相关规定，抵押人未经抵押权人同意或者不能以转让价款清除债务的，不能转让抵押资产，否则抵押权人享有物上追及权。对此，投资公司为了防避并购风险，必须查明目标公司资产抵押或质押的情况，并与目标公司及债务人磋商切实可行的解决方案。

9. 目标公司在建工程的情况

在并购实务中，凡是建设工程已经目标公司验收合格的，无论其在目标公司财务账目中如何登记，一律归为固定资产转让。对在建工程，应当查明情况，掌握合同内容和工程质量及进度及工程款付款进度，并据此与目标公司磋商以转让建设工程承包合同的方法并购在建工程项下的资产。目标公司在建工程项下的资产，不是已经完成的部分工程形成的资产，而是目标公司在建设工程承包合同项下已经支付的款项。

10. 目标公司员工的情况

从法律原则上说，在资产并购的情况下，目标公司的员工与投资公司无关，但是投资公司也必须从中国的国情出发，关注目标公司员工的处理方案，特别是目标公司出售资产后将进入清算程序或停产的情况。对此投资公司应当关注目标公司对员工的经济补偿，尤其是国企员工转变身份或解除劳动合同的经济补偿，防止因员工得不到经济补偿金而引发纠纷，影响并购后目标公司的生产经营活动。同时投资公司也应当关注目标公司员工的构成，并以此拟定投资并购后员工的聘用方案，使投资公司既不介入目标企业与员工之间的关系，又能以另行订立劳动合同的方法录用目标公司的基本员工。

11. 目标公司已经生效但未履行或尚未履行完毕的合同

投资公司应当在全面了解目标公司已经生效但未履行或尚未完毕的合同的基础上，将这些合同分为五类：

第一类：合同的主要权利义务已经履行完毕，处于保修期间的合同，比如工程已经交付并在转让资产之中，但目标公司仍留有保修金。这类保修合同应当以转让的方法处理，以保证投资公司并购后享有保修的权利。

第二类：公司原料、材料、能源等生产资料的采购合同，如果并购后目标公司仍使用这些能源，且合同的条件大致合理，投资公司就应当认同产品的原有销售渠道，投资公司就应当同意受让这些合同。

第三类：目标公司产品的销售合同，在一般情况下为了使用目标公司产品的原有销售渠道，投资公司都应当受让这些合同，同时也可以在办理合同转让手续时对合同的条款作适当的变更。

第四类：向银行贷款与其订立的借款合同或抵押贷款合同，如果投资公司为了节约现金流，可以考虑以受让这类合同作为支付并购价款的一种方式，实务中可将贷款合同连同抵押合同一并转让。

第五类：除上述四类外单纯构成目标公司债权或债务的合同，投资公司原则上不受应让这些合同。

12. 目标公司转供和共用情况

在一些出身国营的目标企业，由于历史的原因会有企业对员工家属房、附属企业、兄弟公司甚至社会转供水、电、气或其他能源的情况，有的目标企业与其他企业共用场地、道路、水源等。这些情况是企业办社会项目的遗留，它们的存在往往增加了目标企业生产经营活动的负担。投资公司应当在尽职调查阶段了解这些情况，并拟制解决方案。从实践经验来看，如果在尽职调查阶段发现这些问题，并将其解决作为并购的一个条件，会同目标公司或当地政府协商将其处理掉，如果留待并购后处理往往难上加难。

从上述资产并购尽职调查的主要内容可见，资产并购的尽职调查与股权并购的尽职调查存在很大区别。资产并购的进展调查主要围绕资产进行，包括资产的范围、质量效能、所有权和处分权等，而基本不问股东权益和目标公司的核算过程。掌握资产并购尽职调查的内容，对做好资产并购的尽职调查工作具有重要的指导意义。

关注点60 企业融资租赁与股权质押融资

1. 融资租赁

（1）融资租赁概述。

融资租赁（Financial Leasing）又称设备租赁（Equipment Leasing）或现代租赁（Modern Leasing），是指出租人根据承租人对租赁物件的特定要求和对供货人的选择，出资向供货人购买租赁物件，并出租给承租人使用，承租人则分期向出租人支付租金，在租赁期内租赁物件的所有权属于出租人所有，承租人拥有租赁物件的使用权。租期届满，租金支付完毕并且承租人根据融资租赁合同的规定履行完全部义务后，对租赁物的归属没有约定的或者约定不明的，可以协议补充；不能达成补充协议的，按照合同有关条款或者交易习惯确定，仍然不能确定的，租赁物件所有权归出租人所有。

融资租赁是集融资与融物、贸易与技术更新于一体的新型金融产业。由于其融资与融物相结合的特点，出现问题时租赁公司可以回收、处理租赁物，因而在办理融资时对企业资信和担保的要求不高，所以非常适合中小企业融资。由于融资租赁既帮助企业解决了购买大型设备自己资金不足的融资问题，抓住了市场机会，又为融资租赁企业提供融资业务的渠道，所以近年来融资租赁业务获得了快速的发展和业务增长。

（2）融资租赁尽职调查。

融资租赁的法律风险，主要在于租赁物质量存在问题、租赁物降价、承租方违约不按时支付租金等方面，鉴于融资租赁合同期一般较长，因此，如何进行相应的法律风险管理需要专业的律师进行深入的思考，而首先就应当从尽职调查开始。

针对融资租赁的法律风险管理，尽职调查主要从承租企业、租赁资产担保企业相关情况及租赁资产出售方等几个方面展开，表16-1是融资租赁尽职调查资料清单的详细内容。

表16-1　　融资租赁尽职调查资料清单

序号	资料类别与名称	备注
一、	承租企业资料	
（一）	基本情况	
1	企业情况简介	包括：历史沿革、隶属情况、机构设置、人员情况、经营情况、企业规模等
2	营业执照正副本	
3	组织机构代码证书正副本	
4	税务登记证正副本	
5	公司章程、出资协议、验资报告	
6	企业法定代表人、主要经营管理人员简历、信誉状况及身份证复印件	包括：法人代表证明书及授权书、法人代表签字样本
7	股东持股情况，关联企业控股、参股关系图	
8	公司组织机构结构图	

续表

序号	资料类别与名称	备注
9	公司人员结构情况（员工总数及结构）	职称结构（高级、中级、初级）学历结构（研究生、本科、大专）及年龄结构
（二）	信用情况	
10	主要信贷关系	包括：开户情况（开户日期、开户银行、账户类别）、信用等级、综合授信、信用记录、企业征信报告等
11	贷款卡（复印件）及最新查询记录	
12	主要资产抵押/质押情况	说明抵押质押资产名称、评估价值、抵押质押权利人、抵押/质押原因
（三）	经营情况	
13	公司经营及销售情况	主营业务变迁，主营产品结构、技术水平、市场竞争力等经营情况及近3年销售情况介绍
14	本年工作总结和下一年工作计划	包括：企业发展经营计划及重大投资计划
（四）	财务状况	
15	近三年度审计报告、最近一期财务报表及会计报表附注	
16	长期投资明细表	包括：被投资企业名称、注册资本、股权占比；主要子公司经营情况
17	银行借款明细表	包括：贷款银行、金额、用途、期限、利率、担保方式、还款计划、贷款形态（指是否被列为不良贷款）等
二	项目及租赁资产资料	
（一）	项目情况	
1	项目基本情况介绍	
2	项目可行性报告及国家相关部门的批准文件（复印件）	
3	环评报告批复（复印件）	
4	用地报告批复（复印件）	
5	项目竣工验收报告	
6	项目所在区域市场分析	
7	项目中长期盈利预测	
8	项目其他相关批复	

续表

序号	资料类别与名称	备注
（二）	租赁资产情况	
9	本项目拟租赁标的资产详细清单	
10	本项目拟租赁标的资产的意向用户购货协议（厂商租赁销售）	
11	拟租赁标的资产的权属证明（售后回租）	证明拟租赁资产所有权归属承租企业、无担保抵质押情况及其他所有权受限情况
12	拟租赁资产初始购买合同及原始发票（售后回租）	
13	承租人售后风险监控操作规范（厂商租赁销售）	承租人将拟租赁资产售出后对终端用户进行管理和监控
14	租赁资产财产保险单正本（售后回租、厂商租赁销售）	签订租赁合同后承租企业需将租赁资产保险受益人变更为租赁公司
（三）	授权情况	
15	承租企业董事会决议及授权	批准采用租赁方式融资并授权管理层
16	担保企业对本项目租赁标的资产提供担保责任的意向函	
17	国资局或上级主管部门批复承租人有权开展售后回租业务售后回租）	
三	担保企业资料	
（一）	基本情况	
1	企业情况简介	包括：历史沿革、隶属情况、机构设置、人员情况、经营情况、企业规模等
2	经年检的营业执照	
3	组织机构代码证书（复印件）	
4	经年检的税务登记证（复印件）	
5	公司章程、出资协议、验资报告	
6	企业法定代表人、主要经营管理人员简历、信誉状况及身份证复印件	包括：法人代表证明书及授权书法人代表签字样本
7	股东持股情况，关联企业控股、参股关系图	
（二）	信用情况	
8	主要信贷关系	包括：开户情况（开户日期、开户银行、账户类别）、信用等级、综合授信、信用记录等

续表

序号	资料类别与名称	备注
9	贷款卡（复印件）及最新查询记录	
10	主要资产抵押/质押情况	说明抵押/质押资产名称、评估价值、抵押/质押权利人、抵押/质押原因
（三）	经营情况	
11	公司经营及销售情况	主营业务变迁，主营产品结构、技术水平、市场竞争力等经营情况及近年销售情况介绍
12	本年工作总结和下一年工作计划	包括：企业发展经营计划及重大投资计划
（四）	财务状况	
13	近三年度审计报告、最近一期财务报表及会计报表附注	
14	银行借款明细表	包括：贷款银行、金额、用途、期限、利率、担保方式、还款计划、贷款形态（指是否被列为不良贷款）等
（五）	授权情况	
15	担保企业董事会决议及授权	同意对本项目租赁标的资产提供担保责任并授权管理层
四	租赁资产出售方相关资料（如有）	新设备直接租赁、厂商租赁销售

2.股权质押融资

（1）股权质押融资概念。

所谓股权质押融资，是指公司以取得现金为目的，通过股票质押融资取得资金用于弥补流动资金不足或解决公司其他方面的资金需求。股权质押融资不是一种标准化产品，在本质上更体现了一种民事合同关系，在具体的融资细节上由当事人双方合意约定。正常情况下，无论股票是否处于限售期，均可作为质押标的。限售股质押，在限售期先于行权时间结束的，应当认定质押合同有效。

（2）股权质押融资的尽职调查。

股权质押融资，即通过股权质押的方式获得来自银行或其他金融机构的贷款，为了确保质押的股权的真实性、合法性及其价值的相当，需要对质押的该部分股权乃至该股权所在企业进行详细的尽职调查，以保证贷款的安全性和可靠性。

股权质押融资针对两类不同的企业：上市公司和非上市公司。上市公司由于其受到相关上市公司严格规范的信息披露要求，很多信息和资料可以通过公开的渠道获得且具有相当的可信度，一般来说难度较小，只需要针对一些重要的方面或可能被忽略的方面进行重点的核查即可；而非上市公司的尽职调查，则要困难和复杂许多，譬如资料及信息的真实性问题、当事人刻意隐藏相关资料的问题等，需要尽调律师以敬业的精神、专业的经验及高度的责任感去认真对待，仔细挖掘。

［案例16-1］针对上市公司的股权质押融资尽职调查清单的范本

一、客户基本材料（尽职调查材料应加盖企业的公章）

借款人或保证人的资料：

法人营业执照副本（影印件）；

事业单位法人证书（影印件）（经年检合格，执照或证书在有效年限内）；

法人组织机构代码证书（影印件）；

法定代表人身份证明（影印件）；

法定代表人授权委托书、签字样本（原件及影印件）；

贷款证（卡）（影印件）（含年审记录情况和密码）；

上三年度及最新一期（最近月报或季报）会计师事务所审计；

报告和财务报表（资产负债表利润表/现金流量表所有者权益变动表附注），企业成立不足两年提供与其成立年限相当的财务会计报表；

有限责任公司、股份有限公司、合资合作企业或承包经营企业的董事会（股东会）或发包人同意设立股权质押融资、同意申请信贷的决议、文件或具有同等法律效力的文件或证明；

公司或有负债及对外担保及未决诉讼情况说明；

公司基本情况介绍（电子版）；

公司章程（影印件）；

律师事务所的法律意见书（或有）。

二、授信业务材料（借款人）

缴存保证金额度的意向性文件；

质押财产的权属证明文件、股票名称及持股证明、持股数量及性质、本次拟质押融资的股票数量；

持股股票目前的状态（是否已处于质押状态，以及已出质的股票数量，是否处于限售状态等）；

股份有限公司、有限责任公司、中外合资企业、中外合作企业出质的，须提供董事会（或股东会）关于同意质押担保的文件。

三、其他说明事项（融资资金的用途）

还款来源；

融资企业的介绍、经营情况分析及实际控制人简介。

由此可见，股权质押融资关注的重点还是在企业经营情况的基本面、债权债务状况及资金用途、还款能力等方面，确保债务履行的及时性、安全性。

如果是非上市公司，除了以上上市公司股票质押融资尽职调查的内容以外，至少还需要对以下内容予以关注：

（1）公司对外质押、抵押、保证等担保情况；

（2）公司及股票出质人的银行征信报告；

（3）公司固定资产及无形资产权属证、状态；

（4）公司及股票出质人涉讼及执行情况；

（5）资金用途的具体项目；若是房地产开发项目，则需提供“四证”及进展情况。

通过对股权质押公司的全面细致的尽职调查，以保证股权质押融资还款的安全与保障，是股权质押融资开展的前提及必要条件之一。

第17章

企业的法律情况调查

法律尽职调查是指在公司并购、证券发行等重大公司行为中，由律师进行的对目标公司或者发行人的主体合法性存续、企业资质、资产和负债、对外担保、重大合同、关联关系、纳税、环保、劳动关系等一系列法律问题的调查。

法律尽职调查大体分为两种，即公司并购的法律尽职调查和证券发行等重大行为的法律尽职调查。私募股权投资从本质上可以归类于公司并购，因此，私募股权投资中的法律尽职调查属于公司并购类的法律尽职调查。

法律尽职调查是为了全面评估企业资产和业务的合规性及签字的法律风险。法律尽职调查主要关注点包括：（1）公司设立及历史沿革问题；（2）主要股东情况；（3）公司重大债权债务文件；（4）公司重大合同；（5）公司重大诉讼、仲裁、行政处罚文件；（6）税收及政府优惠政策等。

在私募股权投资中，目标企业和私募股权投资者拥有的信息是不对称的。私募股权基金在投资前进行法律尽职调查的根本目的是避免因信息不对称带来的重大交易风险，尽职调查是私募股权基金与目标企业的一张“安全网”。对私募股权基金而言，对目标企业的法律尽职调查是一种风险管理，因为私募股权投资存在各种各样的风险。因此，私募股权投资者有必要通过尽职调查来尽量消除双方在信息上的不对称。如果法律尽职调查认为目标企业存在风险和法律问题，双方便可以就相关风险和义务进行谈判。同时私募股权投资者可以决定在何种条件下继续进行私募股权投资活动。

法律尽职调查的渠道与商业尽职调查、财务尽职调查的渠道相似，主要分为目标公司资料准备和现场实地调查。

1.公司资料准备

在开展尽职调查之前，法律尽职调查人员按照调查所需制定调查清单，明确要求目标公司或相关当事人严格按照客观、真实的原则提供清单所需文件。通常情况下，文件清单除了包括目标公司的资本资料和公司章程外，还应包括企业的资产和负债相关合同、交易合同、劳动合同、已决未决诉讼和仲裁法律文件、知识产权等重要法律文件。当然，每个项目都有其自身的特殊性，在制定文件清单时，还应遵循灵活机动的原则。

2.现场实地调查

为核实上述资料的真实性，法律尽职调查人员根据实际需要，不仅要去企业内部进行实地调查，还要深入合同关联方企业、单位进行调查。有些目标公司的法律事项需要第三方出具证明，法律尽职调查人员可通过发函或者电话向第三方获取证明。尽管商业尽职调查、财务尽职调查、法律尽职调查三种尽职调查侧重点有所不同，但很多资料会有重复需求，因此三种尽职调查的渠道可能重合，获取资料也可共享。

法律尽职调查是一项专业性很强的律师工作和业务。律师除了需要具备扎实的法律专业知识和经验外，还应当具备丰富的尽职调查知识和经验，认真细致地去收集、整理、辨析及审核公司大量的资料、信息，以便发现企业从设立到变更、发展和经营过程中存在的不规范问题及法律风险和瑕疵。为了达到良好的工作效果，律师从事尽职调查应当遵循一定的程序、方法，按照一定的步骤进行操作。

（1）根据尽职调查对象的情况、目标和任务，组建律师尽职调查班子或中介机构尽职调查小组。小组成员包括律师、会计师及券商或者投资公司的人员，尽职调查小组的成员应当进行明确的分工。如果尽职调查涉及的问题专业且复杂，则可能需要多名一专多能的律师参与，如既懂财务、经济，又懂知识产权的专业律师参与。另外需要一名资深律师总体协调、负责。如果涉及其他方面的专业问题，也可以根据实际情况的需要由更多的专业律师或其他专业人员共同参与、分工协作。

（2）律师应就委托进行尽职调查的目的、任务、工作周期要求、目标企业的基本情况、服务内容等与委托人进行前期的充分沟通。了解企业是否涉及本次经济活动相关法律规定或并购企业的红线，从而作出是否需要正式进入尽职调查程序以及是否接受委托。

（3）在初步沟通的基础上，确定好调查目标、调查清单、调查问卷、调查重点内容、调查对象和调查途径等，以确定尽职调查的初步方案和步骤。

（4）在向尽调对象发送尽职调查清单、尽职调查问卷的同时签署保密协议，为正式入场从事尽职调查做好前期铺垫。尽职调查清单必须反映本次尽职调查的目的，并根据尽调对象的具体情况作出适当调整，以适应实际的需要；同时，鉴于尽职调查清单涉及内容庞杂，一些表达不容易理解，尽调律师应在提供尽职调查清单的同时向企业人员逐页逐条作出详细的解释说明，并聆听其关于尽调清单的反馈问题和疑惑。

（5）根据调查清单，对每项调查内容逐项收集资料、核查、审阅，并详细记载发现的问题、存在的疑点。

在上述步骤完成后，律师就应对前期的工作做好适当部署，如联系尽调对象做好初步电话沟通；以邮件、QQ或其他方式发送尽职调查清单，以便对方有充分的时间提前准备相应的资料；对尽职调查清单中表达不易理解的部分进行解释，核对已提供的资料及无法获得的资料。总之，律师应在初步达成尽调合作协议后及时做好尽调的前期工作，以保证现场尽调工作的顺利进行并提高尽调的效率。

律师承办尽职调查应当在所执业的律师事务所办理以下手续：

（1）律师承办尽职调查法律业务必须经由其所在的律师事务所统一接受委托，统一指派。对于疑难、复杂的尽职调查，应当指派专业经验丰富的律师参与或者作为负责人进行把关。根据法律的有关规定，律师个人不得以任何形式或名义私自接受委托。

（2）律师事务所同意接受委托的，应由律师事务所负责人或授权代表签订委托合同办理委托手续。接受委托后，如无正当理由，律师事务所不得随意解除委托。

（3）委托合同的内容由律师事务所和委托人协商确定，并由双方签署并加盖公章。委托合同应必备的实质性内容为：承办律师、委托事项、服务范围、工作方式、工作成果的形式及交付，双方权利义务，服务期间，律师费用的数额及支付方式，违约责任合同变更和解除、争议的解决等条款。

（4）由于尽职调查工作涉及企业很多方面的经营信息和技术信息，为了解决企业在此方面配合的顾虑，而且满足律师执业纪律的要求，双方应当在开展尽职调查之前签署“保密协议”，确定双方在工作中有关保密的权利与义务，以利于被调查对象打消顾虑，积极配合，真实地提供资料并如实地提供律师所需要的信息，从而达成律师尽职调查的目的。

尽职调查既可以作为其他业务中的一部分工作，也可以是其他业务中的前置工作，还可以成为一项独立的法律业务。

律师事务所可以单独就尽职调查法律业务接受委托，也可以在接受其他法律业务的委托中包括尽职调查的内容，或所接受的其他法律业务委托中必然连带产生尽职调查的法律服务内容，或尽职调查未完成所受委托法律服务的前置程序。

关注点61 企业的知识产权

知识产权尽职调查，是指基于特定的商事需求，委托第三方专业机构或人员对目标公司的知识产权进行全面性调查及系统性梳理，为委托方或预期投资者提供目标公司可能影响预期商业计划或其他关键因素的知识产权信息，最终形成专业性综述报告的非诉讼法律服务活动。

知识产权尽职调查的目的是通过调查被收购方的相关信息并发现问题和潜在风险，主要确认以下事项：（1）权属关系和权利内容；（2）权属关系有无瑕疵及法律问题；（3）在行业内的竞争力；（4）对企业的经济价值及战略价值；（5）对业务发展可能带来的不确定因素；（6）为收购价格提供参考；（7）为实施收购的条件及与收购的相关合同提供参考。

1. 企业知识产权尽职调查重点关注问题

企业知识产权尽职调查中应当关注以下八个方面的问题。

一是关注企业的基本情况。

由于每家公司所处行业不同，企业经营是否健康，有无重大风险点，都是合作伙伴和投资各方非常关注的问题，在企业知识产权尽职调查中，需要全面排查企业的产品和服务情况、销售市场情况、技术来源、研发历史等各种与技术、产品相关的背景材料，以评估企业在知识产权方面的发展脉络、布局情况、保护情况和风险情况。

知识产权尽职调查的范围，以下列举了在企业可能会涉及的知识产权相关内容，以便参考。

（1）商标，商号，企业名称，商誉；

（2）专利（发明、实用新型、外观设计），著作权；

（3）半导体集成电路的布图设计权；

（4）技术秘密，商业秘密；

（5）与企业/商品相关的网络域名；

（6）植物新品种的新品种权；

（7）掌握核心技术的重要人物；

（8）作为企业出资部分的知识产权。

针对掌握关键核心技术的人员，是评价企业整体知识产权价值的重要因素，没有核心研发技术人员，企业知识产权的竞争力也会大打折扣。

其中专利是知识产权中的一项重要内容，因此，在专利的尽职调查过程中，需要注意以下事项：

（1）专利的数量、类型、有效性；

（2）技术发展趋势、成熟度、可实施性；

（3）专利的权属、已有专利纠纷；

（4）预测潜在的专利纠纷风险；

（5）竞争对手的专利布局。

企业的基本情况或者基本面，是尽职调查的重要关注点之一。企业是否经营健康，有无重大风险点，是投资方或合作方非常关注的问题。在知识产权尽职调查中，需要了解调查对象的产品和服务情况、销售市场情况、技术来源、研发历史等各种与技术、产品相关的背景材料，以评估企业在知识产权方面的发展脉络、布局情况、保护情况和风险情况。

企业的基本面信息有时可以通过其官网、新闻舆论等获知端倪。例如，在某尽调项目中，调查对象在官网和相关采访报道中对核心技术和产品有明显的过于夸大的情况，后续经过检索发现该等技术相关的专利早已过期失效，导致调查对象核心资产集中在获证情况和商业秘密方面，但深入调查之后发现国内大量的合作项目都有夭折情形，在获证和商业秘密方面亦存在明显缺陷，最终尽调结果偏于负面，后续该调查对象的发展也验证了尽调结论。

此外，知识产权管理情况也属于企业基本面的考察指标，企业建立起规范的知识产权管理体系，特别是通过贯标等方式建立起高效运转的管理机制，对企业知识产权保护大有裨益。作为调查对象而言，如果在发展期间能够从各方面建立起完善的知识产权管理和保护体系，则将极大提升其潜在商业价值。

二是关注知识产权布局。

企业的知识产权布局主要包括商标、专利、商业秘密/专有技术等方面。根据企业所处行业不同，以及企业自身的特点，在知识产权布局方面可能会有不同的侧重。

企业家要知道知识产权是做什么的，在什么时候用。知识产权根本的作用在于服务企业的发展，不要把知识产权神化、异化了。知识产权布局的类型也多种多样，需要根据具体情况确定保护的策略。如果创新不便于公开则用商业秘密进行保护；如果创新型产品发明、方法发明或外观发明，则用专利进行保护，如果创新是标识，则用商标来保护，如果创新是一般作品或软件程序，则用著作权进行保护。

企业在创业之初就应当具有国际视野，通盘考虑国内国外两个市场，把握好继承、山寨和创新的尺度。对落入竞争对手专利保护范围的技术/产品的漏洞进行改进后，就改进部分申请“盾型专利”。针对竞争对手的技术/产品的漏洞，在其可能改进的方向上提前申请“矛型专利”。

三是关注核心技术和人员。

核心技术包括知识产权、专有技术、特许经营权等形式，在对核心技术进行核查时应当注意各个技术形式的特点，其中应当重点核查核心技术的权属及许可使用情况。

对核心技术人员的认定，实务中主要依赖企业内部的自主认定，因此企业在对核心技术人员的选择和认定上有较大的弹性空间。通常情况下，由于技术人员技能的专业性，其从原单位离职后从事的工作类型往往会与原单位存在重合的可能。

因此，在核查核心技术归属时应当重视对企业研发计划、技术产生过程、主要利用的物质技术条件、技术人员背景、原工作单位、在原单位从事的工作任务等情况的调查，防止技术成果与原单位的职务发明创造在专利申请权上发生争议，防止落入侵权诉讼乃至构成企业上市实质性障碍。

四是关注技术合作相关风险。

涉及技术委托开发和共同开发时，各方当事人应当注意技术开发的方式，对技术成果的使用权、转让权以及申请专利的权利分别进行明确的约定。

如果是通过许可方式获得技术，应当注意许可类型，包括许可实施期限是否超出权利有效期，许可实施地域是否限定在特定区域，许可实施行为是制造许可、销售许可、使用许可还是包括所有行为的许可，许可是否具有排他性、被许可人的数量等问题。知识产权交易内容为专有技术的，应当注意技术的交付方式、技术标准、预期效果、资料交付以及技术指导等方面的约定。

五是关注企业的行业限制。

企业所处的行业各有不同，很多行业有其特殊之处，需要倍加关注。例如在烟草行业，需要关注与烟草管制相关的法律法规和行业规范，如果没有获得合法的资质，则会使得调查对象的商业价值大打折扣。又如，在航空领域，有关航空器的适航认证方面的特殊要求，也会极大影响调研对象的潜在价值，如果未能获得国内外相关的合法认证，则将会使得投资方难以达到项目合作的预期，使得投资者的利益受损。

此外，在生物医药和医疗器械领域，国家药品监督管理局、美国食品药品监督管理局（FDA）、欧洲CE认证等获证情况，以及中国临床试验注册情况、美国临床试验情况也对相关企业的经营具有深远的影响。作为知识产权律师，应十分关注监管审批机构的最新规范要求和立法动态，以期更全面地了解调研对象的实际情况。例如，在目前药品专利链接制度之下，如果仿制药企作为调研对象，则需要关注其在药品专利链接制度之下的纠纷情况，以便客观评估其产品风险。

六是关注外部协议签署情况。

企业在对外经营中，无论是采购还是销售，都会涉及大量的协议签署，此时应特别关注该等协议中的知识产权条款问题。如果约定不清或者约定不利，则也有可能会影响到企业本身的经营风险和产品的市场前景。

例如，在某调研项目之中，调研对象的重要产品零件采购自其他厂家，但在采购合同之中，并未明确相关的知识产权是否有许可，也未约定如果该零件发生诉讼时，是否能够获得诉讼方面的资金或技术人员支持。此时，作为调研对象而言，如果一旦发生纠纷，则可能会导致整体产品的风险陡增，进而影响其市场份额。

七是关注知识产权风险管控。

作为企业而言，知识产权风险管控体现在日常工作中的各个方面。例如，在产品立项或研发之前，是否对专利等知识产权进行前期调研或风险排查。在产品研发过程中，有无跟踪研究竞争对手的知识产权情况，在发生技术冲突的情况下，是否及时调整产品的研发方向或技术实现路径。在产品上市之前，是否有进行FTO等工作，特别是在进入海外市场的时候，是否有对该市场进行针对性的风险诊断。而在产品上市之后，是否有对市场进行紧密跟踪，销售人员是否及时反馈产品的销售和技术发展动向等情况。

以上都体现在企业的日常知识产权风险管控工作之中，如果这些基础的工作有做到，并留有记录，则将极大降低其产品相关风险。如果还能制定相应的风险响应机制，并留有足够的财政预算，则将使知识产权尽职调查的结果更为理想。

八是关注诉讼纠纷相关风险。

知识产权诉讼等相关法律纠纷，永远是企业知识产权尽职调查的重中之重。企业如果核心产品或者核心技术卷入诉讼之中，则将会非常影响其尽职调查的结论。但作为企业来说，诉讼风险防不胜防，特别是在产品上市、企业上市的关键节点上。

作为调查对象，对于诉讼纠纷，应诚信报告，并平和对待。最忌讳的情况是故意隐瞒无法查询到的诉讼相关信息，例如在某调研项目中，尽调初始时该调查对象并未主动报告有涉诉情况，但随着尽调的持续，后来发现该调查对象在与政府部门合作类似项目的过程中，出现涉案金额甚巨的重大诉讼案件，且在尽调期间被申请执行，企业对此也无法给出合理的解释，这种情况会导致尽调结论非常不利于调查对象。

此外，在面对诉讼纠纷时，调查对象需要兼顾考虑商业侧和法律侧两个维度，从而选择对自身解决纠纷最为有利的手段。无论应诉与否，都应当试图将其影响力降到最低，避免对正常生产经营造成不利影响。

2. 企业知识产权尽职调查方法与流程

在关注以上几个方面的问题后，对企业知识产权的尽职调查可按以下要点进行。

（1）尽调重点。

公司的知识产权包括专利、商标、版权、商业秘密、特许经营权，以及公司现在所使用的技术和生产工艺的先进程度、成熟程度、特点、性能和优势、是否高新技术企业等，对于轻资产运营的高新技术企业来说，这些都构成了企业的核心竞争力，也决定着企业的可持续发展及未来发展潜力，是尽职调查需要重点核查的内容之一。

对于知识产权的核查，应重点关注以下几个方面：

①权利的确定。

特别是对诸如专利权、商标权等权属关系的审查，其中不但包括权利证书上的登记状况、权属关系（有无共有人、担保、授予第三人许可使用权等）的确认，还需要调查权力的期限，可能发生无效、被取消的风险，有无第三人侵权，权利被保护的范围，企业如果还有多项准备申请的发明、是否属于职务发明，商标则需审查是否已注册、是否属于驰名商标等相关信息。

另外还应注意审查知识产权的有效性。如对于专利问题，应审查企业是否按时缴纳年费以维持其专利的有效性，必要时可通过查询专利登记簿来确定尽职调查时的法律状态，审查其是否被无效，或因其他原因失去专有权。对于注册商标，则要特别注意审查商标有效期及其是否在期限届满前申请续展并获批准。

②或有债务。

虽然知识产权的使用能给权利人带来利益，但有些情况下也可能会给权利人带来一些或有债务的发生。例如，当某一专利侵害了第三人的合法权利时，有可能被行政机关或法院采取保全措施或被原告要求损害赔偿。有些国家对专利商标侵权的打击非常严厉，因此如果被收购方的产品有出口的话，应该特别调查所有出口国的法制环境，研究在国外侵害第三人正当权利或被要求损害赔偿的可能性。另外，对于新《专利法》第6条、第8条规定的职务发明、共同发明、委托发明等特殊情况下的实施专利时的专利使用费，也必须了解相关的合同条款，以免将来在并购完成后需要由收购方支付巨额的专利使用费。

③合同风险。

被收购方与第三方签订的与知识产权相关的包括授权许可合同、共同开发合同、委托开发合同、特许经营合同等合同中，有没有对被收购方不利的条款、收购行为对合同会产生什么样的影响、合同中关于权利义务继承的条款等都需要尽调律师认真研究。有的合同规定，由于权利人的变化合同即时解除或相关条件随即发生变更，遇到这种情况就需要考虑是否应该事先与合同相对方进行沟通以争取对方的书面同意，由变更后的主体承继原来的合同权利义务。

④对知识产权的尽职调查有其局限性。

特别是专利类的知识产权，如发明，即使在调查期间是有效的，也会因新技术的发展失去其新颖性和独创性而被法院判定无效。所以收购方在决定收购时，应该有选择性地挑选生命力较强的专利作为收购目标。而对于为收购方提供尽职调查服务的律师来说，也必须事先提醒收购方尽职调查的局限性。

（2）调查的材料及具体内容。

①企业知识产权登记清单，包括本企业所有、与共有人共同所有及本企业只具有使用权的专利、外观设计、实用新型、商标、商号、商誉、软件等著作权、商业秘密、专有技术、与企业/商品相关的网络域名等，以及相关的权利证书、缴费凭证、变更手续通知书、登记簿副本、他项权协议及登记备案文件、使用许可或转让协议、合同等法律文件，双方是否存在纠纷或争议等，正在申请的知识产权清单，使用许可合同、共同技术开发合同、委托合同、权利转让合同等。

②掌握核心技术的重要人物，作为企业出资部分的知识产权。

③企业内部关于职务发明的规章制度，企业关于商业秘密保护的规章制度。

④与知识产权相关的股东会（大会）决议、董事会决议、重要的会议记录。

⑤企业知识产权管理部门人员名单、知识产权管理规章制度。

⑥过去或现在发生的知识产权诉讼、仲裁情况说明、判决书以及行政机关的处罚通知书。

⑦聘请的律师事务所、知识产权代理机构等知识产权顾问单位的名单及相关的委托合同。

（3）调查方法及途径。

对于知识产权的核查，主要采取以下几种方式：

①查阅并验证权属证明文件。

②网络检索。

③咨询专利代理机构。

④查询专利公报、登记簿副本。

⑤走访的政府部门或单位。

以上着重介绍了知识产权尽职调查工作中的几大关注点，兼顾这些关注点，并深入检索、访谈、调查、核实，就能最大限度地接近事实真相，达成知识产权尽职调查的最终目标，从而更好地服务于企业的未来发展。

总之，企业知识产权尽职调查，就是梳理知识产权资产，排查知识产权风险。对于重大的知识产权尽调项目，知识产权律师还应当注意团队协作，分工合作，以便高效、负责任地给出全面的尽职调查结果。

关注点62　企业的环境保护

2020年12月30日，中央全面深化改革委员会第十七次会议审议通过了《关于加快建立健全绿色低碳循环发展经济体系的指导意见》和《环境信息依法披露制度改革方案》。会议指出，环境信息依法披露是重要的企业环境管理制度，是生态文明制度体系的基础性内容。要针对存在的突出问题，聚焦对生态环境、公众健康和公民利益有重大影响，市场和社会关注度高的企业环境行为，落实企业法定义务，健全披露规范要求，建立协同管理机制，健全监督机制，加强法治化建设，形成企业自律、管理有效、监督严格、支撑有力的环境信息强制性披露制度。根据该政策要求，“十四五”期间，完善并实施上市公司环境信息强制性披露制度是证监会以及生态环境等部门的一项重要工作，具体要求如下：

1.需强制披露环境信息的上市公司

对于企业环境信息公开，我国法律目前规定的是强制公开和自愿公开相结合的原则。

对于需要强制披露环境信息的上市公司，依照相关法律、法规、规章和业务规则等，有以下九类公司：

属于重点排污单位的上市公司；

实行排污许可重点管理的上市公司；

排放有毒有害水污染物的上市公司；

生产、进口机动车、非道路移动机械的上市公司；

产生、收集、贮存、运输、利用、处置固体废物的上市公司；

实行强制性清洁生产审核的上市公司；

发生与环境保护相关重大事件的上市公司；

纳入“深证100指数”的上市公司；

在上海证券交易所上市的从事火力发电、钢铁、水泥、电解铝、矿产开发等对环境影响较大行业的上市公司。

2.上市公司环境信息强制披露的时限要求

（1）属于重点排污单位的上市公司。

要在环境保护主管部门公布重点排污单位名录后九十日披露环境信息；新生成或变更环境信息的，要在生成或变更之日三十日内披露。

（2）实行排污许可重点管理的上市公司。

尚未取得排污许可证的，应当在提交排污许可申请材料前按规定进行披露。已取得排污许可证的，应当按照排污许可证管理条例的规定进行披露。

（3）排放有毒有害水污染物的上市公司。

现行规定中未对其环境信息披露的时限进行明确规定，建议上市公司参照重点排污单位环境信息披露的时限进行披露。

（4）生产、进口机动车、非道路移动机械的上市公司。

应当在车辆出厂或进口车辆入境前披露相关车辆的环境信息。其中，车辆维修技术信息应在相关车型上市之日起6个月内披露，并在有关信息发生变化时及时更新。

（5）产生、收集、贮存、运输、利用、处置固体废物的上市公司。

现行规定中未对其环境信息披露的时限进行明确规定，建议上市公司参照重点排污单位环境信息公开的时限进行披露。其中，从事生活垃圾处理的，其实时监测的污染排放数据应当实时披露。

（6）实施强制性清洁生产审核的上市公司。

应当在实施强制性清洁生产审核的企业名单公布后一个月内披露相关信息。

（7）发生与环境保护相关重大事件的上市公司。

应当在触及披露时点的两个交易日内进行披露。披露时点包括：

①董事会或者监事会就该重大事件形成决议时；

②有关各方就该重大事件签署意向书或者协议时；

③董事、监事或者高级管理人员知悉该重大事件发生并报告时；

④出现该重大事件难以保密的情形时；

⑤该重大事件已经泄露或者市场出现传闻时；

⑥公司证券及其衍生品种出现异常交易情况时。

（8）纳入“深证100指数”的上市公司。

除应遵守上述环境信息披露的时限要求之外，还应当按照深圳证券交易所

《上市公司规范运作指引》等相关规定的要求，在每个会计年度结束之日起四个月内单独披露社会责任报告。

（9）在上海证券交易所上市的从事火力发电、钢铁、水泥、电解铝、矿产开发等对环境影响较大行业的上市公司。

除应遵守上述环境信息披露的时限要求之外，还应当在公司年度社会责任报告中披露或单独披露环境信息。

3.上市公司环境信息披露的方式

上市公司可以采取不同方式进行环境信息披露，包括利用报刊、网站、公司环境信息公开平台等便于公众知晓的方式进行公布；或在招股说明书、募集说明书、上市公告书、定期报告和临时报告等上市公司信息披露文件中进行说明等。

4.上市公司应披露的环境信息内容

上市公司应真实、准确、完整披露环境信息。

5.上市公司应当强制披露的环境信息内容

（1）属于重点排污单位的上市公司。

基础信息，包括单位名称、组织机构代码、法定代表人、生产地址、联系方式，以及生产经营和管理服务的主要内容、产品及规模；

排污信息，包括但不限于主要污染物及特征污染物的名称、排放方式、排放口数量和分布情况、排放浓度和总量、超标情况，以及执行的污染物排放标准、核定的排放总量；

防治污染设施的建设和运行情况；

建设项目环境影响评价、环境影响评价批复、建设项目竣工环境保护验收及排污许可证等其他环境保护行政许可情况；

建设项目配套的环境保护设施竣工日期、调试的起止日期和验收报告（除按照国家需要保密的情形外）

环境风险防范工作开展情况、突发环境事件应急预案及演练情况、突发环境事件发生及处置情况，以及落实整改要求情况；

环境自行监测方案；

其他应当公开的环境信息。

（2）实行排污许可重点管理的上市公司。

在申领排污许可证前应当公开承诺书、单位基本信息、拟申请许可事项。

在取得排污许可证后，应当公开污染物排放信息。包括污染物排放种类、排放浓度和排放量，以及污染防治设施的建设运行情况、排污许可证执行报告、自行监测数据等；其中，水污染物排入市政排水管网的，还应当包括污水接入市政排水管网位置、排放方式等信息。

（3）排放有毒有害水污染物的上市公司。

依法应当公开有毒有害水污染物信息。现行规定中未对有毒有害水污染物信息的内容进行细化，建议上市公司参照重点排污单位排污信息公开的内容进行披露。

（4）生产、进口机动车、非道路移动机械的上市公司。

①机动车和非道路移动机械生产、进口企业基本信息。

②机动车和非道路移动机械污染控制技术信息，包括车机型基本参数、动力系信息、污染控制信息、传动系信息和其他相关信息。

③机动车和非道路移动机械排放检验信息：型式检验、生产一致性检验、在用符合性检验和出厂检验信息，包括检测结果、检验条件、仪器设备、检测机构信息等。

除此之外，机动车生产、进口企业还应当公开有关维修技术信息，具体见《汽车维修技术信息公开目录（2015年版）》。

（5）产生、收集、贮存、运输、利用、处置固体废物的上市公司。

依法应当强制披露固体废物污染环境防治信息。其中，从事生活垃圾处理的上市公司依法还应当公开其实时监测的污染排放数据。

（6）实施强制性清洁生产审核的上市公司。

实施强制性清洁生产审核的上市公司，应向社会披露其强制性清洁生产审核结果。除此之外，还应当分情况披露以下相关信息：

①污染物排放超过国家或者地方规定的排放标准，或者虽未超过国家或者地方规定的排放标准，但超过重点污染物排放总量控制指标的，公布的主要信息包括：企业名称、法人代表、企业所在地址、排放污染物名称、排放方式、排放浓度和总量、超标及超总量情况。

②超过单位产品能源消耗限额标准构成高耗能的，公布的主要信息包括：企业名称、法人代表、企业所在地址、主要能源品种及消耗量、单位产值能耗、单位产品能耗、超过单位产品能耗限额标准情况。

③使用有毒有害原料进行生产或者在生产中排放有毒有害物质的，公布的

主要信息包括：企业名称、法人代表、企业所在地址、使用有毒有害原料的名称、数量、用途，排放有毒有害物质的名称、浓度和数量，危险废物的产生和处置情况，依法落实环境风险防控措施情况等。

符合两种以上情况的企业，应当参照上述要求同时披露相关信息。

（7）发生与环境保护相关重大事件的上市公司。

应当强制披露相关重大事件的产生原因、目前的状态、拟采取的整改措施等事件情况及对公司经营以及利益相关者可能产生的影响。环境保护相关重大事件包括但不限于：

①出现重大环境污染问题或突发环境事件；

②新、改、扩建具有重大环境影响的建设项目等重大投资行为；

③因为环境违法违规被环保部门调查，或者受到重大行政处罚或刑事处罚，或被有关人民政府或者政府部门决定限期治理或者停产、搬迁、关闭；

④公司由于环境问题涉及重大诉讼或者其主要资产被查封、扣押、冻结或者被抵押、质押的；

⑤公司被国家环保部门列入污染严重企业名单的；

⑥新公布的环境法律、法规、规章、行业政策可能对公司经营产生重大影响；

⑦可能对上市公司证券及衍生品种交易价格产生较大影响的其他有关环境保护的重大事件。

（8）纳入“深证100指数”的上市公司。

除应遵守上述环境信息批量的相关规定之外，还应当在社会责任报告中说明以下内容：

①公司在环保投资及技术开发、环保设施的建设运行以及降低能源消耗、污染物排放、进行废物回收和综合利用等方面采取的具体措施，并与国家标准、行业水平、以往指标等进行比较，用具体数字指标说明目前状况以及改进的效果，如存在未达标情况应如实说明；

②如报告期内被行政处罚的，应披露处罚事项、处罚措施、影响及整改情况；

③没有重大环保问题的公司，需明确披露“公司不存在重大环保或其他重大社会安全问题”。

（9）在上海证券交易所上市的从事火力发电、钢铁、水泥、电解铝、矿产开发等对环境影响较大行业的上市公司。

除应遵守上述环境信息披露的相关规定之外，还应当在社会责任报告中公开以下信息，并应重点说明公司在环保投资和环境技术开发方面的工作情况：

①公司环境保护方针、年度环境保护目标及成效；

②公司年度资源消耗总量；

③公司环保投资和环境技术开发情况；

④公司排放污染物种类、数量、浓度和去向；

⑤公司环保设施的建设和运行情况；

⑥公司在生产过程中产生的废物的处理、处置情况，废弃产品的回收、综合利用情况；

⑦与环保部门签订的改善环境行为的自愿协议。

（10）上市公司可以自愿披露的环境信息内容。

上市公司环境信息披露同样也是上市公司彰显社会责任心、树立良好企业形象的重要机会。上市公司在履行法定环境信息披露义务的同时，还可以通过环境信息披露的方式对公司积极参与环境保护的行为进行宣传，如，上市公司积极进行环保投资的信息，采用清洁能源、改进生产工艺等清洁生产信息，自愿改善环境行为的信息以及积极从事环境保护的其他信息等。

可见，一直以来，环保问题都是IPO及新三板挂牌审核重点关注的问题。

1.调查内容

（1）招股说明书是否详细披露了发行人生产经营与募集资金投资项目是否符合国家环保要求，最近3年的环保投资和相关费用成本支出情况，环保设施实际运行情况以及未来的环保支出情况。

（2）保荐人和发行人律师是否对发行人的环保问题进行详细核查，包括是否符合国家环保要求，是否发生环保事故，发行人有关污染处理设施的运转是否正常有效，有关环保投入、环保设施及日常治污费用是否与处理公司生产经营所产生的污染相匹配等。

（3）曾发生环保事故或因环保问题受到处罚的，除详细披露相关情况外，保荐人和发行人律师还需要对其是否构成重大违法行为出具意见。

2.审核内容及材料

（1）公司生产工艺、流程是否符合环境保护相关法律法规，公司在环境保护方面的投入及未来可能的投入情况。

（2）建设项目清单（包括已建、在建和拟改扩建项目）。

（3）建设项目所涉环境影响报告书、环境影响报告表或者填报环境影响登记表。

（4）环保部门（省级以上）对公司拟投资项目出具的证明或环保影响评价报告及其审批文件。

（5）环保设施检测报告（表）或者环境保护验收调查报告（表）。

（6）建设项目环保验收批准文件。

（7）公司出具的关于环保设施建设、运转使用情况的说明。

（8）公司出具的关于产品及其生产过程中是否含有或使用禁用物品的说明（如有）。

（9）关于环境事故的情况说明（如有）。

（10）生态环境部门对公司做出的任何命令、罚款、整改或调查的有关通知文件（如有）。

（11）因环保事项而引发的诉讼、仲裁、行政复议事项（包括但不限于侵害赔偿等）的文件决定书、判决书、仲裁裁决其履行、执行的最新状况说明（如有）。

（12）公司排放的主要污染物应达到的国家或地方规定的排放标准及污染物排放水平的说明。

（13）处置固体废物的情况说明。

（14）水污染物排放许可证或临时排污许可证。

（15）大气排污许可证。

（16）排放污染物申报登记表。

（17）排污核定通知书。

（18）排污费缴纳通知单。

（19）排污费缴纳凭证。

（20）公司涉及危险品情况的说明。

（21）危险物处置协议（如有）及处置方的资质证明文件。

（22）危险废物转运联单及跨市转移批准文件。

（23）环保部门出具的环保核查意见。

（24）访谈调查笔录和其他有关文件。

3.调查程序

（1）取得国家环保主管部门的书面证明，确认公司的生产经营活动符合有关环境保护的要求，公司最近2年是否存在因违反有关环境保护方面的法律法规而被处罚的情况。

（2）取得环保主管部门（省级以上）对公司拟投资项目出具的证明或环保评价报告，确认公司拟投资项目符合有关环境保护的要求。

（3）与公司进行会谈（会谈记录），并实地考察，了解公司生产过程中“废”的排放情况及其他污染情况，取得国家地方有关该行业、企业的排污标准及公司污染排放指标，检查是否在国家规定范围之内。

（4）与公司进行会谈（会谈记录），了解公司近3年治理污染采取的具体措施及资金投入，讨论对公司产品成本及未来生产经营的影响，并分析其可能产生的风险。

近年监管机构对各类生产项目的环保核查力度不断加大、相关检查标准也不断趋严，因此律师在对危险化学品项目进行核查的过程中，也需要贯穿项目建设、生产和经营核查环保事项的落实情况。企业在建设过程中，应按照环境保护法律法规的监管要求，取得环评影响评价批复和环评验收。投产后，应按照法律法规的要求，取得排污许可证，处置废弃危险化学品。

4.环境影响评价

国家实行建设项目环境影响评价制度，对建设项目实施后可能造成的环境影响进行分析、预测和评估，提出预防或者减轻不良环境影响的对策和措施，进行跟踪监测的方法与制度。根据建设项目对环境的影响程度，对建设项目的环境影响评价实行分类管理：可能造成重大环境影响的，应当编制环境影响报告书，对产生的环境影响进行全面评价；可能造成轻度环境影响的，应当编制环境影响报告表，对产生的环境影响进行分析或者专项评价；对环境影响很小、不需要进行环境影响评价的，应当填报环境影响登记表。

（1）相关规定。

《建设项目环境保护管理条例（2017修订）》第六条规定，国家实行建设项目环境影响评价制度。第九条规定，依法应当编制环境影响报告书、环境影响报告表的建设项目，建设单位应当在开工建设前将环境影响报告书、环境影响报告表报有审批权的环境保护行政主管部门审批；建设项目的环境影响评价文件未依法经审批部门审查或者审查后未予批准的，建设单位不得开工建设。依法应当填报环境影响登记表的建设项目，建设单位应当按照国务院环境保护行政主管部门的规定将环境影响登记表报建设项目所在地县级环境保护行政主管部门备案。环境保护行政主管部门应当开展环境影响评价文件网上审批、备案和信息公开。

律师核查时，可依据实际项目情况具体判断其需满足的具体评价要求，并结合项目当地监管部门的办事要求进行核查。

（2）法律责任。

《中华人民共和国环境影响评价法》第三十一条规定，建设单位未依法报批建设项目环境影响评价文件，或者未依照本法第二十四条的规定重新报批或者报请重新审核环境影响评价文件，擅自开工建设的，由有权审批该项目环境影响评价文件的环境保护行政主管部门责令停止建设，限期补办手续；逾期不补办手续的，可以处5万元以上20万元以下的罚款，对建设单位直接负责的主管人员和其他直接责任人员，依法给予行政处分。建设项目环境影响评价文件未经批准或者未经原审批部门重新审核同意，建设单位擅自开工建设的，由有权审批该项目环境影响评价文件的环境保护行政主管部门责令停止建设，可以处5万元以上20万元以下的罚款，对建设单位直接负责的主管人员和其他直接责任人员，依法给予行政处分。《建设项目环境保护管理条例（2017修订）》第二十一条规定，建设单位有下列行为之一的，依照《中华人民共和国环境影响评价法》的规定处罚：（1）建设项目环境影响报告书、环境影响报告表未依法报批或者报请重新审核，擅自开工建设；（2）建设项目环境影响报告书、环境影响报告表未经批准或者重新审核同意，擅自开工建设；（3）建设项目环境影响登记表未依法备案。

5.试生产

建设项目环保试生产审批的主要依据是《建设项目环境保护管理条例（1998）》及2001年12月27日原国家环境保护总局发布的《建设项目竣工环境保护验收管理办法》等。

2016年4月8日，原环境保护部公布《关于环境保护主管部门不再进行建设项目试生产审批的公告》，根据该公告内容，自公告发布之日起，省、市、县级环境保护主管部门不再受理建设项目试生产申请，也不再进行建设项目试生产审批。

2017年7月16日，国务院修订《建设项目环境保护管理条例》，删除了关于试生产的相关规定。

因此，与安全生产的核查类似，律师核查项目时，需要依据项目实际建设时间，判断企业是否需要取得环保试生产的审批文件，以便准确评估项目法律风险。

6.建设项目竣工环境保护验收

（1）相关规定。

与环保试生产的规定对应，建设项目竣工的环保验收要求也在逐渐变化。

2017年7月16日，国务院修订《建设项目环境保护管理条例》，正式结束了环保验收审批制度，开启环保验收报告公示制度。2017年11月20日，生态环境部公布《建设项目竣工环境保护验收暂行办法》，对建设项目竣工后建设单位自主开展环境保护验收的程序和标准作出了细化规定。

《建设项目环境保护管理条例（2017修订）》第十七条规定，编制环境影响报告书、环境影响报告表的建设项目竣工后，建设单位应当按照国务院环境保护行政主管部门规定的标准和程序，对配套建设的环境保护设施进行验收，编制验收报告。第十九条规定，编制环境影响报告书、环境影响报告表的建设项目，其配套建设的环境保护设施经验收合格，方可投入生产或者使用；未经验收或者验收不合格的，不得投入生产或者使用。

《建设项目竣工环境保护验收暂行办法》第五条规定，建设项目竣工后，建设单位应当如实查验、监测、记载建设项目环境保护设施的建设和调试情况，编制验收监测（调查）报告。第七条规定，验收监测（调查）报告编制完成后，建设单位应当根据验收监测（调查）报告结论，逐一检查是否存在本办法第八条所列验收不合格的情形，提出验收意见。存在问题的，建设单位应当进行整改，整改完成后方可提出验收意见。建设项目配套建设的环境保护设施经验收合格后，其主体工程方可投入生产或者使用；未经验收或者验收不合格的，不得投入生产或者使用。第九条规定，为提高验收的有效性，在提出验收意见的过程中，建设单位可以组织成立验收工作组，采取现场检查、资料查阅、召开验收会议等方式，协助开展验收工作。验收工作组可以由设计单位、施工单位、环境影响报告书（表）编制机构、验收监测（调查）报告编制机构等单位代表以及专业技术专家等组成，代表范围和人数自定。

（2）法律责任。

《建设项目环境保护管理条例（2017修订）》第二十三条规定，违反本条例规定，需要配套建设的环境保护设施未建成、未经验收或者验收不合格，建设项目即投入生产或者使用，或者在环境保护设施验收中弄虚作假的，由县级以上环境保护行政主管部门责令限期改正，处20万元以上100万元以下的罚款；逾期不改正的，处100万元以上200万元以下的罚款；对直接负责的主管人员和其他责任人员，处5万元以上20万元以下的罚款；造成重大环境污染或者生态破坏的，责令停止生产或者使用，或者报经有批准权的人民政府批准，责令关闭。违反本条例规定，建设单位未依法向社会公开环境保护设施验收报告的，由县级以上环境保护行政主管部门责令公开，处5万元以上20万元以下的罚款，并予以公告。

7.环境保护相关经营资质

如前所述，建设项目与环境保护相关的经营资质主要涉及排污许可证。

（1）相关规定。

2016年11月10日，国务院办公厅关于印发《控制污染物排放许可制实施方案》的通知，规定控制污染物排放许可制是依法规范企事业单位排污行为的基础性环境管理制度，环境保护部门通过对企事业单位发放排污许可证并依证监管实施排污许可制。规范有序发放排污许可证，制定排污许可管理名录，规范排污许可证核发，合理确定许可内容，分步实现排污许可全覆盖。

2016年12月23日，原环境保护部印发《排污许可证管理暂行规定》的通知，对排污许可证申请、审核、发放、管理等程序作出了规定。环境保护主管部门依排污单位的申请和承诺，通过发放排污许可证法律文书形式，依法依规规范和限制排污单位排污行为并明确环境管理要求，依据排污许可证对排污单位实施监管执法的环境管理制度。排污单位特指纳入排污许可分类管理名录的企业事业单位和其他生产经营者。

2017年07月28日，原环境保护部印发《固定污染源排污许可分类管理名录（2017年版）》，根据排放污染物的企业事业单位和其他生产经营者污染物产生量、排放量和环境危害程度，实行排污许可重点管理和简化管理，按照行业类别规定了办理排污许可证的时限。同时规定，如果已被环保部门确定为重点排污单位和排污量达到规定数量的，也需要纳入排污许可管理。2017年率先对火电、钢铁、有色金属冶炼、焦化、石油炼制、化工、原料药、农药、氮肥、造纸、纺织印染、制革、电镀、平板玻璃、农副食品加工等15个行业核发排污许可证，其中造纸和火电两个行业的企业要求在2017年6月底前取到排污许可证，其他13个行业在2017年下半年全面开展。到2020年，《排污许可名录》中规定的应当取得排污许可证的排污单位必须持证排污。

2018年01月10日，原环境保护部制定《排污许可管理办法（试行）》，结合排污许可制实施中的成功经验，对《排污许可证管理暂行规定》的部分规定进行了修订。环境保护部依法制定并公布固定污染源排污许可分类管理名录，明确纳入排污许可管理的范围和申领时限。纳入固定污染源排污许可分类管理名录的企业事业单位和其他生产经营者（以下简称“排污单位”）应当按照规定的时限申请并取得排污许可证；未纳入固定污染源排污许可分类管理名录的排污单位，暂不需申请排污许可证。环境保护主管部门对排污单位排放水污染物、大气污染物等各类污染物的排放行为实行综合许可管理。在固定污染源排污许可分类管理名录规定的时限前已经建成并实际排污的排污单位，应当在名录规定时限申请排污许可证；在名录规定的时限后建成的排污单位，应当在启动生产设施或者在实际排污之前申请排污许可证。核发环保部门作出准予许可决定的，须向全国排污许可证管理信息平台提交审核结果，获取全国统一的排污许可证编码。

本处笔者特别提示，鉴于不同生产项目可能涉及的污染物、废弃物种类不同，律师在核查过程中，还需关注企业所获相关排污许可内容及相关指标是否能够覆盖企业实际经营需求。

（2）法律责任。

《排污许可管理办法（试行）》第五十七条规定，排污单位存在以下无排污许可证排放污染物情形的，由县级以上环境保护主管部门依据《中华人民共和国大气污染防治法》《中华人民共和国水污染防治法》的规定，责令改正或者责令限制生产、停产整治，并处10万元以上100万元以下的罚款；情节严重的，报经有批准权的人民政府批准，责令停业、关闭：（1）依法应当申请排污许可证但未申请，或者申请后未取得排污许可证排放污染物的；（2）排污许可证有效期限届满后未申请延续排污许可证，或者延续申请未经核发环保部门许可仍排放污染物的；（3）被依法撤销排污许可证后仍排放污染物的；（4）法律法规规定的其他情形。第五十八条规定，排污单位存在以下违反排污许可证行为的，由县级以上环境保护主管部门依据《中华人民共和国环境保护法》《中华人民共和国大气污染防治法》《中华人民共和国水污染防治法》的规定，责令改正或者责令限制生产、停产整治，并处10万元以上100万元以下的罚款；情节严重的，报经有批准权的人民政府批准，责令停业、关闭：（1）超过排放标准或者超过重点大气污染物、重点水污染物排放总量控制指标排放水污染物、大气污染物的；（2）通过偷排、篡改或者伪造监测数据、以逃避现场检查为目的的临时停产、非紧急情况下开启应急排放通道、不正常运行大气污染防治设施等逃避监管的方式排放大气污染物的；（3）利用渗井、渗坑、裂隙、溶洞，私设暗管，篡改、伪造监测数据，或者不正常运行水污染防治设施等逃避监管的方式排放水污染物的；（4）其他违反排污许可证规定排放污染物的。

关注点63　企业的保险情况

供应商需要资金采购原材料、支付劳动力和运输费用，采购商希望延长账期，并持有更多的现金以优化营运资本，所以账期始终存在，不可能消除。商业保理的出现缓解了买双方支付账期上存在的矛盾。能达到双方心理上的“平衡点”。保理具有天然的信用替代机制，即用应付账款人的信用等替代应收账款人的信用，能有效解决中小企业融资难问题。与其他融资渠道相比，它的融资成本则低、审批周期更短。

商业保理是指供应商将基于其与采购商订立的货物销售/服务合同所产生的应收账款转让给保理商，由保理商为其提供应收账款融资、应收账款管理及催收、信用风险管理等综合金融服务的贸易融资工具。商业保理的本质是供货商基于商业交易，将核心企业（即采购商）的信用转为自身信用，实现应收账款融资。

商业保理机构更注重提供一系列综合性服务，如调查、收款、管理、结算、融资、担保等，更注重某一行业或领域，提供更有针对性的服务、更注重应收账款质量、买方信誉，货物质量等，而不是卖方的资质，都在实现无担保和坏账风险的完全转移。因此，将债权以商业保理的形式转让给保理公司，可以激活调节资金，提高现金流的使用效率。

目前市场主流的保理模式分为两类，分为模式一和模式二。

模式一：以买卖双方的真实贸易背景为依托，通过三方之间的合作协议确定应收款的转让。

保理业务模式如下：

（1）卖方以赊销的方式向买方销售货物；

（2）卖方将赊销模式下的结算单据提供给保理公司，作为受让应收款及发放应收款收购款的依据，保理公司将收到的结算单据的复印件提交给合作银行，进行再保理业务；

（3）银行在审核单据，确认无误后，将相关融资款项划至保理公司的账户中；

（4）保理公司将收到的银行融资款项划至卖方在合作银行开立的账户中作为应收款购买款；

（5）应收款到期日，买方向保理公司偿还应收款债权。

模式二：商业保理公司与卖方签订两方的暗保理协议，转让卖方对买方的应收款，到期卖方再将应收款回购，偿还保理公司的应收款。

保理业务模式如下：

（1）卖方以赊销的方式向买方销售货物；

（2）卖方将赊销模式下的结算单据提供给保理公司，作为受让应收款及发放应收款收购款的依据，保理公司将收到的结算单据的复印件提交给合作银行，进行再保理业务；

（3）银行在审核单据，确认无误后，将相关融资款项划至保理公司的账户中；

（4）保理公司将收到的银行融资款项划至卖方在合作银行开立的账户中作为应收款购买款；

（5）应收款到期日，卖方向保理公司回购应收账款，偿还应收款债权。

除此之外，有一部分保理公司在传统的明保理模式基础上还强调保理的坏账担保功能，在应收款的处理中更加着重担保职能，因此这些保理公司与再担保公司之间形成了合作，将应收款的风险转移到外部。在这种模式下，保理公司借助再担保公司实现了对应收款以及保理业务的增信，使得业务的风险管理更加完善，也为这种业务模式的参与方提供了新的合作思路。

1.商业保理尽职调查主要内容

（1）基本情况。

①主体资格。通过查阅被调查方的工商档案及经营资质，对其设立、变更、存续状态等，判断被调查方是否具备合法经营和协作保理的主体资格。

②股权与实际控制人。对股东和实际控制人的调查，是识别关联交易、防范虚假交易和商业欺诈的重要步骤。保理商应对企业对其股权结构和实际控制人进行调查，实际控制人应披露至国有控股单位或自然人。

③独立性。企业的独立性通常包括业务独立性、资产独立性、人员独立性、财务独立性以及机构独立性。企业的独立性是该企业将自身利益独立于控股股东、实际控制人和关联方，企业如不具备独立性，控股股东、实际控制人可以轻而易举地通过关联交易等手段转移企业资产、利润，从而损害债权人或中小股东的利益。故企业的独立性是保理商利益得以保障的必要条件。

④公司治理有效性。公司治理主要是指企业通过合理地设置“三会一层”的治理架构，实现企业的规范运作。良好的公司治理是各方的合法权益得以保障的重要屏障，保理商在进行尽职调查时应搜集和审阅标的被调查方的公司治理结构和“三会一层”的具体制度，并核查其有效性。

⑤企业及个人信用情况。保理商应充分利用各种途径和方法去理解基础交易参与方及其董事、监事、高级管理人员的信用情况。

⑥财务状况及或有事项。保理商应尽可能地去查阅基础交易各方最近的审计报告和财务报表，核实其财务报表的真实性和合理性。同时，应对对外担保、未决诉讼或仲裁等或有事项进行特别关注。

⑦所属行业及行业发展前景。对特定行业及其发展前景的分析往往是保理商进入新的行业领域的必修课程，这也正是商业保理相对于银行保理的重要优势所在。

（2）基础交易真实性。

商业保理在业务办理过程中，始终面临着虚假交易、关联交易、应收账款重复转让、重复质押等风险，对基础交易真实性的审核可以说是商业保理尽职调查过程中最重要的环节之一。交易真实性往往是通过单据的真实性进行判断的，在整个交易真实性审查过程中需重点对商业发票、运输单据、保险单据、包装单据、原产地证书、检验证书、结汇单据、退税和核销单证等进行审核，其中发票审核最为常见。

随着监管手段的丰富，伪造发票的行为已不多见，而且保理商也可直接向税务局查询发票真伪。然而发票审核，除了要审核其合法性和真实性外，还需对发票信息进行详细审核，如收款人与债权人是否一致、货物描述与基础交易合同中的货物描述是否一致、票据金额与基础交易合同的约定是否一致等。

除通过发票判断基础交易的真实性外，运输单据、保险单据等单据的审核亦会对交易真实性的核查起到有效佐证的效果。如运输单据的审核，即是对发票审核的一项重要补充，可以通过根据发货人、收货人、发货时间、货物描述、货物数量及重量等与发票信息进行核对，通过各单据的相互印证，进一步对基础交易的真实性作出有效判断。

（3）应收账款转让合法可行。

基础交易真实、应收账款合法可转让是商业保理业务得以进行的根本。在调查基础交易真实性的同时，也需要着力调查和判断应收账款的合法性。衡量一笔应收账款是否适合开展商业保理业务，可以从以下几个方面入手：

①可转让性。应收账款对应债权是否完整、有无法律上禁止转让的限制等是判断商业保理业务是否可行的前提。根据《中华人民共和国合同法》第79条的规定，除当事人约定情况外，依据合同性质或法律规定不得转让的债权，不具有可转让性。通常来说，以下债权不得转让：以特定身份为基础的债权，如扶养费请求权、养老金请求权；以特定债权人为基础的债权，如工资、伤亡补助金等；从权利不得单独转让。

②权利的完整性。应收账款债权转让除包括该笔款项的全部债权之外，还应包括在法律许可的范围内要求债务人依法对债权人行使债权而产生的各项费用和损失给予赔偿和补偿的权利；在债务人发生破产、清算、被关闭或其他类似的情况下，作为债权人参加清算或其他类似程序的权利；就全部或部分债权进行放弃、给予豁免或延期等权利；从属于应收账款的各项担保权益、实现债权的其他实体性权利和程序性权利，包括但不限于抗辩权、抵销权、管辖异议、时效抗辩等。

2.商业保理尽职调查方法与流程

商业保理尽职调查的方法如下：

（1）查阅。查阅是尽职调查的基础方法，调查方主要是通过查阅被调查方的基础资料了解该企业的基本信息、法律状态、日常运行与财务状况等。

（2）访谈。访谈主要是指通过与被调查方有关的高级管理人员、财务、销售等部门的相关人员进行对话，从而更为全面地掌握被调查方的基本情况，并可对已有资料进行核实。

（3）列席会议。调查方通过列席被调查方关于本次交易事项的股东会、董事会、总经理办公会等会议，对被调查方相关决议的真实性、产生过程进行明确，并能够对被调查方进行本次交易的商业目的进行深入了解。

（4）实地调查。实地考察可以更直观地对企业的经营管理水平、设备运行情况、安全生产和环境保护情况等进行了解，直接而有效。

（5）信息分析。调查方通过各种方法对收集到的信息、资料等进行分析，提炼实质性内容，从而得出结论性意见。

（6）印证。主要是指调查方通过有关机构对被调查方提供的资料、实地调查的结果等真实性进行确定。

尽职调查的主要流程如下：

（1）制定工作计划。工作计划主要包括调查目标、调查范围、工作方式、工作分工、工作时间、工作流程等。

（2）编制和提交尽职调查清单。调查方应根据具体的交易情况编制尽职调查清单，提交给被调查方，并要求被调查方严格按照客观、真实、全面、完整的原则提供清单上所列明的文件资料。清单资料的收集和审查直接关系到尽职调查结果的真实和全面，也就是说，尽调清单的编制是调查流程中最基础也最重要的一个环节。

（3）收集尽职调查文件。调查方应督促被调查方严格按照尽调清单提供资料，包括原件、复印件、传真件等。同时，对于无对应原件的资料出具书面说明，对于有对应原件的复印件资料应于双方核对无误后由被调查方加盖印章或签字。

（4）访谈。在对文字性资料进行书面审查后，应在其初步分析的基础上，结合调查过程中存在的疑点、可通过沟通进行更深入了解的问题编制访谈纲要，并针对各相关人员进行有针对性的问答。

（5）形成尽职调查结论。调查方在整理全部工作底稿的基础上，根据调查过程中发现的风险制作调查报告，并形成调查结论。

商业保理项目尽职调查常见问题有：

（1）资料真实性及完整性难以判断。

商业保理尽职调查过程中，调查方的调查结果往往是直接根据被调查方提供的资料而得出的。那么，这个过程就不可避免地会存在被调查方有选择性地提供资料、对部分资料进行毁损、涂改、调换的可能。基于此，调查方可采取现场抽取部分资料的方式对被调查方提供资料的真实性及完整性进行印证。以现场抽取整套交易单据为例，调查方应注意事项包括：

①可于考察现场临时提出，不要提前通知客户。

②单据/文件必须覆盖交易全流程（招投标程序、商务合同的签订、验收）。

③特别审查商务合同是否有不适合操作保理业务的特殊条款，如不可转让、抵销条款等。

④凡是有差异或不符的情形，一律询问并记录。

（2）对于未来应收账款的处理问题。

在业务实践中，保理业界对于未来应收账款究竟如何认定，是否可以据以开展保理业务一直存在争议，中国银监会先后出台了《中国银行业监督管理委员会关于加强银行保理融资业务管理的通知》（银监发〔2013〕35号）及《商业银行保理业务管理暂行办法》（中国银行业监督管理委员会令2014年第5号），明确规定银行不得基于未来应收账款开展保理融资，但目前并无明文禁止商业保理公司基于未来应收账款开展保理业务，为商业保理业务的创新和实践留下空间。

我国理论界的学者认为，对将来债权的让与，如果已有合同关系存在，但需要等待一定的条件成就或一定时间的经过，或者当事人实施某种行为，才能转化为现实的债权，因而体现了一定的利益，具有转化为现实债权的可能性，从鼓励交易的角度出发，应允许此类债权转让。但是在合同关系尚未发生，债权的成立也无现实基础的情况下，即使将来有可能发生的债权，此种债权也不能允许其转让。但从业务风险角度考虑，即使有基础交易合同关系存在，未来应收账款保理的风险还是非常大的，因为不确定性的因素太多，需要谨慎对待。

关注点64 企业的税务

尽职调查的范围比较广，常见的有财务尽调、税务尽调、人事尽调、商业尽调、法务尽调、商业欺诈尽调等。税务尽调的全称为税务尽职调查，英文全称为Tax Due Diligence，以下简称“税务尽调”。

中国注册税务师协会在《税务尽职调查业务指引》中对税务尽调的定义是：委托人因投资、并购、IPO等商业事务的需求，委托税务师事务所及其涉税服务人员（即受托人）对委托人或者委托人指定的第三人的整体涉税情况进行调查分析，并反映税务风险以及提出涉税处理意见的活动。

也就是说，税务尽职调查是指投资方在与目标企业达成初步合作意向后，经协商一致，由税务律师接受投资方的委托，在遵循勤勉尽责、诚实守信原则的基础上，对目标企业一切与本投资有关的税务事项进行调查，形成有助于投资方进行谈判磋商、作出投资决策的报告性文件，最终使投资方能够充分确信：目标企业与本投资有关的重大税务事项不存在显著的法律风险。

税务尽调的委托人可以是投资方，也可以是被投资方。以并购为例，投资方通过税务尽职调查可以提前识别目标企业的潜在税务风险，进而判断是否继续交易进程，制定应对措施；同时，可以在分析税务正常化后，确定标的公司真实的盈利能力、现金流以及资产质量，发现未来税务优化的机遇。

此外，还可以提供与此项交易的关键问题相关的信息，供投资方管理层决策，为交易谈判提供协助，特别是可以对历史税务风险进行匡算，以确定对交易价格的影响；以及根据税务尽职调查所识别的税务风险，在交易文件中建立充分的税务保证和赔偿条款。

而对被投资方而言，通过税务尽调可以事先全面了解自身企业的优缺点，查漏补缺，事先尽可能清理潜在税务风险，并将潜在优势作为调整交易价格的谈判砝码，更能在并购交易中把握谈判的主动权。然而，目前，国内企业对税务尽职调查显然并不特别看重，但外国企业对该项调查不仅十分重视，而且一份税务尽职调查清单甚至厚达数百页。

1.企业税务尽职调查主要内容

具体而言，税务尽调的内容包括标的公司的基本信息、涉税信息、业务资料以及通过外部渠道收集的资料。税务尽调主要关注：

（1）标的公司的内控制度制定是否完善，执行是否到位；

（2）日常生产、经营的涉税处理的合规性；

（3）重大经济事项涉税处理的合规性。

在这过程中，应重点调查目标企业现有的税收安排、适用的税收政策情况（包括地方政府的税收返还承诺等）、涉及税种的缴纳情况及主要税种的风险点、关联交易及转让定价情况、税务争议情况等。

一般而言，税务尽调开展前，企业与涉税专业服务机构至少应当有两轮沟通。

第一轮沟通过程中，企业应当安排专门人员负责对接，向税务专业人员表达调查的诉求。税务专业人员也会根据企业的诉求，配合法律、券商等其他领域的专业团队，在整体交易计划框架中制订相应的具体计划和安排。

在这之后，税务专业人员通常会先向企业发送资料清单，开始收集税务尽调所需的资料。

此时，企业需尽快按照清单要求准备资料。企业在材料准备过程中，也要注意资料的完备性，同时最好做到分门别类、条理清晰、便于查阅。

一般来说，税务专业人员在收到资料并初步审阅后，会确定大致的调查方案，并与企业进行沟通企业相关部门人员的访谈安排，并协商确定下一步的调查方法。实践中，常常会有企业相关部门人员对尽调团队比较忌惮，担心自己的某些税务问题被披露。此时，需要企业告知各部门人员尽调的重要性，要求各部门人员积极配合，陈述事实情况，确保调查的顺利开展。

（1）调查目的。

公司是否依法纳税；公司是否存在重大税惠依赖，是否存在违反税法的情形以及因此可能给公司经营带来的影响。

（2）调查内容。

①公司及其控股子公司执行的税种、税率是否符合现行法律、法规和规范性文件的要求。若公司享受优惠政策、财政补贴等政策，该政策是否合法、合规、真实、有效，是否有相关的政府文件支持，具体的优惠政策、优惠税率及幅度等。

②公司近两年是否依法纳税，是否存在被税务部门处罚的情形。

（3）调查程序。

①核查公司报告期的纳税资料的原件并取得复印件，调查公司及其控股子公司所执行的税种、税基、税率并取得公司的说明，判断公司纳税是否符合现行法律、法规的要求及报告期是否依法纳税。

②核查公司税收优惠或财政补贴文件的原件并取得复印件，判断公司享有的税收优惠或财政补贴是否符合财政管理部门和税收管理部门的有关规定，调查税收优惠或财政补贴的性质、来源、归属、用途及会计处理等情况，关注税收优惠期或补贴期及其未来影响。

③走访税务主管部门取得公司是否依法纳税的说明书或证明。

（4）调查文件。

①报告期的纳税资料（公司及其控股子公司的税务登记证明、纳税登记表及税收转账专用完税凭证或税收缴款书）；

②公司及其控股子公司所执行的税种、税基、税率的说明；

③财政补贴及收款凭证；

④税收优惠及相关文件；

⑤税务主管部门书面证明（无重大违法违规证明）。

2.企业税务尽职调查方法与流程

并购方展开税务尽职调查是为收购服务的，基本目的就是防范交易的风险，一般来说，税务尽职调查包括如下内容。

（1）目标公司的主体状况及股东状况。

目标公司的不动产及设备、财产；知识产权；重要合同；公司的债务与担保；劳资情况；环境问题；税务问题；涉及的诉讼与仲裁等。

（2）以前年度的完税情况。

①目前目标公司适用的所有税种、税率说明，如增值税、所得税、印花税等，税务状况对于并购方是必须考量的一个因素，特别是并购方与目标公司处于不同行业时这点尤其值得的关注。

②目标公司的纳税证明及是否存在欠税的情况，目标公司是否足额依法纳税，纳税是否有凭证、是否存在欠税或逃税的情况。

③目标公司所享受的税收优惠待遇的详情及有关批准文件或目标公司享有的减税或免税的证明，如高科技创新企业能享受一定的税收优惠等，目标公司所在行业能享受的出口退税等。

④目标公司是否受过税务机关的行政处罚等。

（3）潜在的税收风险对收购的影响。

①从目标公司股东投资机构追溯调查历年来税后利润分配的完税情况，关注是否按章程规定的比例进行分配，法人股东与自然人股东在利润分配时投资款是否到位等情况。

②从目标公司内部控制情况考察财务制度的执行情况，从而判断经营者的纳税理念，有无财务造假的可能性。

③对重要合同的签订、保存、执行等情况进行详细分析，找出潜在的税收风险，并进行税收影响额的测算。

④对目标公司的资产进行详细分析，重点关注资产的形成方式、归属权及使用情况等。

⑤对目标公司的往来款进行分析，重点关注关联方之间的往来款。

（4）目标企业适用的税收政策。

①调查内容。

A. 目标企业主要经营活动所涉及的主要税种的全国性税收法律、法规、规章及政策性规定；

B. 目标企业主要经营活动所涉及的主要税种的所在省、自治区、直辖市及所在地市的税收政策性规定；

C. 目标企业主要经营活动所涉及的主要税种的全国性税收政策近三年的重大变化；

D. 目标企业主要经营活动所涉及的主要税种的所在地税收政策近三年的重大变化；

E. 目标企业的税种及税收政策与投资方之间的差异。

②税法风险识别。

A. 目标企业所涉及各税种的纳税义务复杂化程度；

B. 目标企业所适用的全国性税收政策是否存在潜在的重大变化；

C. 目标企业所适用的地方性税收政策是否存在潜在的重大变化；

D. 目标企业所适用的税收政策与投资方所适用的税收政策存在的主要差异及对双方的影响；

E. 目标企业所适用的税收政策本身是否存在不具体、不明确、争议较多等问题。

（5）目标企业涉及税种的缴纳情况及主要税种的风险点排查。

①调查内容。

A. 目标企业所涉及的全部税种；

B. 目标企业涉及税种的应纳税额；

C. 目标企业涉及税种的实际缴纳情况。

主要税种的风险点共计约1 000余个，应根据目标企业的主要经营活动有针对性地选择排查，其中涉及较多的税种为：企业所得税；个人所得税；消费税；增值税；土地增值税；资源税；其他税种（印花税、车船税、城镇土地使用税、房产税等）。

②税法风险识别。

A.对税务事项的会计处理是否符合相关会计制度或准则以及相关法律法规；

B.是否存在长期的、固化的、重大的税务处理错误；

C.重大交易事项是否存在应缴未缴但税务机关尚不知情的税款；

D.是否存在不应缴纳但已缴纳的税款；

E.是否存在货物流、发票流、资金流不一致的增值税发票使用情况，是否存在虚开增值税专用发票的行为。

（6）目标企业关联交易及转让定价情况。

①调查内容。

目标企业与境内外关联方的关联交易情况。对于外商独资企业及中外合资企业，应重点调查其与境外关联方的关联交易情况，识别目标企业转让定价的特别纳税调整风险。这一税法风险有别于目标企业的常规税法风险，具有极强的隐蔽性和复杂性的特点。在尽职调查中，应重点调查的内容包括目标企业的股权结构、境外关联方的主要情况、产品主要的销售渠道、产品销售的定价策略、向境外支付大额服务费及特许权使用费的情况以及外方投资者的主要情况。

②税法风险识别。

识别转让定价的特别纳税调整风险要从企业间的关联交易入手。企业间的关联交易主要包括四类，分别是有形资产购销或使用交易、无形资产转让或使用交易、融通资金和提供劳务。收购方应当对目标企业存在的上述关联交易类型进行分类汇总，分别排查其可能存在的转让定价安排及相应风险。

（7）目标企业税务争议情况。

①调查内容。

A.目标企业过去五年内因税收违法行为被税务机关处以补税、处罚的情况；

B.目标企业过去五年内因税收犯罪被法院判处刑事责任的情况；

C.目标企业正在进行税务自查的情况；

D.目标企业正在受到税务机关税务检查、税务稽查的情况；

E.目标企业正在接受公安机关侦查、检察院审查起诉或法院审理的税务行政诉讼、涉税刑事诉讼情况。

②税法风险识别。

A.目标企业是否已足额缴纳税务机关认定的应补缴的税款、滞纳金及罚款；

B.目标企业正在进行的税务自查程序在未来完成后可能补缴的税款及相应处罚；

C.目标企业未来可能被税务机关处以补缴税款、罚款的可能性及救济可行性；

D.目标企业未来可能被法院判处涉税犯罪刑罚处罚的可能性及救济可行性。

（8）几种典型的税务风险。

①并购重组交易方式缺少税务规划引起的风险。

股权收购和资产交易是并购重组的主要交易模式，但这两种交易架构涉及的税务处理有所不同，企业在选择使用何种交易模式时，应对涉及的不同税收优惠政策、潜在的税务风险、处理方式等进行比较，从而设计最优的重组方案。股权收购和资产交易的利与弊如表17–1所示。

表17–1 股权收购和资产交易的利与弊

	利	弊
股权收购	1.目标公司税收优惠政策延续 2.享受流转税的优惠政策 3.享受目标公司历史亏损带来的所得税减免 4.程序较为简单	潜在的税务风险会被收购方承继
资产交易	税务风险一般不被收购方承继	1.资产交易可能会产生非常高的交易税费 2.收购方不能享受目标公司历史亏损带来的所得税减免 3.目标公司的税收优惠无法延续 4.程序较为复杂

②特殊性税务处理不合规引起的风险。

特殊性税务处理不会减少企业的应纳税额，但是相对于一般的税务处理而言，优势是非常明显的，如果按照国家规定去做申报，可以规避很多后续的风险。

特殊性税务处理的基本条件主要包括五个方面：

A.具有合理的商业目的，且不以减少、免除或者推迟缴纳税款为主要目的；

B.被收购资产或股权符合规定比例；

C.企业重组后的连续12个月内不改变重组资产原来的实质性经营活动；

D.股权支付金额符合规定比例；

E.企业重组中取得股权支付的原主要股东，在重组后连续12个月内，不得转让所取得的股权。

特殊性税务处理不合规主要体现在两个方面：

一是企业符合上述基本条件，但是没有备案，后续也未进行申报，这种情况极易被认定为偷税；二是企业认为其符合特殊性税务处理的条件并进行了备案，税务机关在后续审查中发现备案材料和实际交易不太相符的，企业也将承担偷税的责任。

③间接股权转让被纳税调整的风险。

直接股权转让与间接股权转让的区别如表17–2所示。

表17–2　　直接股权转让与间接股权转让的区别

	直接股权转让	间接股权转让
含义	指非居民企业转让中国居民企业的股权（不包括在公开的证券市场上买入并卖出中国居民企业的股票）计算：（1）应纳税所得额计算：股权转让价—股权成本价；（2）税率：一般为10%	境外投资方转让非居民中间控股公司股权，间接导致中国居民企业股权被转让
纳税义务	扣缴义务人未依法扣缴或者无法履行扣缴义务的，非居民企业应自合同、协议约定的股权转让之日（如果转让方提前取得股权转让收入的，应自实际取得股权转让收入之日）起7日内，到被转让股权的中国居民企业所在地主管税务机关（负责该居民企业所得税征管的税务机关）申报缴纳企业所得税。非居民企业未按期如实申报的，依照税收征管法有关规定处理。	一般而言，依据税法规定，因非居民企业转让所得来自中国境内，在中国不产生纳税义务

利用间接股权转让模式进行税务筹划的方案，近年来风险逐渐增加。税务机关会重点审查诸如在避税港设置的中间控股公司的是否具有合理商业目的，如果被认定为空壳公司，转让方将面临被纳税调整的风险。

④并购重组未按规定申报纳税引起的风险。

近几年，资本交易一直是税务稽查的重点，主要涉及收入项目和扣除项目的检查。与此同时，针对间接股权转让发起的反避税调查也越来越频繁，涉案金额巨大、案件频出。企业重组未按规定申报纳税，被税务机关稽查带来的风险需要企业予以重视。

综上所述，通过税务尽职调查，首先了解目标企业纳税状况、内部控制和管理、税务风险的真实情况，判明潜在的重大税务缺陷，充分识别重大税务风险，评估其对投资交易及预期投资收益可能产生的影响，为交易谈判、投资决策及并购完成后的税务风险防范及剥离、税务整合、税务筹划方案设计奠定基础，避免目标企业因没有遵循税法可能遭受的法律制裁、财物损失或声誉损害。

其次，税务尽职调查的作用还在于评估交易中的税务因素，例如资产重组时发票是否能够开具，目标公司的税务因素在并购中是否可以与并购方的既有业务做整合考虑，以及交易方案的税务优化考虑等。此外，税务尽职调查往往能够发现交易信息中尚未被发觉或披露的部分，从而更全面地掌握企业信息，有助于并购方制定包括战略、商业、管理、财务在内的谈判策略。

关注点65 企业的劳动人事

劳动用工是律师在尽职调查工作中需要重点关注的内容之一，目标公司在聘用、解雇员工，缴纳员工社会保险以及住房公积金等事宜中，是否存在不规范行为或者违法行为，该等行为是否可能导致行政处罚、补缴责任等，都会影响并购交易的达成或者对价的协商。尤其在投资并购项目中，律师应当对并购方及出售方的员工聘用安排上可能产生的法律风险和损失进行分析，并给出相应的解决方案。本关注点针对劳动人事专项问题进行梳理，供读者参考。

律师尽职调查是交易各方排除法律风险、为交易活动保驾护航的重要手段。而劳动尽职调查又是法律尽职调查过程中非常重要的一环，尤其对并购员工人数较多或用工形式较复杂的制造型企业而言更显关键。部分情况下，目标公司过往及当前的劳动用工合法合规情况甚至有可能会左右并购对价的确定、交易结构的选择。实践中，根据预期交易结构的不同，劳动尽职调查关注的重点也会有所不同。

1.在宏观层面，对劳动用工总体情况的核查要点

律师应当对各项劳动文件是否齐全来进行基础排查。主要是指对其劳动用工基本情况、组织架构、用工协议、劳动用工证照、研发团队及员工社会福利执行情况等事项的调查，具体内容包括：

（1）公司股东（大）会选举（执行）董事的有关决议，选举、任命监事、高级管理人的有关文件；

（2）公司董事、监事及高级管理人员名单；

（3）公司董事、监事及高级管理人员的教育背景、工作经历及兼职情况；

（4）公司与董事或高级管理人员签订之书面服务合同；

（5）公司董事、监事及其他高级管理人员的变化情况；

（6）公司与普通雇员签署之劳动合同样本及劳动用工备案登记；

（7）公司与劳务派遣公司签订的劳务派遣合同，以及公司向劳务派遣公司支付有关费用的凭证；

（8）存在外国劳动者的公司应有外籍员工的劳动许可证与居留证等；

（9）公司与核心技术人员签署之技术保密协议样本；

（10）公司在职员工人数、各部门分布，现时薪金、福利待遇、奖金制度、参加社会保险情况的介绍资料；

（11）公司社会保险登记以及社会保险（包括医疗保险、养老保险、失业保险、工保险和生育保险）缴纳资料；

（12）公司住房公积金缴纳资料；

（13）公司没有为员工缴纳社会保险或住房公积金的情况说明；

（14）公司任何有关劳动争议的文件（包括仲裁申请书、起诉状、答辩状、裁决等）。

可以通过走访劳动管理部门及对公司主管人员和人事部门负责人的访谈来核实各项文件所载内容是否存在矛盾或不一致之处。标的公司提供给律师的尽职调查资料通常为复印件，如董事、高管、普通员工的劳动/劳务合同、技术保密协议、社会保险登记证及外籍员工的劳动许可证（如有）等，为审查该等资料的真实性，确认是否存在矛盾或不一致，通常需要让标的公司提供相应的原件进行核对。如有的标的公司社会保险登记证超过有效期未办理新证，登记信息（如单位名称、法定代表人、住所等）发生变更未及时进行办理变更手续等。

2. 在微观层面，对员工个体情况的核查要点（见表17–3）

表17–3　微观层面的核查要点

管理层	1.中、高层管理人员和关键人员的学历、年龄、工作经历及本公司工龄等基本情况 2.管理层的工作范围、职责、薪金、奖励、福利、考核、评议情况 3.管理层激励机制 4.公司聘请的外部顾问清单，包括但不限于法律顾问、会计事务所、审计师事务所、财务顾问、技术顾问、管理顾问等
研发团队	1.研发人员的数量及核心成员背景情况 2.研发人员的管理及考核 3.研发人员激励制度，如薪酬体系、利润分享、期权及股票激励
其他员工	1.薪酬制度 2.绩效考核、年金、福利待遇等管理 3.月工资、提成工资、加班工资等

落实标的公司是否与所有员工均签署了书面的劳动合同，合同的有关内容是否合法合规。对于劳动合同中的重要条款，包括用人单位名称、住所、法定代表人；劳动者姓名、住址、身份证号；劳动合同期限；工作内容、工作地点；工作时间、工作休假；劳动报酬；社会保险等约定应当清晰明确，不存在约定违法的情形。尤其对于公司的核心员工、主创团队等通常会因其管理地位而知悉或获取公司的商业秘密、技术秘密，对于这部分员工的保密协议、竞业禁止协议的有无及合规与否进行核查并进行风险提示。

3. 企业的劳动人事材料的审查

具体而言，对企业的劳动人事尽调应对以下材料进行细致审查。

（1）员工清单。

劳动尽调首先需要一份完整的员工清单，该清单需包含员工的数量、姓名、性别、年龄、职位、工资、福利、工作年限、用工形式、劳动合同期限等基本信息。同时，公司员工专业结构、教育程度、年龄构成是否与公司享受的福利企业待遇、高新技术企业相匹配，是否存在特殊情形员工（工伤、三期、职业病等）。

通过对员工清单进行审阅和梳理，可以相对快速、全面地了解到目标公司全体员工的基本情况。员工清单中的信息有如劳动尽职调查的索引图，通过对员工清单中提供的信息进行分析，可以整理出开展劳动尽职调查所需的其他信息。例如，尽调人员可以员工的工龄状况为线索来核实企业无固定期限劳动合同的签订情况，劳务派遣员工岗位性质、数量（如有）及其在全部员工中的占比等。

另外，我们常常忽视尽调前已离职的员工。但部分尽调项目，有必要了解目标公司离职人员基本情况，包括离职员工名单、离职原因、是否产生诉讼等。

（2）劳动合同。

劳动合同是明确劳动者与用人单位权利和义务的重要书面证明。因此，对劳动合同签订情况的审查是劳动尽调中至关重要的环节。若公司未与员工签订劳动合同，公司将面临支付双倍工资的风险，同时公司也面临涉诉的法律风险。通常情况下，公司会有一个标准的劳动合同，但在尽调时，除审查劳动合同本身合法性外，还要重点审查以下内容：公司是否有应签订无固定期限合同而未签订的情形、劳动合同约定的企业单方解除权是否符合《劳动合同法》规定、试用期约定是否符合法律规定、是否有未取得劳动部门适用特殊工时制批准的情况下，对部分员工工作时间的安排违反了标准工时制度的规定。

除统一劳动合同外，公司是否与个别员工签署了竞业限制协议、保密协议等类似合同。若与员工签订了竞业限制协议，该协议期限、竞业限制补偿金标准是否符合法律规定。

（3）工资报酬及福利待遇。

该部分重点审查公司工资报酬及福利待遇计算方式、组成形式及发放情况。公司是否存在拖欠员工工资的行为、工资计算方式是否合法。

对一些生产型企业而言，加班情况较为普遍。因此，在尽调时，除审查是否支付加班费外，还要核查加班费计算基数是否合法。如有必要，尽调人员可通过审查目标公司提供的加班记录及考勤表予以核实，以免日后引起纠纷。

（4）社会保险及住房公积金。

随着《劳动合同法》《社会保险法》等一系列法律的颁布实施，用人单位依法参加社会保险成为落实职工社会保障的重要措施。然而，虽然法律一再规定用人单位强制参加社会保险，但是，用人单位拒不参加社会保险的现象依然普遍存在。用人单位拒不参加社会保险的应当承担行政责任，给劳动者造成损失的应当承担赔偿责任。

因此，在尽调时，除应审查目标公司是否为员工缴纳社保外，还应审查目标公司为员工缴纳社会保险和公积金的基数及缴费比例是否符合国家及地方规定。公司是否存在欠缴社会保险费用的情形。实践中，为了节约用工成本，很多企业少缴甚至漏缴员工的五险一金。

（5）劳动纠纷情况。

对一些生产型企业而言，劳动纠纷较为普遍。虽然劳动纠纷通常仅涉及个别员工利益，且数额不大，但个别劳动纠纷的结果可能会引起群体性纠纷。因此，尽调时需要给予重视。在开展尽调过程中，首先应要求目标公司提供一份近两年的涉诉清单，包括已结案件及未结案件，对一些群体性事件要格外关注。同时，尽调人员可通过裁判文书网、北大法宝等查询目标公司劳动案件。如有必要，可到当地劳动部门进行核实。对收购方而言，掌握目标公司近几年的劳动纠纷情况，可侧面了解目标公司企业文化及可能面临的经济责任等。

关注点66 企业的诉讼仲裁和行政处罚

1. 企业诉讼尽调

监管机构对于诉讼仲裁方面的审核，核心在于涉诉事项是否影响拟IPO企业的稳定与持续经营。IPO上市相关规定、规则及制度对诉讼的要求及关注是全方位、多角度的，且遵循实质重于形式原则，具体包括涉诉主体、性质、进展、金额、数量等。通常情况下，未决诉讼、被告、刑事诉讼、涉诉金额大、数量多的诉讼事项对企业IPO影响大。

对企业诉讼开展尽调，应重点关注以下方向：

（1）诉讼主体。

核查相关主体是否存在重大偿债风险、是否存在影响持续经营的担保诉讼以及仲裁等重大或有事项。

①调查方式。

通过高管人员出具书面声明、查阅合同、走访有关监管机构、与高管人员或财务人员谈话、咨询其他中介机构等方法，核查发行人所有对外担保（包括抵押、质押、保证等）合同，调查发行人及其控股股东或实际控制人、控股子公司、发行人高管和核心技术人员是否存在作为一方当事人的重大诉讼或仲裁事项，以及发行人高管和核心技术人员是否存在涉及刑事诉讼的情况，评价其对发行人经营是否产生重大影响。

②披露内容。

如上述案件存在，应对案件的简要情况作出说明（包括但不限于受理该案件的法院名称、提起诉讼的日期、诉讼的当事人和代理人、案由、诉讼请求、可能出现的处理结果或已生效的法律文书的主要内容等）。

（2）诉讼性质。

对于拟IPO企业的刑事诉讼事项，有以下几点思路：

①发行人涉诉。

对IPO影响非常大，案件审查中，不得申报IPO，处罚完毕三年内不得IPO；如果其他案件涉及发行人，但发行人还未进入刑事司法程序，则需要中介机构对案件进行定性并明确发表意见，必要时需要外部机构发表意见。

②相关人员涉诉。

处于刑事审查阶段，不得担任董监高；处罚完毕后需关注董监高的任职资格；如果董监高涉及刑事诉讼，可以调换董监高来解决，但如果控股股东、实际控制人存在处罚，变更实际控制人会影响运行时间（需调整IPO申报期）。

（3）诉讼进程。

①已决诉讼。

影响基本确定，按照信息披露的规定对相关事实进行披露并说明对公司生产经营的影响，只要对公司未来不产生实质性不利影响的一般不影响上市。

②未决诉讼。

诉讼结果具有不确定性，对企业经营的影响程度也不确定。败诉可能会导致公司业绩缩水、资金链或关节业务环节断裂，从而严重影响公司持续经营能力。因此对于未决诉讼，详细的信息披露和深入的影响分析尤为重要。需要会同企业及其他中介机构对案件资料进行梳理，包括法院查询、合理事项访谈等，判断每一个案件的胜负概率。在此基础上，分析可能产生的结果及对企业生产经营及上市是否产生重大影响。特别是要与会计师沟通，重点关注企业营业收入和利润等财务指标，给出影响区间，以判断未决诉讼是否对企业重要财务指标及持续经营能力产生重大影响。

（4）诉讼当事人。

①原告。

是否存在反诉风险、是否存在应收账款无法收回的风险（需要对应收账款无法收回的可能性作出提示，并充分说明因无法收回而计提的坏账准备对公司经营业绩的影响程度，以及日后的风险控制措施）。

②被告。

企业应重点说明涉诉事项对企业生产经营的影响、应对措施，并尽量量化在会计上足额计提预计负债、或有负债等。

（5）诉讼金额、数量、类型。

①对于已决诉讼，1 000万元以上的予以披露；未决诉讼，200万元以上的予以披露。

②金额不大但对企业生产经营有重大影响案件也应披露，如涉及主要产品、核心商标、专利、技术等方面的诉讼或仲裁，或可能导致实控人变更的，应当在提出明确依据的基础上，充分论证该等诉讼仲裁是否构成首发上市的法律障碍并审慎发表意见。

审核关注要点如下：

（1）信息披露是否完善。

①已披露诉讼，相关事实是否披露充分，包括案由、诉求、依据、过程、进展、结果、执行等；

②是否还有未披露的其他重大诉讼；

③诉讼事项对发行人生产经营可能产生的不利影响是否披露完备。

（2）对诉讼的核查是否彻底。

①对诉讼事宜是否核查到位，说明核查过程、依据，并明确发表核查意见；

②发行人内控制度是否健全，内控制度的完整性、合理性、有效性是否存在重大缺陷。

（3）减少或消除诉讼带来的不利影响的措施是否完备：对将来可能产生的负债是否足额预提、相应的补救措施及内控制度是否完备。

（4）不同类型的案件的核查各有侧重。

①刑事诉讼：发行人、控股股东及实控人涉及刑事犯罪，企业是否满足发行条件；发行人的董监高为刑事诉讼被告，相关人员任职资格是否具备。

②股权诉讼：相关股权转让是否履行了法定程序，是否存在损害公司中小股东权益和员工权益的情形，是否存在股权转让的其他潜在纠纷和诉讼风险，公司拟采取的保障措施。

③知产诉讼：专利或商标的种类、主要适用范围、涉及的产品、是否涉及

发行人的核心技术或商标、对发行人生产经营的重要性以及对发行人持续合法经营的影响。

④劳动用工诉讼：劳动纠纷处理、员工利益保障、工商事宜处理、劳务分包及劳务派遣可能引发的纠纷。

⑤产品质量诉讼：食药企业居多，是否存在产品质量安全事故，是否存在引发纠纷的风险。

⑥买卖合同纠纷诉讼：违约的原因，违约是否对公司产生重大不利影响。

应对建议如下：

（1）完善、详尽的信息披露。

①诉讼的具体情况：包括诉讼主体、事由、诉讼标的、金额、最新进展、判决结果及相关案件的执行情况。

②诉讼对发行人生产经营的影响：详细披露涉诉事项对发行人财务状况（数据测算）、经营成果、声誉、业务活动、未来前景等的影响，并说明涉诉案件是否会对发行人的业绩和持续经营产生不利影响，是否构成本次发行上市的障碍。

③诉讼的改进措施：针对已发生的重大诉讼，详细说明公司是否已经做了改进措施，内控是否做了完善。

④中介机构的核查方法、明确意见：

A.拟IPO企业在准备上市申报资料时应客观陈述诉讼相关事实，不能有所隐瞒，如有必要，应在重大风险提示中予以警示；

B.已完结的重大诉讼，除详细披露起因、经过、结果以及对企业造成的影响外，还应由保荐机构和律师关注其是否存在潜在的未被发现的风险；

C.基于严谨性，未决诉讼应全方位进行信息披露；

D.不仅作为被告的案件需披露，作为原告的案件如果金额大或诉讼可能产生重大影响，也要披露。

（2）股东或当事人兜底承诺。

①未决诉讼首先应当尽快促成明确的结果，如需等待则应当在充分评估其对公司生产经营影响的基础上足额计提负债。如果金额巨大或对公司有很大影响，可以考虑由控股股东进行兜底，出具相应承诺函，承诺承担因诉讼带来的相应损失。

②发行人的控股股东、实际控制人、重要股东涉及重大诉讼，以正式函件作出承诺，保证不会对发行人的持续稳定造成负面影响或为造成的负面影响承担责任。

［案例17-1］

（1）刑事诉讼：力鼎光电（605118），董事涉嫌交通肇事，不予起诉，不构成发行障碍。

相关事实：发行人的董事王某鹰因涉嫌交通肇事罪被立案侦查、取保候审、审查起诉。后南靖县人民检察院出具不起诉决定书：王某鹰在道路上驾驶机动车发生交通事故，致一人死亡，犯罪事实清楚，依法应以交通肇事罪追究其刑事责任。但鉴于其犯罪情节轻微，可以免除处罚，对王某鹰不予起诉。2019年2月16日，王某鹰解除取保候审。

保荐机构、律师认为：上述交通事故未导致董事王某鹰不符合公司董事任职资格，也未对公司生产经营造成实质性不利影响，不构成本次公开发行的障碍。

（2）股权诉讼：智特奇（创业板申报中），约10%股份存在诉讼且被限制权利，申报时案件仍在审。

问询：请发行人补充说明：①吴剑飞提起的相关诉讼进展情况；②相关股份存在诉讼且已被权利限制的情形对发行人股权清晰稳定和实际控制人股权清晰稳定的影响。

回复：相关存在诉讼且已被权利限制的股份系有限公司设立时的5万元出资额，占当时智特奇有限出资额比例为10%。2001年10月，吴世林将吴剑飞代其持有的该部分出资额转让给程道莲。自程道莲成为公司股东至其解除股权代持期间，公司先后经吴世林及程道莲6次同比例增资及引进新增股东智和投资、华之育盟后，程道莲持有公司374.62万股股份，持股比例变更为9.09%；该等股份已于2020年9月转让给吴世林解除股权代持。前述5万元的出资额经公司股东多次增资，折合发行人目前股份数量为6.04万股，占公司目前股本总额的比例为0.15%。

根据发行人收到的起诉材料及广州市天河区人民法院下达协助执行通知书，相关存在诉讼且已被权利限制的股份系程道莲2020年9月解除股权代持前持有发行人9.09%的股份，发行人该部分股份的权属存在不稳定清晰的情形。发行人实际控制人吴世林目前持有发行人90.89%的股份，如前述诉讼败诉导致吴世林转让其股份，以程道莲解除代持前持股数量、有限公司设立时5万元出资额分别测算，实际控制人吴世林持股数量及比例情况分别如表17-4所示。

表 17–4　　吴世林持股数量及比例

实际控制人原持股数量（万股）	诉讼结果	判决后实际控制人持股数量（万股）	实际控制人持股比例	控股股东、实际控制人是否发生变更
3 746.65	吴剑飞败诉	3 746.65	90.89%	否
	吴剑飞胜诉，以有限公司设立时5万元出资额测算	3 740.61	90.74%	否
	吴剑飞胜诉，以程道莲解除代持前持股数量测算	3 372.03	81.80%	否

保荐机构、律师认为：发行人9.09%股份（增资前该部分股份占发行人总股份比例为9.25%）存在诉讼且已被权利限制，其权属存在不稳定清晰的情形，但该等所涉股份不影响吴世林控股股东的地位及对公司的控制权，不构成公司本次发行的重大实质性法律障碍。

（3）知产诉讼：纵横股份（688070），存在专利诉讼，但并未对发行人的持续经营及盈利能力产生重大影响。

问询：发行人于2020年6月17日和6月18日收到相关诉讼资料，河北雄安远度科技有限公司起诉公司产品侵犯其五项专利，请求法院判令大鹏无人机及纵横股份立即停止制造、销售、许诺销售侵害原告涉案发明专利权的产品，并立即销毁库存被诉侵权产品及专用模具，支付涉案专利临时保护期使用费及维权合理开支合计2 000万元。发行人认为本次诉讼涉案产品为公司CW–10D无人机系统产品。

请发行人披露：①上述案件的最新进展情况；②发行人涉诉技术的研发过程，包括研发时间、参与人员、技术保护措施等，是否为原始创新或集成了行业通用技术或其他竞争对手的技术、进行二次创新，请结合发行人CW–10D及其他可能涉及涉诉专利技术产品的技术方案与涉诉专利的权利要求进行一一比对分析，是否存在侵犯雄安远度或第三方知识产权的情形，发行人认为本次诉讼涉案产品为公司CW–10D无人机系统产品的依据；③发行人报告期内生产、销售的产品中涉及使用上述涉诉专利的具体情况；④上述诉讼案件中的原告是否已采取相关诉讼保全措施及对发行人的影响；⑤结合原告的诉讼请求及发行人实际情况，测算本次诉讼纠纷可能给发行人带来的赔偿金额，进一步论述不利诉讼后果对发行人核心技术、在研技术、产品销售、存货、经营成果、业绩以及财务状况可能造成的不利影响；⑥结合上述情形进一步论证上述诉讼事项对发行人持续经营的影响。

解决措施：①信息披露，充分披露专利侵权诉讼的诉讼情况、目前所处阶段和案件的最新进展。②逐步退阶论证不会造成重大不利影响或构成上市障碍，未侵犯原告涉诉专利，不构成侵权→败诉可能性低→不涉及标准必要专利、相关技术营收占比小不会对营业收入造成重大不利影响、潜在赔偿风险小→停止制造、销售涉诉产品的潜在风险低并有升级替代解决方案→实际控制人承诺承担因专利侵权诉讼所造成的全部损失。③应对方案，不断更新迭代既有产品和解决方案，持续提升产品及服务的市场竞争力，对核心技术已采取保护措施。

（4）其他：华人健康（创业板申报中），发行人报告期内涉及多起、多类型诉讼，仍有2起诉讼未完结。

问询：关于诉讼纠纷与行政处罚申报材料及审核问询回复显示，截至2021年6月30日，发行人作为被告的尚未了结的诉讼共2起，涉及金额共计25万元左右。

请发行人以列表形式说明报告期内发行人作为被告的全部诉讼事项基本情况及处理结果，涉及金额情况；上述2起未决诉讼的具体产生背景，目前进展，涉及的资产、产品情况，是否属于发行人生产经营所用核心资产及主要产品，对发行人正常生产经营是否构成重大不利影响。

回复：报告期内发行人作为被告的诉讼案件主要为与门店出租人租赁合同纠纷、机动车交通事故责任纠纷、产品责任纠纷及与员工劳动纠纷等。对于已结案的诉讼事项，其造成的影响已在发行人报告期内的财务状况和经营成果中予以体现，未对发行人的资产状况产生重大影响，亦不会对发行人未来财务状况、经营成果、声誉、业务活动、未来前景等产生持续性影响。对于截至报告期末尚未结案的诉讼事项，目前均已结案，不会对发行人正常生产经营构成重大不利影响。

2.企业行政处罚尽调

监管机构对于行政处罚的审核主要把握两点原则：一是行政处罚的严重程度，二是是否对公司持续经营能力造成影响。只有情节严重或对持续经营能力造成重大不利影响的行政处罚才构成企业上市的实质性障碍。

（1）情节严重的认定。原则上被处以罚款以上的行政处罚的行为均视为重大违法违规行为，但有以下情形之一且中介机构出具明确核查结论的，可以不认定为重大违法：违法行为显著轻微、罚款数额较小；相关处罚依据未认定该行为属于情节严重；有权机关证明该行为不属于重大违法。

（2）处罚机关出具证明的效力。对于法律明确规定的重大违法违规行为，即使有权机关出具了非重大违法违规行为的证明，也不能改变该行政处罚情节严重的本质，仍然会阻碍发行。

（3）相关规定（见表17–5）

表17–5　　企业行政处罚尽调相关规定

<table>
<tr><th>法律法规</th><th>板块</th><th>条文</th></tr>
<tr><td>《中华人民共和国证券法》</td><td>全部板块</td><td>第十二条：公司首次公开发行新股，应当符合下列条件：……（四）发行人及其控股股东、实际控制人最近三年不存在贪污、贿赂、侵占财产、挪用财产或者破坏社会主义市场经济秩序的刑事犯罪</td></tr>
<tr><td>《首次公开发行股票并上市管理办法》</td><td>主板、中小板</td><td>第十六条：发行人的董事、监事和高级管理人员符合法律、行政法规和规章规定的任职资格，且不得有下列情形：（1）被中国证监会采取证券市场禁入措施尚在禁入期的；（2）最近36个月内受到中国证监会行政处罚，或者最近12个月内受到证券交易所公开谴责：（3）因涉嫌犯罪被司法机关立案侦查或者涉嫌违法违规被中国证监会立案调查，尚未有明确结论意见。第十八条：发行人不得有下列情形：（2）最近36个月内违反工商、税收、土地、环保、海关以及其他法律、行政法规。受到行政处罚，且情节严重</td></tr>
<tr><td>《创业板首次公开发行股票注册管理办法（试行）》</td><td>创业板</td><td rowspan="2">第十三条：发行人生产经营符合法律、行政法规的规定，符合国家产业政策。最近三年内，发行人及其控股股东、实际控制人不存在贪污、贿赂、侵占财产、挪用财产或者破坏社会主义市场经济秩序的刑事犯罪，不存在欺诈发行、重大信息披露违法或者其他涉及国家安全、公共安全、生态安全、生产安全、公众健康安全等领域的重大违法行为。董事、监事和高级管理人员不存在最近三年内受到中国证监会行政处罚，或者因涉嫌犯罪正在被司法机关立案侦查或者涉嫌违法违规正在被中国证监会立案调查且尚未有明确结论意见等情形</td></tr>
<tr><td>《科创板首次公开发行股票注册管理办法（试行）》</td><td>科创板</td></tr>
<tr><td>《北京证券交易所股票上市规则（试行）》</td><td>北交所</td><td>2.1.4 发行人申请公开发行并上市，不得存在下列情形：（2）最近12个月内，发行人及其控股股东、实际控制人、董事、监事、高级管理人员受到中国证监会及其派出机构行政处罚，或因证券市场违法违规行为受到全国中小企业股份转让系统有限责任公司（以下简称“全国股转公司”）、证券交易所等自律监管机构公开谴责</td></tr>
</table>

（4）审核关注重点。

①相关信息的披露是否准确、完整，受到行政处罚的原因、背景，对发行人稳定经营的影响，发行人已经或准备采取的措施；

②所受处罚涉及事项是否属于重大违法违规行为；

③处罚相关事项是否已经整改完毕，发行人合规经营相关内控制度是否已建立健全并有效执行，是否存在新增行政处罚的风险，发行人的内部控制制度如何保证发行人合法合规经营；

④多次受到行政处罚的情形，说明原因、整改措施、进展、结果；

⑤出具证明的行政机关是否为有权机关。

（5）不同类型的行政处罚具体关注点。

①环保。

A.是否符合国家环境保护的有关规定；

B.日常环保运营是否合法合规；

C.发行人生产经营所必须的环保资质、环保行政许可（如排污许可证、所有已建项目及在建项目环评审批、环保验收）是否已经全部取得；

D.许可证到期或不再进行年检是否会对发行人生产经营产生重大不利影响；

E.报告期内环保相关费用成本及未来支出情况；

F.相关环保投入，环保实施及日常治污费用是否与处理发行人生产经营所产生的污染相匹配；

G.发行人有关排放和污染处理设施的运转是否正常有效；

H.对于危险废物的处置方式是否合规等。

②税收。

A.补缴所得税额的会计处理是否符合企业会计准则的要求；

B.海关申报是否真实完整；

C.申报不实的产品总额及占比（包括但不限于被海关查处数额），申报不实的退税率差异；

D.是否涉及补税及缴纳情况、对报告期出口退税应退数额的影响；

E.不予抵扣的增值税进项税将增加的营业成本等。

③产品质量、安全生产。

A.发行人关于原材料采购、生产、包装、选输、售后服务等方面的产品质量的内控制度是否健全并得到有效执行；

B.是否能够保证生产经营的合法性；

C.是否还存在其他未予披露的产品质量违法违规事项；

D.涉及行政处罚的产品占发行人销售收入和净利润的比例；

E.发行人已、拟采取的应对措施，是否对发行人的生产经营构成重大不利影响是否因行政处罚收到媒体报道、消费者关注等。

④其他类型。

主要包括：海关层面（禁限物品违规进出口）、工商层面（抽逃出资、虚假宣传、不正当竞争、侵犯消费者权益）、土地房屋（擅自改变土地性质、用途、违章建筑）、消防层面（设计竣工未备案、消防设施不达标、占用堵塞疏散通道或安全出口）等。

（5）应对建议。

①完善内控，避免行政处罚；

②详细披露，取得非重大违法违规行为证明；

③准确完整披露原因、背景及对稳定经营的影响；

④与各行政主管部门进行良好沟通；

⑤发行人、保荐代表人及律师从各个角度说明受到行政处罚的行为不属于重大违法违规行为，包括行为原因、过程、结果、所受处罚的轻重程度，是否具有社会危害性等；

⑥说明整改措施、进展、结果；

⑦公司实控人，控股股东兜底，对可能发生的行政处罚承担责任，保证公司不会因此遭受任何损失。

（6）选择合适的申报期。

[案例17-2](见表17-6)

表17-6 企业行政处罚尽调案例分析

序号	企业	问询	分析
1	普瑞眼科(2021年7月9日创业板过会)	申报材料显示，报告期内，发行人涉及多项行政处罚。其中，医疗机构执业规范类26项，医疗广告类12项、执业场所消防类3项、税务类3项、环境保护类2项。发行人存在医疗事故和医疗责任纠纷的风险。 请发行人： (1)补充披露导致上述处罚的原因、具体整改情况及整改效果，相关内控措施是否健全有效 (2)补充披露报告期内发行人医院及门诊部发生的医疗事故情况，包括但不限于产生背景、发展过程、有无人员伤亡、有无医疗诉讼纠纷，是否导致重大社会媒体关注，是否受到行政处罚，是否构成重大违法违规 (3)补充披露处罚金额超过10万元的行政处罚的产生背景，被处罚的具体主体，详细过程，整改情况；上述处罚是否导致发行人被没收相应资质、证照 (4)补充披露发行人关于保障医疗安全的制度及措施是否完善，患者数据管理是否合理、有效，相关内部控制的有效性 (5)补充披露发行人是否存在放射性装置的安全和防护问题；是否存在未经批准的医疗检验活动；是否存在使用非卫生技术人员从事医疗技术活动情形；是否存在发布违法广告，夸大宣传，构成不正当竞争情形；是否存在医疗腐败情形；是否存在生产、销售不符合保障人体健康和人身、财产安全的国家标准、行业标准及不合格的产品情形 (6)补充披露医院或门诊部出现医疗事故、药品安全事故导致人员伤亡、出现医疗纠纷，或者被行政处罚时，发行人是否面临民事赔偿责任、行政处罚或刑事责任，发行人是否存在向客户或第三方赔偿的风险；发行人与上游医疗设备、药品供应商间法律责任划分情况，发行人是否有权向上游供应商索赔的权利；该情况若产生对发行人的影响，是否会对发行人持续经营及经营业绩产生重大不利影响 (7)补充披露报告期内发行人对外捐赠的具体情况，包括但不限于捐赠主体、受捐赠主体、捐赠方式、具体金额，是否真实捐赠至有权接收方，发行人是否履行必要的内部审议程序；是否存在通过对外捐赠行为违规获利或避税的情形，是否存在被行政处罚的风险；是否存在利用对外捐赠体外承担费用或其他利益安排的情形 (8)结合近年来行业重要监管政策及未来改革趋势，分业务类型披露相关行业政策变化对发行人生产经营、业务获取、盈利水平、行业地位、竞争优势等方面的具体影响	从左边的问题可以看到，普瑞眼科在冲刺IPO时其实在医药违规、经营处罚等方面存在多处硬伤，实际上这些问题也被深交所连续三次问询并要求给出向其答复 普瑞眼科问询回复标识，报告期内，发行人涉及行政处罚的金额占营业收入的比例极低、已及时缴纳了罚款、采取相关措施积极整改。相关行政处罚不会对发行人持续经营产生重大不利影响

续表

序号	企业	问询	分析
2	康鹏科技（2021年3月17日，科创板被否）	根据招股书披露，报告期内发行人及其子公司存在7项行政处罚，涉及环保、消防、安全生产等 请发行人补充说明报告期内行政处罚数量较多的原因，发行人是否已就环保、消防、安全生产等建立内部制度并有效执行，请发行人提供处罚机关出具的上述行政处罚不属于重大违法违规的说明文件	根据上市委在现场询问的情况，一般认为康鹏科技被否原因有两个，一个是归属于同一实控人控制的兄弟公司因为委托无资质方处置危险废物构成了环境污染，另一个则是因为康鹏科技在审期间内发生过多次安全事故与环保违法事项，导致重要子公司停工停产，严重影响公司的重要业务和业绩

参考文献

［1］戚威.投资尽职调查：投资逻辑、尽调方法、实战案例［M］. 北京：人民邮电出版社，2022.

［2］张洪，李观保.法律尽职调查指引［M］. 北京：法律出版社，2023.

［3］惠增强，路娜.财务、法律、业务尽职调查全流程实务操作指南［M］. 北京：人民邮电出版社，2022.

［4］乔文骏.法律尽职调查实务［M］. 北京：北京大学出版社，2021.

［5］邵军.一本书看透企业信用风险——信贷/投资尽职调查方法论［M］. 北京：中国金融出版社，2020.

［6］李俭.法律尽职调查全方位操作讲解［M］. 北京：法律出版社，2019.

［7］周涛.财务尽职调查全流程方法与实务案例［M］. 北京：人民邮电出版社，2019.